U0139796

Boneheads
and
Brainiacs

〔美〕莫伊拉·多兰 Moira Dolan 著

杜星莘 译

文明拐点上的
恶棍与英雄

改变世界的诺贝尔生理学或医学奖

1901—1950

Heroes and Scoundrels of the First 50 Winners of the Nobel Prize in Medicine

SPM
南方传媒 花城出版社

中国·广州

图书在版编目（ＣＩＰ）数据

文明拐点上的恶棍与英雄 ： 改变世界的诺贝尔生理
学或医学奖 ： 1901-1950 ／（美）莫伊拉·多兰著 ； 杜
星苹译. -- 广州 ： 花城出版社，2024.1
　　ISBN 978-7-5749-0007-3

　　Ⅰ．①文… Ⅱ．①莫… ②杜… Ⅲ．①诺贝尔生理或
医学奖－科学家－生平事迹－世界 Ⅳ．①K816.2

中国国家版本馆CIP数据核字(2023)第195263号

版权登记号：19-2023-194 号

出 版 人：张　懿
责任编辑：李　卉
特约编辑：吴其佳
责任校对：衣　然
技术编辑：凌春梅
封面设计：集力書裝　彭　力

书　　名　文明拐点上的恶棍与英雄：改变世界的诺贝尔生理学或医学奖：
　　　　　1901-1950
　　　　　WENMING GUAIDIAN SHANG DE EGUN YU YINGXIONG : GAIBIAN
　　　　　SHIJIE DE NUOBEIER SHENGLI XUE HUO YIXUE JIANG : 1901-1950
出版发行　花城出版社
　　　　　（广州市环市东路水荫路 11 号）
经　　销　全国新华书店
印　　刷　佛山市浩文彩色印刷有限公司
　　　　　（广东省佛山市南海区狮山科技工业园A区）
开　　本　880 毫米 × 1230 毫米　32 开
印　　张　9.875　1 插页
字　　数　210，000 字
版　　次　2024 年 1 月第 1 版　2024 年 1 月第 1 次印刷
定　　价　59.00 元

如发现印装质量问题，请直接与印刷厂联系调换。
购书热线：020-37604658　37602954
花城出版社网站：http：//www.fcph.com.cn

前　言

　　本书内容涵盖自1901年至1950年间的前50届诺贝尔生理学或医学奖。这段时期的历史见证了两次世界大战、原子弹的诞生和纳粹统治的存在。这些骇人听闻的事件使痴人当道，智者沦陷。乍听到"诺贝尔奖"一词时，多数人会认为它是为百里挑一的卓越成就而设立，能为改善人类生活做出巨大贡献。人类总把英雄理想化，因此会认为诺贝尔奖得主全是智慧超群、宅心仁厚之人，他们在这世上，绝非凡夫俗子。诺贝尔奖营造出了一幅无私天才倾尽毕生、不断追求真知灼见、只为造福世间众生的美好画面。

　　第一次听到诺贝尔医学奖时，我坚定地认为上述皆为事实。那时我正年少，求知若渴，希望日后自己能成为一名医生。阿尔贝特·施韦泽是我的榜样，他是法裔德国人，既是医生又是神学家，他扎根非洲，传播基督教给人以希望，又用医术治病救人，他对非洲产生了深远的影响。1952年，施韦泽凭借"敬畏生命"的思想理念荣获诺贝尔和平奖，他驳斥当代科学无视伦理道德、沉沦于物质主义的趋势。施韦泽认为人权与尊严是至高无上的，这也是他的人生信条。

　　我在医学院入学面试时，遭到的质疑和鄙视令我深感震惊。每位面试官都会问我同一个问题："你为什么要做医生？"

"当然是为了治病救人！"我的心中早有答案。

但我的回答总会引来嘲讽，有时甚至是哄堂大笑。渐渐地，我改口说希望自己能为别人带来帮助。听到这个答案后，面试官最多会戏谑地摇摇头。最终，还是有几所学校愿意接纳我。

成为医学生的第一年，我花了大量的时间在实验室里做解剖实验。我擅长于每天的解剖任务——切开肠子、心脏和大脑——我都能熟练地完成。直到最后一周，我的心态发生了改变。当时，我正准备解剖一只脚。即将切入足底时，我发现面前这具尸体的小脚趾上贴着一枚爽健牌鸡眼贴。这一瞥让我开始设想他曾经过着怎样的生活，我感受到了一丝他的"灵魂"。突然之间，我不想再让他皮开肉绽，因为我觉得这对他而言有些许无礼与冒犯。

还有一件令人难忘的事发生在进入医学院的第二年。我们班应邀参观医药制造商：礼来公司。参观期间，销售代表向每位同学免费发放了一台价值不菲的听诊器。没错，短期来看，这确实是免费的。但是从长远来看，这种行为是礼来公司在企图影响一位医生在整个职业生涯中的诊断习惯。我就此提出质疑：接受这些礼物是否符合职业道德？但只有极少数同学与我的想法契合。久而久之，"医学"这个词在我心中的光辉形象被一点一滴地消磨殆尽。

入学第三年，我们进入了临床试验阶段，开始接触真正的病人。从病房里的日常对话可以发现，我们的人情味儿正越来越淡薄。一个12岁的女孩因为血糖紊乱诱发了痉挛，我们就唤她为"糖尿病少女"。一位75岁的老人，因为坏疽感染从养老院转到医院，我们送他的代号是"北四房黑脚"。还有"那几个心脏病"和"不明发烧者"，当然还有最可怕的一类患者被称为"疯病人"。

当我处在实习医生和住院医生的阶段时，美国尚未通过法案规定医院须向患者询问其"医疗照护事前计划"（又称"生前意愿"）。所以，每一位停止呼吸的患者都会立刻被施以心肺复苏，通过胸外按压或接通仪器进行人工呼吸。大多数努力会付诸东流，不过偶尔也有幸存者，但幸存者往往会因脑部严重缺血，只能依赖机器维持生命，再无可能回到原来的生活。但一般而言，医生不会把种种后果视为自己的责任——毕竟，我们只是在做本职工作。我对现代医疗的切身体验与我的理想相去甚远，理想似乎越来越遥不可及。

某一天，我们正在对一位95岁的老人进行心肺复苏，她已出现"多处器官衰竭"，大限已到。主治医师打来电话，坚持让我们停止抢救。事后，他告诉我：几十年前，这位患者曾与他人合作，共同发现了维生素B_{12}，最终荣获诺贝尔奖。即使她通过心肺复苏幸存下来，也一定会遭遇脑死亡。对于一个如此优秀的人来说，那将会是怎样的生活？这段经历，使我对诺贝尔医学奖得主重新燃起兴趣。彼时，我已对现代医疗失去希望，但我依然愿意相信旧时的医生曾是一个高尚的职业。我重读了阿尔贝特·施韦泽的作品，他对于"怜悯心"的见解是："人生在世的目的在于对他人有同理心且能伸出援手。"施韦泽警诫道："如果人对生命的任何部分加以蔑视，就会失去对所有生命的敬畏。"①

　　在医学界摸爬滚打30年，如今我终于有机会写出自己对于诺贝尔奖的向往。我翻阅了大量当年的自传，挖掘出一些诺贝尔奖得主在学术以外的领域鲜为人知的趣闻轶事。这也多亏了网络上的绝版书资源，还有诺贝尔委员会按规定过50年公开的保密记录。

　　这些史料，使我时而欢欣鼓舞，时而震惊讶异，时而沮丧叹息。诺贝尔奖得主中不乏高尚的灵魂，也有几位曾是我心目中的医学英雄，但远非我想象中那般伟大。在此过程中，我对诺贝尔奖的看法有所转变，我不再将至高无上的光辉形象强加于诺贝尔奖得主身上，但这丝毫没有削减我对这些故事的盎然兴致。我十分享受编纂此书的过程，希望书前的你也能乐在其中。

医学博士　莫伊拉·多兰
撰于美国得克萨斯州奥斯汀市

---

① 　出自《敬畏生命：阿尔贝特·施韦泽自述》（*Reverence for Life: The Words of Albert Schweitzer*），哈珀柯林斯出版集团出版，1993年10月第一版，编者为阿罗德·罗夫莱斯（Harold E. Robles）。

目 录

诺贝尔奖

> 我的全部剩余可变现财产将按以下方式处理：由遗嘱执行人进行安全的投资，成立基金会，投资所得利息当每年以奖金的形式授予上一年为人类谋取最大利益之人。
>
> ——摘自阿尔弗雷德·诺贝尔遗嘱[①]

1896年，阿尔弗雷德·诺贝尔（Alfred Nobel）逝世，他的亲眷们读到遗嘱后一定感到无比震惊：他将94%的遗产——当时金额约为2.5亿美元——用于设立一系列国际奖项并每年颁发奖金。奖金将被颁发给物理学界、化学界、医学或生理学界、文学界以及为世界和平或为世界各国裁减军备做出最大努力、成就最大的人。

阿尔弗雷德·诺贝尔是一位跨国实业家，1833年出生于瑞典斯德哥尔摩，成长于俄国圣彼得堡，并在此接受教育。他的父亲老阿尔弗雷德·诺贝尔在圣彼得堡当地经营一家军工装备厂。青年时期，阿尔弗雷德曾在工厂就职。俄军试图保卫他们入侵奥斯曼土耳其后占领的领土（在今罗马尼亚）时，为俄方

[①] 遗嘱全文请见网址：https://www.nobelprize.org/alfred_nobel/will/will-full.html。

供应武器的正是老诺贝尔。1853年，该冲突演变为克里米亚战争，一方是俄国，另一方是土耳其、法国、英国，以及后来加入该阵营的撒丁王国。战火集中于黑海沿岸。

诺贝尔工厂向俄军提供武器，俄国沙皇对老诺贝尔发明的水下自爆弹（鱼雷）很感兴趣。为了生产沙皇订购的弹药，工厂购入了一批新设备。为期三年的战争以俄军战败告终。新政府不承认沙皇的订单，老诺贝尔的工厂就此破产。回到瑞典后，阿尔弗雷德的母亲开了一家杂货店，一家人以此营生。阿尔弗雷德和他的兄弟们则开始重振家族企业。

1864年，位于瑞典的诺贝尔工厂发生意外，造成五人死亡，其中包括阿尔弗雷德的弟弟埃米尔，阿尔弗雷德也轻微受伤。这次事故激发了阿尔弗雷德的斗志，他开始研制稳定性更强的炸药。研制的关键在于硝化甘油。1847年，意大利人阿斯卡尼奥·索布雷洛发明了这种极其不稳定的液体。（当时，索布雷洛警诫世人禁用硝化甘油，事实上在向世人公布以前，他已将这一发现秘密保留了10年。）经过谨慎的研究，阿尔弗雷德发现以矽藻土为吸收剂可使硝化甘油达到充分稳定的状态。他为自己的"黄色炸药"申请了专利，诺贝尔军工装备厂自此开始踏上法国、苏格兰、意大利和德国的国土，在美国和瑞典的足迹更多。诺贝尔还发明了无烟火药，燃烧时不产生烟雾，无须等待手枪烟雾在空中消散，以此提高射速。他还提出了防止枪膛过热的新方法，能够允许长时间快速射击，无须暂停冷却。

此外，阿尔弗雷德·诺贝尔还有355项鲜为人知的专利，其中一些极大地增强了战争的破坏力，例如，改进了鱼雷中采用的炸药、为加农炮增设压力调节器、发明抵消步枪后坐力及枪支消声方法、改进弹药、发明军用火箭弹并提高其速度。直至阿尔弗雷德逝世前，诺贝尔集团共计设立军备工厂90家。

除了战争用途以外，诺贝尔的发明还被应用于采矿和山体爆破。战争与和平是他事业中的主旋律。有些传记中坚称，阿尔弗雷德是一位和平主义者。不过，这种可能性很低。虽然有些报道认为，他的发明旨在维护和平，但这与他的各类专利文件描述背道而驰，这些文件明确表明，阿尔弗雷德盈利最多的发明均是武器装备。诺贝尔基金会的首席信息官在一篇文章中写道：阿尔弗雷德·诺贝尔认为唯有战争双方的军事装备势均力敌，才是实现和平之道，他希望以这种观念使各国军队有所畏惧，继而解散，和平才会降临。

据称，诺贝尔奖的想法最早诞生于1888年，当时阿尔弗雷德的哥哥卢德维格因心脏病去世。某家法国报社误以为逝者是阿尔弗雷德，就在报纸头条上刊登讣告，标题为："死亡制造商谢世"。这一事件在很多传记中都有提及。此事一出，阿尔弗雷德决意改变遗产分配方式，为自己赢得身后名。不过，这个故事的真实性已无从查证，当时只说是"某家法国报社"，却并未点名道姓是哪家报社，也没有注明作者的姓名。

阿尔弗雷德·诺贝尔18岁时曾作诗一首，诗中提到他婴儿时期就有过"抽搐"症状，故被人唤作"病弱儿童"。成年后，他时常偏头痛。到了晚年，又因心血管阻塞而发展成胸痛（心绞痛）。当时这种病症的治疗方案和如今一样：服用微量硝化甘油，使血管扩张，药物副作用是头痛。看到这个处方与自己制造的炸药成分相同时，诺贝尔只觉造化弄人。因为这些药会导致头痛，于是他拒绝了治疗。1896年，诺贝尔在63岁时因中风逝世，之前他的父亲也因同样的病症在71岁时走到了生命的尽头。

阿尔弗雷德是一位精明的商人，也是发明家、化学家，与此同时，他对医学也有浓厚的兴趣。起因可能在于诺贝尔家族易患先天性心血管疾病——他的父亲和至少两个儿子都有此困扰。他向位于瑞典斯德哥尔摩的卡罗林斯卡医学院投入大量捐款，又在俄国资助伊万·巴甫洛夫实验室。当时巴甫洛夫最有名的成果是通过研究狗的唾液分泌并收集胃液，以此制造出被广泛应用的消化药物。此外，巴甫洛夫在人类行为控制方面的实验也已小有成就。

诺贝尔在遗嘱中规定，每年奖金的发放领域为物理、化学、文学、和平及裁减军备还有"医学或生理学"。诺贝尔医学奖既可授予临床应用医学研究（可使患者直接受益），也可授予打破认知局限的生物学研究成果。

很多获奖者因自己的早期研究获奖，有时甚至是几十年前的研究成果。比如，1908年，埃黎耶·梅契尼可夫获得诺贝尔医学奖，获奖原因是他在1884年提出的理论：生物体内某些细胞会吞噬和消灭有害细菌。1924年，威廉·埃因托芬的获奖成就是他在1901年发明的心电图（EKG）测量仪。首版测量仪占地面积为两间房，总重接近600磅（约272千克——编者注）。随着技术的进步和时间的流逝，EKG测量仪逐渐变得不可或缺。如今，EKG仪器每年的使用频次不计其数，用以检测心律不齐和诊断心脏病。

尽管诺贝尔基金会声明，该奖项不设立终身成就奖，但很多医学奖得主却因自己的毕生成果而获奖，比如1905年的诺贝尔医学奖得主罗伯特·科赫[①]。

每年的奖金数额取决于非营利性私人组织——诺贝尔基金会本年度的投资收益情况。1901年的诺贝尔奖奖金数额为150万[②]瑞典克朗，按照当时的汇率折算成美元约为17 738美元，即相当于一位大学教授年薪的20倍。2014年，诺贝尔生理学或医学奖奖金为800万瑞典克朗，相当于120万美元。

诺贝尔生理学或医学奖的决策机构是一个由50名成员组成的诺贝尔大会，这50名成员从瑞典斯德哥尔摩的一所大型医学院和研究中心——卡罗林斯卡学院的工作人员中选出。再由诺贝尔大会选出五名成员任职于诺贝尔委员会，每位成员任期两到三年不等。

获奖提名不得毛遂自荐。就生理学或医学奖提名而言，每年应由卡罗林斯卡学院诺贝尔大会向学院成员、大学教授、科学家和前诺贝尔奖得主发起提名邀约。1901年，诺贝尔奖成立的第一年，生理学或医学奖提名有128项。第一年的众多被提名者中，有些人在接下来几年内获奖，而另一些人却再也没有出现在花名册上。相比之下，2015年，大会发出3 000余条提名邀约，仅有357位被提名者接受邀约，其中57位曾获多次提名。

诺贝尔委员会并不以提名次数决定是否获奖，而是邀请世界各国专家协助评估，仅考量顶尖研究成果予以授奖。当专家们完成评估后，由五人组成的委员会向50人大会推举获奖者。

---

① 罗伯特·科赫（Robert Koch, 1843-1910），德国医生和细菌学家，世界病原细菌学的奠基人和开拓者。1905年荣获医学诺贝尔奖。
② 此处应是笔误，实际1901年的诺贝尔奖奖金数额为15万瑞典克朗。——译注

在每年10月份的第一个周一，大会就委员会推举的获奖名单进行投票。投票结束后即刻召开新闻发布会公布结果，颁奖典礼于同年12月份举行。

诺贝尔奖的选举过程并非真正公平，但诺贝尔基金会也从未声称过"公平"。一些成就斐然的科学家，在被学界发掘前、尚未得到公众广泛认可时就已驾鹤西游。以外科消毒法的创始人英国外科医生约瑟夫·李斯特为例（李施德林牌漱口水以其名命名，以表纪念），他被多位推举者提名过很多次。但直至1912年逝世前，约瑟夫·李斯特都未能获得委员会投票通过。

有些评奖的决定甚至没有足够的科学依据支撑。比如，1927年因发现"梅毒疗法"而幸获诺贝尔奖的朱利叶斯·瓦格纳-尧雷格。瓦格纳-尧雷格将疟疾患者的血液注入梅毒麻痹性痴呆患者体内。他主张利用疟疾引发的高烧消灭梅毒病菌。尧雷格在1917年的初版报告中称，9名患者中有6名因此从梅毒麻痹性痴呆中康复，但没有证据能够证实这一点。且不论真假，当时这个疗法在全球范围内引起了轰动，人们趋之若鹜、纷纷效仿。很快，事实证明，此法无效。除了这种高烧疗法，后来一位诺贝尔奖得主保罗·埃利希发明了一种抗梅毒的药物，他的特效药砷凡纳明由砷制成，虽有疗效，但也可能有很强的毒副作用。

前50年的诺贝尔奖为人类认识人体及其健康和疾病机制取得了重大进展。诸位诺贝尔奖得主研发制造的药物挽救了无数人的生命，比如磺胺类抗生素、青霉素，还有激素——胰岛素、可的松和甲状腺素均被发现可以救命。精准的血型鉴定、手术过程中的无菌操作和血管缝合术，它们的发展使外科手术对病人而言不再是死亡宣判，而是成为救命的一项选择。这些年来的诺贝尔生理学或医学奖见证了很多方面的成果：免疫系统众多元素的存录、对遗传学的深入研究、神经冲动电传导与化学传导的发现、各类维生素的识别、疟疾和斑疹伤寒昆虫传播媒介的确定、心电图机和脑血管造影手术的发明，还有生物化学在细胞层次、呼吸系统、心率、眼视光学、平衡系统和肌肉生理学方面的认知水平也取得了巨大提升。多数时刻，他们颠扑不破（智者）；而有时，他们又不堪一击（痴人）。不过，二者常常杂糅而存。

请见下文详陈诺贝尔生理学或医学奖的前50年。

诺贝尔奖规则

一、不授予身后奖。最初设立规则时，如果候选人在生前被提名，奖项可在其死后授予。该规则后期有所改变：只有（当年10月份前）在世的候选人才能成为受奖人，若获奖人在12月份的颁奖典礼前去世，奖项依然为其保留。

二、不得毛遂自荐。

三、奖项评选必须基于公开发表的成果（和平奖除外）。

四、组委会成员可包含"外籍人员"（非瑞典籍成员）。

五、不得提出抗议。事实上，不只有抗议者，甚至还有人对诺贝尔委员会提起诉讼，但这些都无法左右委员会的意见或改变获奖人选。

六、最初，所有的记录记载都被封存。该规则后期有所改变：所有记载可在密封50年后公开，以为史学之用。

七、每年每项诺贝尔奖至多可由三人共享。

八、不是每个人都有提名的资格。诺贝尔生理学或医学奖只能由以下机构成员发起提名邀约：

1. 卡罗林斯卡学院诺贝尔大会成员；

2. 瑞典皇家科学院医学和生物学部的瑞典籍和外国籍成员；

3. 诺贝尔化学奖及诺贝尔生理学或医学奖的前获奖者；

4. 不符合上述条件的诺贝尔委员会成员；

5. 在瑞典的医学院担任正式教授职位，以及在丹麦、芬兰、冰岛和挪威的医学院或同等机构中担任同等职位的人员；

6. 由诺贝尔奖大会从世界各地至少六所大学的医学院中选出担任同等职务的人员，旨在确保各国适当承担此任务；以及诺贝尔奖大会认为可能合适的其他科学家。

未颁发的奖项

有些年份，由于未能找到满足获奖资格的人选，诺贝尔基金会没有颁发该领域的诺贝尔奖。有些年份，诺贝尔基金会因其他事由（如世界大战等）受到干扰未能颁奖。诺贝尔奖设立的前25年中，以下年份未授予生理学或医学奖：1915年、1916年、1917年、1918年、1921年和1925年。

第1章
首届诺贝尔奖
——白喉的血清疗法

1901年，埃米尔·阿道夫·冯·贝林（Emil Adolf von Behring）因研发白喉疗法而荣获首届诺贝尔生理学或医学奖。他出生于德意志帝国，彼时又称普鲁士王国的罗森堡，如今该地区隶属波兰。

冯·贝林在普鲁士军医学院研习医学。在众多诺贝尔奖获得者中，他是第一位以解决战时医疗问题为研究方向的获奖者。战争时期，传染病是让政府十分忧心的问题，死于传染病的士兵数量远超直接死于战争的士兵数量，这种情况十分常见。一般情况下，即使士兵能撑过初级创伤，也常因伤口感染而死亡。从某种程度上说，细菌是导致战争死亡率升高的罪魁祸首。

19世纪晚期，冯·贝林和来自日本的研究组同仁北里柴三郎发现：在患白喉的人和动物的血液中，有某种物质在某种程度上能够帮助机体对抗这一疾病。白喉是一种细菌感染性疾病，会导致喉咙后部形成厚重的翼状伪膜，并引起严重的喉痛。（"白喉"一词源自希腊语，意为"羽毛"。）白喉患者会感到呼吸困难，最终窒息。在冯·贝林的年代，超过半数士兵因罹患白喉而死去。

冯·贝林和柴三郎将患有白喉的动物血液过滤并提取出一种物质，他们将其命名为：抗毒素。抗毒素可帮助患病动物康复。冯·贝林和另一位同事保罗·埃尔利希一道研究，他们将抗毒素注入健康动物体内，使这些动物有效地避免了白喉感染。因此得出结论：抗毒素不仅可以用于治疗，同时可以用以预防。使用抗毒素后，感染白喉的士兵死亡率由50%降至25%。

这项诺贝尔奖还开创了另一个先河：将同事的贡献视而不见，何况这位同事还是共同研发人员，曾提出诸多设想并承担了大量的实验工作。那个年代，日本国籍遭到歧视，正如当时人们觉得女性"不过是个女人而已"，还会把不同种族或者不同肤色的人视为异己。其实，早在与冯·贝林共事的前一年，柴三郎已经发现：破伤风致病菌产生的破伤风毒素是诱发破伤风症状的根源所在。冯·贝林和柴三郎联合发表了一篇论文，详细阐述了二人将破伤风毒素用于动物实验的过程；之后两人联手逐步开展白喉研究，但是待到白喉论文发表之时，署名处却只有冯·贝林一人。

根据诺贝尔基金会的保密原则，诺贝尔委员会的记录唯有在50年后方可公之于世。记录显示，当时冯·贝林共获得12项提名，其中只有一项与柴三郎共同提名。直到1987年，利川根进因抗体相关的项目研究斩获诺贝尔生理学或医学奖时，才出现首位日本籍诺贝尔医学奖获得者。

冯·贝林的同事保罗·埃尔利希主要负责将研究成果转化为标准的医疗产品，使其可以被投入商业生产中。赫斯特制药公司找上冯·贝林与保罗·埃尔利希，愿向二人支付报酬，希望将两位的成果大批量投产。据报道称，冯·贝林对这场交易颇有微词，他主张自己应获得大部分利润，埃尔利希只能分得很小的比例。

获得诺贝尔奖两年后，冯·贝林创立了自己的第一家生物技术公司——贝林沃克（德语名"Behringwerke"）——这让他赚了不少钱。1903年，因在卡普里岛①拥有大量地产，他提出要把风景如画的小岛改为疫苗生产基地，并在当地为肺结核患者设立疗养院。此举激怒了卡普里岛的上流社会人士。公众的愤怒迫使他重新考虑此事，最终贝林沃克还是留在了德国马尔堡。时至今日，贝林沃克工业园已成为德国的生物技术中心，园中包含16家分公司，员工数量超过5 000人。贝林沃克本身被跨国公司CSL有限公司收购。

当时美国实验室迅速接手了抗毒素的生产，但并非所有实验室都严格遵照欧洲成功的技术标准执行。事实上，利用本土粗制滥造的公共卫生设备生产疫苗的情况屡见不鲜。1902年，当圣路易斯市出现13例注射过白喉疫苗的孩子死于破伤风时，人们发现自己被注射的疫苗中，其血清提取物来自于一匹感染了破伤风的马。此事一出，当地的顶级公共卫生专家被解雇。这次致命的疫苗事件也是导致美国国会通过《病毒毒素法》②的极大诱因，法案中提出必须保证生物制品的纯度和效价。该法案为现代的美国食品药品监督管理局（简称FDA）的创立铺平了道路。

---

① 位于那不勒斯湾南部，环境优美，气候宜人，是意大利著名的旅游胜地。——译注
② 《病毒毒素法》（the Virus-Toxin Law），又称《生物制剂控制法》，是美国实施的第一部关于疫苗等生物产品的联邦法规的法律。——译注

如今为婴儿注射的百白破三联疫苗中的白喉抗毒素纯度有所提升。白喉这种疾病在当代已不常见，但即使追溯到冯·贝林的时代，白喉的存在基本上也仅限于卫生条件差、人口数量过多的地区。除此以外，还有战场。冯·贝林研发的初衷旨在减少军中传染病的死亡率，军营中人满为患、卫生堪忧的情况司空见惯。事实上，自1860年左右至1882年左右，普通人群（非军事）中白喉患者的死亡率已大幅度下降。疫苗广泛接种前，白喉死亡率只在10年间有所增长，此后一直持续稳定地下降。伴随着生存环境的不断改善（主要是疏散密集人群）以及疫苗的普遍应用，很难具体判断白喉疫苗对疾病的防治作用程度几何。

有报道称，冯·贝林患有严重的抑郁症，因此每隔一段时间就会去所谓的疗养院。冯·贝林去的疗养院与20世纪早期镣铐加身、处境凄惨的疯人院场景相距甚远；恰恰相反，他的疗养院更像是旅游胜地一般。1907年，《纽约时报》上登载了一篇题为"贝林否认患精神疾病"的报道，紧接着下个月又出现了题为"冯·贝林教授已康复"的新闻。第二则新闻中写道：

"3月19日，德意志著名科学家埃米尔·冯·贝林教授的姐夫西格诺尔·斯皮诺拉先生于那不勒斯证实：日前，冯·贝林教授已完全康复，不再遭受精神问题困扰，此次病因在于冯·贝林教授近期劳累过度。"

无论如何，据诺贝尔官网记载，1907年至1910年间，冯·贝林确曾居于精神病院。

在以前的年代，癌症和心脏疾病无疑是让人忧心的医学问题，但传染病才是危及人类生存的巨大威胁。经过大量的研

究，冯·贝林找到了肺结核的预防及治疗办法。但即使是伟大
的科学家，也有行差错步之时。冯·贝林坚定地认为，人类的
肺结核病是通过牛奶中的细菌传播的。现在我们已经得知，典
型的肺结核是人体之间通过呼吸道飞沫传染的疾病。为了杀死
肺结核病菌，冯·贝林建议向牛奶中加注福尔马林——这种骇
人听闻的方法才真正会使牛奶致毒。该疗法没有被采纳，因为
它会让牛奶闻起来很怪异。冯·贝林50岁时感染了肺结核，最
终因病而终，享年63岁。不过也有报道认为冯·贝林只是死于
肺炎。

第2章
寄生虫与害虫
——疟疾的传播媒介

1902年，罗纳德·罗斯（Ronald Ross）因发现疟疾的传播媒介被授予诺贝尔生理学或医学奖。"疟疾"一词源于意大利语，本义为"浊气"（Malaria，其中Malo义为"污浊"，aria义为"空气"）。以此命名疟疾是因为人们曾经认为它的致病源是沼泽地中的毒气。

亨弗莱·鲍嘉曾在电影《非洲女王号》中饰演一位疟疾患者，他的表演惟妙惟肖。疟疾感染者会经历三个阶段：发冷期、发热期和出汗期。先是冷得打寒战，持续大约一个小时，紧接着体温上升（可达41摄氏度或者更高），高烧持续六小时不退，接下来身体大汗淋漓，出汗期长达四个小时。临床表现包括：头痛、呕吐、精神错乱和焦虑不安。体温下降后，所有症状一并消失。有些类型的疟疾发作周期为48小时，还有一些疟疾每72小时发作一次。虽然有很多患者不治而愈，但如果不加以治疗，疟疾可导致并发症发作，甚至死亡。

早在罗斯之前，拉韦朗①、万巴德，还有金②都提出过蚊虫

---

① 即夏尔·路易·阿方斯·拉韦朗，法国医师。——译注
② 即阿尔伯特·弗里曼·阿弗里卡纳斯·金，美国医师。——译注

是传播疟疾的媒介。缘何罗斯在1902年因这一发现被授予诺贝尔奖，而拉韦朗却直到1907年才因更早发现的寄生疟原虫而获奖？这个问题至今仍令人费解。

罗纳德·罗斯出生于印度，是一位英国人，他的父亲是英国驻印度军队的一名将军。罗斯年少时喜爱写诗、剧本创作和编曲，对数学也颇有兴趣，但他的父亲把他强制送到医学院。罗斯成为医师后，在万巴德的启发下，开始将蚊虫当作疟疾的传播媒介（致病因携带者）进行深入研究。

19世纪末，罗斯被委任为印度医疗官，这个职位使他得以准入疟疾高发区，他对此求之不得。他将蚊子置于疟疾病人手臂上吸血，而后对蚊子进行解剖，从蚊子胃中发现了囊状形式的寄生虫，进而得出结论：这种寄生虫可能是疟疾的病原体。罗斯还没来得及将此理论加以实验验证，他就被调离前往另一座城镇。在新城镇中，疟疾并不常见。他的恩师万巴德博士动用远在英方的关系，再次将罗斯调派至疟疾猖獗的沼泽地区。事实上，当时罗斯本人也感染了疟疾；康复后，他又继续进行了两年的研究。

罗斯发现，要找到合适的实验对象很难，因为一旦染病，患者就会用药，因此他开始在鸟类身上进行实验。他对寄生虫的生命周期追根溯源，发现寄生虫由一只被感染的鸟类传播至一只蚊虫身上，并确定这种蚊虫体呈灰色或棕色，"翅有花斑"。这项研究为他夺得了诺贝尔奖。

在最初的成果中，罗斯未能确定疟蚊的具体种类，他并非昆虫专家。他的实验对象仅限于鸟类而非人体，他也未曾证实自己发现的寄生虫可致使人类患病。事实证明，当时他发现的是另一种不同的寄生虫，仅存在于鸟类体内，根本不会导致人类感染疾病。

与此同时，一支由意大利医生兼动物学家乔瓦尼·巴蒂斯塔·格拉西带领的科研队也在攻克疟疾。彼时，在意大利海岸地区，疟疾正肆虐蔓延。格拉西对所有种类的昆虫研究甚深。他的研究对象包括蠕虫、寄生虫、白蚁，还有新发现的蜘蛛物种，他对这种蜘蛛十分钟情，甚至以自己妻子的名字为其命名。

格拉西及其团队将携带疟原虫的蚊虫种类确定为"按蚊"，描述了三种会传染疟疾给人类的寄生虫的完整生命周期，并指出寄生虫以蚊虫为传播媒介把疟疾传染给人类。不仅如此，该团队还证实，只有雌性蚊虫会传播寄生虫。

最初，诺贝尔委员计划将此奖项联合授予格拉西和罗斯，但在评选前，罗斯公然抨击格拉西，在专业期刊上称其欺瞒大众。当时罗斯疾言厉色，将格拉西唤作江湖郎中（坑蒙拐骗兜售假药之人）、卑劣骗子，或者毫无创意地称格拉西为寄生虫。罗斯的抨击看似过分，实则另有原因：他之所以言语激进，原因在于他觊觎格拉西的成果，却未能得逞。当时罗斯让一名同事——埃德蒙斯顿·查尔斯博士——前往位于意大利的格拉西实验室进行友好访问，并让查尔斯在实验室周围打探消息，一有收获立马向罗斯汇报最新进展。格拉西对查尔斯的来意心知肚明，于是他用遗憾的语气告知查尔斯他们的研究正停滞不前。然而两周后，格拉西团队却公开发表了研究成果，此举激怒了罗斯。

诺贝尔委员会转而请知名的德国科学家罗伯特·科赫担任

仲裁员。1902年时，科赫已享有盛名，人称"临床微生物学鼻祖"，他在19世纪90年代晚期曾赴意大利研究疟疾，科赫与格拉西早有过节。格拉西对科赫直言相告，声称自己不认同科赫的分析法。因此，科赫完全无法作为中立方进行裁决。他极力支持罗斯。尽管格拉西当年共获21项提名，却无缘诺贝尔奖。

据史料称，罗斯为人傲慢，常常郁郁寡欢。在获奖感言中，他对自己的恩师万巴德博士只字未提。罗斯回到伦敦后，还因万巴德仅仅举荐他去利物浦热带医学院而愤愤不平，他觉得自己理应到更有声望的伦敦卫生与热带医学院教学。罗斯三番四次地抱怨利物浦热带医学院对自己待遇不公，甚至还有两次离岗以示抗议，最终，学校将他解雇并拒付其退休金。

罗斯未能建立一个能持续下去的私人医疗机构，而万巴德却成为赫赫有名的私人医生，收入不菲。1930年，万巴德逝世八年后，罗斯写了一本《万巴德爵士回忆录》（*Memories of Sir Patrick Manson*），他在书中公然蔑视万巴德在疟疾方面取得的成果，并称自己的疟疾研究与万巴德毫无关联。

罗斯的诸位同僚说他敌视同行、长期心理失调、冲动任性，是一个"饱受折磨"的人。据说他暴躁易怒，还会小题大做。截至1928年，他已向四位假想敌提起了诽谤诉讼。

虽然发现了疟原虫，但是人类对于疟疾的疗法没有即刻改进。利用金鸡纳树皮中的奎宁治疗疟疾的做法在欧洲至少可以追溯到17世纪。而在此之前，奎宁在南美已有几百年的药用历史（金汤力鸡尾酒中的"汤力"就是用奎宁调制而成）。在世界上很多地方，奎宁及其化学衍生物被沿用至今，同时许多地区寄生虫开始出现耐药性。人类使用抗生素和新型药物对抗寄生虫，但药物的发展速度远远无法匹及寄生虫的抗药性和适应能力。

预防疟疾首先要排干沼泽地区的水，控制蚊虫数量，其次是使用杀虫剂，最后是采用预防药物。自2010年起，比尔及梅琳达·盖茨基金会开始向99个疟疾盛行的国家发放杀虫剂浸渍的蚊帐。

20世纪60年代，世界卫生组织（WHO）发起一项消除疟疾的活动，但由于初始资金不足，早期活动未能持续开展。这带来了更加严重的后果。上一代人大力防治疟疾，之后却没有继续采取有效措施，使疟疾出现反扑，且势头更劲。新一代人因从未暴露在多蚊环境中，缺乏免疫力，尤为易感，导致如今的疟疾的死亡率甚至高于以往。

以斯里兰卡主岛为例，几十年前，这里的疟疾几乎被消灭殆尽。但因缺乏资金，防治未能持续。如今在斯里兰卡岛民中，每年都有数以万计的居民感染疟疾。据WHO评估，全球范围内每年感染疟疾的人口数量约为3亿～5亿，由此引发的死亡人口接近百万。

第3章
光明的未来
——皮肤结核病的光疗法

　　1903年，尼尔斯·吕贝里·芬森（Niels Ryberg Finsen）因将光疗法应用于皮肤结核病的治疗荣获诺贝尔奖。芬森的人生起步很艰难。1860年，他出生于法罗群岛。法罗群岛位于苏格兰正北方向，介于挪威与冰岛之间，岛上常年大风，不见树木。年仅六岁时，芬森的母亲去世。父亲代表丹麦政府向当地牧羊人征税，放牧是法罗群岛的主业。年少时，芬森在学校里平平无奇。他就读的丹麦寄宿高中校长评价他是"心地纯良的孩子，但缺乏活力且资质寻常"。转至冰岛的学校后，芬森的成绩大有长进，之后他不顾家人意愿，擅自决定进入医学院就读。

　　日光疗法是人类最早问世的医疗方法之一，其使用可追溯到古巴比伦人、古亚述人和古希腊人时期。印度阿育吠陀医学体系将七个脉轮分为七种颜色，代表内脏器官以及情绪反应的位置，与如今的内分泌（激素）系统大致相同。生于10至11世纪的波斯医师、哲学家阿维森纳提倡使用不同颜色的草药对治不同的病症。16世纪的巴拉赛尔苏斯医师认为，色、光对于保持健康和治愈疾病而言意义重大。

19世纪，研究色光疗法的风潮再次兴起。19世纪70年代，两本相关著作出版问世，当时芬森还是个十几岁的孩子。奥古斯都·詹姆斯·普莱森顿曾在美国内战时期任民兵将领，在他的著作《日光中的蓝光的影响》（*The Influence of the Blue Ray of the Sunlight*）中，记载了蓝光影响植物生长和动物伤口痊愈的实验。1878年，英国数学家、哲学家埃德温·巴比特发表《光色原理》（*The Principles of Light and Color*）一书，他在书中提出光既是能量波也是粒子的观点，预言了大约50年后爱因斯坦的现代物理理论。巴比特制出一种仪器，可将光源分成不同色谱，进而将各色射线用于人体不同部位的特定治疗。

芬森本人也从光疗法中获益，他通过日光浴治愈了自己的体弱和贫血。他设法提高普通日光浴的效力，再将其拓展应用于特定疾病的治疗。当时，由天花和结核引起的细菌感染可致人体生出狼疮，如果狼疮生于面部，久而久之，会使人容貌受损，无法治愈。芬森对不同颜色，或者说是不同光线进行研究，以确定针对不同状况的最优疗法。

起初，芬森发现紫外线（UV）致使天花疮加重（紫外线视觉可见光波为蓝色）。他将紫外线滤出，留下肉眼可见为红色的光线，这种红色光线加速了天花病的痊愈。但是，没过多久，天花就逐渐在人类社会销声匿迹，变得不足为惧。而皮肤结核病令人日渐忧心。芬森尝试用蓝色的紫外线照射结核引发的狼疮，很快皮肤便痊愈了。他研发了一种特殊的照射器，可以精确传送波长，该仪器成为结核病疗法的基础仪器。在欧洲和俄国，"芬森研究所"之类的场所开始遍地开花，为人们提供日光浴和光照治疗。为了接近太阳的光源，这些场所通常设在山区。

在皮肤病学界，芬森被誉为"光疗法"的创始人。1886年，他在丹麦成立了芬森光线研究所，后期被政府高校医学中心接管。（此处应为笔误，该研究所实际于1896年建立——编者注）1904年，一份研究所综述表明，在1 200余例患者中，51%的患者痊愈，35%的患者明显好转。1902年，刊登于《美国医学会杂志》（*Journal of the AMA*）的一份研究报告中记载了芬森光疗法的治疗结果："患者容貌变化惊人。曾经令人反感的样貌变得与正常人外表无异。"[①]

光线研究所在全球范围内迅速兴起，来往的病人络绎不绝。人们对光线疗法的好奇心远胜于治疗病症的需求。经过改良，光疗法开始用于治疗伤口化脓，还可用于治疗血液感染和癌症，一些研究者提取病人的少量血液，加以紫外线照射，再返回病人体内，这一疗法取得了成功。或许是因为当时皮肤结核病例已呈自然减少的趋势，人们很快便对芬森的发现失去了兴趣。纵观19世纪时期，虽然没有特殊的药物干预，但皮肤结核的发病率已急剧下降，且致死率不断降低。截至1890年，皮肤结核病的死亡率已下降到1821年的一半。抗生素时代开始后——人类在1940年发现了放线菌素（原文为spectromycin，此处疑似作者笔误，正确应为actinomycin——编者注）——皮肤结核病再也不是公众的心腹之忧了。

---

① 引自《芬森研究所之旅》（*A Visit to Finsen's Institute*），作者瓦尔纳（A. K. Warner），刊登于《美国医学会杂志》1902年1月18日第 XXXVIII(3)期，第188页。

芬森之后，美籍印度裔阿育吠陀医师丁夏（Dinshah Ghadiali）又提出了著名的色彩疗法。美国政府并不认可他的阿育吠陀培训。不过他依然坚持研究，最终成为一名脊椎按摩师兼理疗师，并成立了国家非医药从业者协会（National Association of Drugless Practitioners）。如今看来，此类协会影响不大，但在当时的背景下，美国医学会（AMA）仍有所顾忌，担心非医药会成为卫生保健的主流。美国医学会不得不发表声明，抵制顺势疗法、自然疗法、草药疗法、脊椎按摩法，又宣称以药物、手术及放射疗法为基础才是唯一合法的医疗模式，除此以外的疗法皆为非法途径。

1920年，丁夏宣布自己耗费多年心血完成了阿育吠陀式色彩疗法的英文译著。他将其命名为《光谱铬疗法》（Spectro-chrome Therapy），这种疗法会向患者的身体射入不同颜色的光束。在芬森因光疗法荣获诺贝尔奖后的25年内，美国医学会依然致力于将丁夏的疗法定为犯罪。1931年，丁夏因声称其色彩疗法有效而被控诈骗。有三位德高望重的医生为他做呈堂证供，他们都使用过色彩疗法，其中包括凯特·鲍德温博士。鲍德温博士于1890年从医学院毕业，彼时芬森的光疗法正在进行实验。基于数十年的内外科经验，鲍德温写下自己使用色彩疗法的经历，呈递给宾夕法尼亚州医学会：

"有关色彩对人体功能恢复的作用，我已密切关注了六年之久。在此，我可以真诚坦言：根据近37年的行医经验和个人在药物及手术中的实践，综合其他所有方法而言，通过色彩疗法，我可以更加快速精准地发现病症所在，并可使患者减少痛苦。在很多案例中，传统疗法失败后，色彩疗法仍可使患者康复。当然，某些情况下必须动用手术，但是如果在手术前后采用色彩疗法，会使手术效果更好、患者恢复速度更快。"[1]

三位医生做证，色光疗法可用于多种疾病的治疗，如肾功能衰竭、癌症、肺炎、淋病、伤口感染、眼部疾病和三度烧伤。鲍德温和其他医生的证词使监管部门对丁夏暂缓惩罚，他被无罪释放并免于驱逐出境，侥幸存留。1945年，他又被指控虚假，并被处以没收书籍和彩色光照灯。因被迫同意放弃光谱铬疗法，丁夏可暂免牢狱之灾。1958年，美国食品药品监督管理局（FDA）正式宣布：丁夏的光照设备系违法设备。目前，美国食品药品监督管理局规定，色彩疗法仅可用于四种情况。紫外线疗法是治疗牛皮癣的标准疗法，此外，紫外线还被用于新生儿黄疸和白癜风（因缺乏色素引起的白斑）的治疗。日光或全光谱灯箱被用于季节性抑郁症的疗法已得到广泛认证。未经美国食品药品监督管理局批准使用的疗法被称为"标示外处方"。这种行为并不违法，但可能致使医生因未获患者充分知情同意而面临医疗事故诉讼。美国食品药品监督管理局要求提供光疗法的非传统医生公开声明他们并非"旨在治愈疾病"。

在过去的20年里，人类对光在生物系统中的作用重拾兴趣。时至今日，众所周知，光线对细菌和哺乳动物（包括人类）的生物化学反应具有调节作用。人们发现，日光可减轻肝细胞的炎症，这意味着日光可用于某些种类的肝炎治疗。它会直接作用于一种名为"吞噬细胞"的免疫细胞，从而刺激维

---

[1] 引自医学博士凯特·鲍德温的《光与色的治疗价值》（*The Therapeutic Value of Light and Color*），刊登于《大西洋医学杂志》（*Atlantic Medical Journal*）1927年4月卷，第431～432页。

生素D受体并维持人体免疫反应的稳定。长波紫外线（UVA）可有效治疗特异性皮炎及湿疹等自身免疫性皮肤病。长波紫外线可作用于细胞内氧气，从而消灭过度活跃的免疫细胞。它会加速人体内白血病细胞的死亡。蓝色可见光能消灭耐甲氧西林型"金黄色葡萄球菌"（即臭名昭著的耐抗生素噬肉菌）。它会攻击引起痤疮疖子的细菌。蓝光对于胃溃疡致病菌的作用正在被研究。蓝光还可减缓由中风和心脏病发作引起的血流缓慢所致的器官受损。可见性蓝光仅作用于异常部位，不影响人体正常部位，因此不会对患者产生副作用。这一点与可损伤正常部位的蓝色紫外线有所区别。

近日，有研究表明，紫光和绿光能消灭牙龈疾病的致病菌。将患处涂以红色色素后，再经紫光照射可阻止疱疹蔓延，不过这一方法仅在发病前两日内有效。一氧化碳中毒后，按照黄绿色光、橙色光、橘红色光的顺序照射肺部，可提高患者生存概率。目前，人类正在研究可见红光和近红外光在治疗真菌感染、促进骨骼和伤口愈合以及抑制疤痕形成和疤痕修复等方面的疗效。有一种更为先进的光线疗法，即先将含有化疗药物的微小脂肪泡注入体内，待其抵达肿瘤患处后，以红外线激活，使其将内含药物直接作用于肿瘤。

光疗领域的有效疗法研究，始于芬森成果的启迪，却因影响了美国医学会的既得利益，并在美国食品药品监督管理局的监管干涉之下，足足停滞了一整个世纪。近几十年来，医者才得以走出阴霾，对色光疗法进行科学严谨的研究。终于，在拥有近千年观察经验的分子和生物学基础上，我们获得的数据足以表明：色彩疗法有效。尽管如此，一般情况下，普通患者只能在非传统医生处或本人在通过网上搜索判断疾病可自行治疗的情况下，才会选择色彩疗法。

年轻的尼尔斯·吕贝里·芬森向来体弱多病，但病因却不得而知。有报道称，在二十多岁时，芬森就开始出现尼曼匹克病的症状。这是一种罕见的先天性脂代谢性疾病，可引起脑部退化和痴呆症。芬森在患有此病的情况下还能成为诺贝尔医学奖研究者，这种说法使人无法信服。还有报道称，芬森患有某种收缩性心脏病（心脏内膜僵硬进而使心脏泵血受限）。芬森本人认为，他的心力衰竭是青年时在冰岛被绦虫感染的后遗症。或许他所言非虚。当芬森得知自己荣获诺贝尔奖提名时，他已身陷轮椅之中，翌年辞世，年仅43岁，留下芬森研究所继续传承他的成果。

后来，芬森研究所逐渐转向电离辐射及其疗法的研究。截至2017年，位于哥本哈根大学的芬森研究中心致力于研究癌症、传染病及血液病的治疗方案，并未主攻光疗研究。

第4章
巴甫洛夫的狗
——消化腺的生理机制与条件反射理论

1904年，伊万·彼得罗维奇·巴甫洛夫（Ivan Petrovich Pavlov）因发现控制胃腺及其消化液分泌的神经而获得诺贝尔奖。巴甫洛夫出生于俄国宗教世家。他的父亲是镇上的一名牧师，祖父曾是教堂司事。最初，巴甫洛夫就读于神学院，但之后他放弃了神学，转而学习医学。进入医学院后，他在德国莱比锡跟随一位心脏科专家学习。

当时，莱比锡大学哲学院院长是威廉·冯特——世界上首位以"心理学家"自居的学者。严格来说，这个词的定义是"灵魂研究者"，但冯特却声称人类没有灵魂，并缺乏自决力。冯特和巴甫洛夫在莱比锡大学期间如何互动，后人不得而知，但可以肯定的是，他们一定有所交集，且二人的研究成果密切相关。冯特提出，人类的学习只能通过神经通路得以实现，且人类行为最终完全可通过人体解剖得到解释。该理念成为巴甫洛夫后期实验的基石。

巴甫洛夫研究生毕业后回到俄国圣彼得堡，在新成立的帝国实验医学院担任生理学院院长。1883年，在领导这所新学院的第三年，巴甫洛夫收到了阿尔弗雷德·诺贝尔的一笔巨额捐款。（诺贝尔家族曾在圣彼得堡生活过一些年，阿尔弗雷德·诺贝尔年少时在圣彼得堡就读。）

巴甫洛夫在活体动物身上进行实验，观察动物的神经功能，最初实验的重点是观察神经对动物心脏和血液循环的控制。他自认为发现了调节心脏功能的四条主神经，但这一想法很快被推翻了。研究狗的消化系统时，巴甫洛夫的观察力已日益精进，他发现消化液的分泌由胰腺神经所控制。某方面来说，确实如此，但我们现在已经得知，神经控制不是影响胰腺分泌胰岛素的时间及方式的唯一因素。

1889年，巴甫洛夫发现了控制胃腺及其消化液产生的神经。这一成果为巴甫洛夫赢得了1904年的诺贝尔奖。为了计量胃液，他设计了一种外科手术，通过手术将狗的胃液导出体外，流入储存袋中。他出售狗的消化液用以治疗消化不良。巴甫洛夫以此为副业，获利颇丰，并使得他的实验室预算资金增长了七成。当时，这种疗法在俄国、法国和德国大受欢迎。因此，巴甫洛夫设立了工厂，专门利用狗制造价值不菲的胃液，每个工厂每日的产出量可达一升。产出胃液的狗都要接受手术，将导管的一端经过食道伸入胃中，另一端连接到狗体外收集胃液的烧瓶中。所有狗必须在桌边保持站姿，身上的固定带紧紧系在头顶上方的横梁上。这些狗饥肠辘辘，人们将盛有鲜肉的碗置于其可触范围之外，借此刺激狗的胃腺，使消化液流出。

大约从1901年开始，直到1936年生命结束，巴甫洛夫投入全部精力力证人类的动物本性。在日常观察中，他发现狗会在等待投食的过程中分泌唾液，这吸引了他的注意力。如今，这对任何一位宠物主人来说都不足为奇，但巴甫洛夫当时却将其视为重大发现。这一发现成为他的"条件反射"论的基石。

巴甫洛夫在大量著作中提到，人类行为是基本固定的。他认为人类的行为完全取决于大脑及神经对外界刺激所产生的反应。巴甫洛夫认为，动物体内仅有一套神经系统，但在人体内，还存在另外一套系统，它使人类不仅能对有形的事物产生反应，还能对语言产生反应。该假说中提出的第二套神经系统至今尚未在人体内被发现。

理论除外，巴甫洛夫还费尽周折，连续数十年在动物身上进行实验，以证实其行为可被外界刺激所控制。他通过实验证明，先前表现正常的狗，按照技术员的意愿，会变得焦虑、畏惧或反应冷漠。巴甫洛夫和多位助理在狗身上进行了无数次实验，同样的实验对象还有猫和猴子，最终他们将目标转向了人类。

众所周知，巴甫洛夫最经典的"条件反射"实验是在每次投喂狗时奏响节拍器。待这些狗养成习惯后，只奏响节拍器，却不投喂食物。但即使如此，这些狗依然会分泌唾液。巴甫洛夫的这一发现使他在心理学界声名大噪。后续的实验演化为，积极条件的刺激伴随着食物，消极条件的刺激伴随着惩罚。节拍器响起，意味着狗将接受电击，真正的电击紧随其后。最终，即使没有电击，每当节拍器响起，狗也会瑟瑟发抖。

巴甫洛夫在一些孤儿身上进行了同样的实验，少数照片和电影流传至今。其中一张照片显示，一个男孩的脸庞一侧开有一孔，一根导管连接于此，收集男孩的唾液，这与他在工厂的狗身上进行的实验如出一辙。一名成年人正手持一勺食物，凑到孩子嘴边，却不递进他嘴里。在另一张胶片上，一名三岁左右的稚童躺在婴儿床上，人们用头巾将孩子的头部固定，再将一根管槽悬于孩子面部的正前方。孩子手中绑着一个充气式的球。每当操作者向球内充气时，就会有饼干从孩子面部上方的管槽迅速滑落下来，投入孩子嘴中，孩子便张开嘴巴，一顿狼吞虎咽。待孩子养成习惯后，有时即使不向孩子投喂饼干，也会让球充气膨胀。此时，小男孩依然会张开嘴巴，期待饼干源源不断地滑落下来。这项实验所欲证实的内容，我们如今不得而知。

巴甫洛夫所谓的"实验性神经官能症"的一例实验，是把一张椭圆形图片和一张圆形图片向狗展示。如果狗能准确地选出椭圆形，就会得到食物。很多狗十分擅长分辨这两种图形，但到下一阶段时，展示给它们的图片会换成不太像椭圆形、反而很接近标准圆形的图片。最终，如果狗无法分辨出这两种图形，它们会表现出极大的选择焦虑——选错了就意味着当天没有食物。

还有一些实验更为残酷。巴甫洛夫通过手术，封锁住狗的喉咙，并将其食道（连接嘴和胃的身体部位）切除。这些狗通过接入胃里的食物导管维持生命。巴甫洛夫停止管饲，让狗产生饥饿感，之后为它们端上盛满食物的碗，允许它们进食，但是它们已被封喉，吞下的食物无处可去。这项科学研究的伟大成果即发现：哪怕吞下去的食物又从狗嘴里吐了出来，狗依然会不停地进食。

巴甫洛夫针对精神病的神经性成因假说撰写了大量的著作。举例而言，他认为精神分裂症是由"脆弱的"脑细胞引起的一种"慢性催眠"。巴甫洛夫接触过被监禁的精神病患者，其中多数不过是政治异党。不过，巴甫洛夫究竟会对这些人采取何种行动，人们无从得知。

到1936年去世前，巴甫洛夫一直任教于帝国实验医学院，从该学院的档案馆中存放的关于巴甫洛夫的档案和巴甫洛夫自己的手稿，我们能看出他是怎样的一个人。巴甫洛夫不仅对狗态度恶劣，对人的态度亦是如此——既然他认为人类无外乎是动物，那么这也不足为奇。巴甫洛夫易产生暴力情绪，因此他的同事常常连续数日对他退避三舍。巴甫洛夫称自己的情绪爆发为"本能发病"。他公开声明自己是无神论者，并在论著中将宗教视为神经系统软弱之人无法承受外界刺激时的一种应对机制。巴甫洛夫公然排斥犹太人，但在政府试图解雇其实验室内身为东正教徒子女的助理时，他却选择了闭口不言（巴甫洛夫的父亲是牧师，祖父为教堂司事）。

20世纪20年代，斯大林当政时期，巴甫洛夫年事已高，他名下有三个大规模实验室，数百位技术人员和研究学者受聘于此。纵观巴甫洛夫一生，尽管他发现了一种有益的消化疗法，但他并不是一位竭诚为人类利益而工作的杰出诺贝尔奖得主。

第5章
丰功伟绩
——细菌理论与结核病的研究

1905年,罗伯特·海因里希·赫尔曼·科赫(Robert Heinrich Hermann Koch)因结核病相关研究和发现荣获诺贝尔奖。科赫出生于19世纪中期的德国,其所读学校均为德国一流学府。依照西方世界医学研究的传统,科赫最早的实验对象是科赫本人。他在博士论文中阐述了高脂饮食如何促进尿酸的产生。作为研究的一部分,他每日进食半磅黄油,并按时收集自己的尿液,如此连续数日。他曾在德国小镇上经营私人诊所,工作之余,以打保龄球和弹齐特琴为爱好。此外,科赫还喜欢养蜂。他在宅院内饲养了多种野生及家养动物。

一场爆发于农场动物之间的炭疽病促使科赫开始研究炭疽微生物的生命周期。他苦心钻研,然后提出:炭疽菌以"孢子"形态存活于土壤之中且生命力顽强。炭疽菌在土壤中保持休眠状态,待繁殖条件成熟时,便会被唤醒并具备传染性。整体上,该项研究只涉及农场动物,因为当时人类感染炭疽病的问题并不严重,不属于公共健康问题之列。(炭疽病主要在蹄类动物之间传播,人类偶尔也可通过直接接触染病动物患处或食用未煮熟的染病动物等途径感染,主要感染者为皮革、畜牧工作的从业人员。人类通过呼吸道吸入干土中的炭疽芽孢也可致病，但这种传染方式极为罕见。）

科赫从死于炭疽病的动物身上提取出炭疽菌，对其进行纯培养，再将培养出的细菌注入健康动物体内，使动物患病并表现出炭疽病的典型症状。他改良了纯培养技术（仅培养一种细菌），在置有培养基的凝胶"盘"中进行培养，而不是采用传统的方法——在烧瓶中进行微生物混合培养。他是拍摄微生物的第一人，也是首位展示传染菌完整生命周期的科学家。

虽然现代人类已视之为理所应当，但在1873年，一种疾病是由一种特定的细菌引起的这一说法依然颇具争议。当时的主流观念是细菌的形态会不断改变并因此引起多种疾病，这种观念得到了诸多业界翘楚的认可，其中包括路易·巴斯德。与之相悖，科赫提倡"特定微生物是特定疾病的病原"。虽然科赫不是首位提出此观点的科学家，但他的炭疽病研究率先为这一理论提供了强有力的支撑。

这一时期，1870年战争在欧洲爆发（世界上多数国家称之为"普法战争"，但德国称之为"德法战争"）。两国之间的对抗同样延伸到了医学领域。科赫的理论否定了法国著名生物学家路易·巴斯德的观念；对此，巴斯德坚守立场，但在研究方面，他却兴致勃勃地密切关注着科赫的工作。

在19世纪，每七个病逝的人当中，就有一人死于结核病，因此科学家在结核病领域的研究竞争激烈。随着显微镜和纯培养技术的进步，鉴定病原菌只是早晚问题。1882年，科赫击败其他竞争者，高调宣布自己发现了结核杆菌。巴斯德和其他学者对科赫的成果表示怀疑，因为他们无法分离出科赫所谓的结核杆菌。科赫反驳道，原因只在于他们的培养技术过于落伍，显微镜也不够先进。此言一出，举世哗然，但事实可能确如科赫所言。

当时的德国政府十分乐于大力宣扬科赫的成果。他被誉为国家英雄。政府又将其研究所扩大，予以研究津贴，增设助理，还为他本人加薪。普鲁士帝国卫生部举办了一场"德国公共卫生保健展"，邀请世界各国科学家访问伟大的科赫博士实验室。

与此同时，另一种瘟疫引起了科赫的注意。当时的霍乱问题十分严重。19世纪时期，城市居民的饮水很容易遭到污水污染。由霍乱菌产生的某种毒素，会导致人体出现严重的水性腹泻，使患者在数小时内发生严重的脱水和电解质失衡。科赫精通于显微镜的使用，并因此成为发现霍乱致病菌的第一人。

在那个年代，德国、英国和法国是医疗科学界的主导者。事实上，早在30年前的1854年，意大利研究者乔瓦尼·帕西尼已发表论文详述其通过显微镜观察到的霍乱微生物，彼时科赫方年满11岁。或许这件事鲜为人知，抑或世人对其视而不见，因此当科赫再次发现同样的成果时，他可以一人独揽众誉。

很多其他研究者都发现，霍乱与饮水源污染相关，但科赫却是提出霍乱控制措施的第一人。他的最终方案是：将市政供水通过砂滤器过滤，可消除水中的霍乱病菌。这一结论促使全球范围内的公共供水系统卫生得以改善。

如果科赫的研究到此为止，或许他会成为世上首位诺贝尔奖得主，而非位列第五。他后来寻找治愈肺结核病的方法并不顺利。1890年，科赫调制出一种药物并将其注入自己的手臂皮下，他称之为"结核菌素"。他如实记录道，注射部位疼痛泛红，并伴有关节痛、咳嗽、乏力、发烧、畏寒发抖、恶心及呕吐的症状。之后他将制剂中的结核菌素浓度大大降低，并供给本地慈善医院中诸多可怜的患者使用。这在当时未经检验的治疗方法中是一种公认的做法。确切地说，结核病患者和感染过结核病的人会产生明显的皮肤反应，而不曾感染结核病的人几乎毫无反应。但令人难以置信的是，这种皮肤反应竟意味着疾病正在痊愈。

作为研究者，科赫十分严谨，有迹象表明，他知道自己尚未完成必要研究，不能向世人宣称结核菌素是一种有效"疗法"。而普鲁士政府却希望使德国在医学界取得显著优势。或许科赫公开发表尚未成熟的研究成果，此举实属被动。

世界各地的人们蜂拥而至，奔向科赫的柏林研究所。当时的新闻报道称，约有4 000名结核病患者慕名而来，令当地居民惊恐不已。同样前来的还有1 000名医生，其中包括阿瑟·柯南·道尔（此时尚未获授爵位）。在成为备受欢迎的夏洛克·福尔摩斯小说作者之前，道尔原本的职业是医生。道尔博士对现代医学的不足心知肚明。1881年，他从爱丁堡大学医学院毕业。文凭到手时，他自我调侃，将自己的毕业证书称为"杀人许可证"。

众多医学界同行济济一堂，再加上公众对这种结核疗法求知若渴，道尔博士将当时的场景描述为，"哪怕只是想要目睹这位声名赫赫的发现者的真颜"，也是难上加难。

"他正如蒙面先知一般，除了同事和研究助理，没有任何人见过他本尊。陌生人伫立于卫生馆的灰色高墙外，举目仰望，同时人们心中明白，这位伟大的科学家正在这里的某一处工作，因此也就满足了。"[1]

结核菌素存在两个主要问题。

在科赫第一篇论文中，他对结核菌素的成分保密。事实上，这种行为直接触犯了德国法律中禁止售卖"秘方"这一律条。在无人知晓成分的前提下，采用该药物进行治疗，正是科赫的犯罪证明。即便如此，科赫仍被视作英雄，足见当时他多么具有权威。

第二个小问题是，没有长期研究能够证实结核菌素的治疗效果。即使如此，结核菌素的使用依然在全球范围内迅速传播开来，随之而来的是大量的研究数据表明：这一疗法毫无效果。

1891年，结核菌素的失败已经显而易见。此时科赫公开了他的保密配方：结核菌素不过是在甘油之中混入结核杆菌死菌粉末制成而已。1906年，人们通过研究得知，结核感染者出现明显的皮肤反应是"过敏"：患者机体对结核病菌反应灵敏，在皮下注射结核杆菌死菌后，会在注射部位引起过敏反应。虽然结核菌素对治疗无效，却为有效检测个人是否感染结核杆菌奠定了基础。这套结核菌素皮试法被沿用了一百余年，直到近期才被更敏感的验血法替代。

1891年，经历过结核菌素的窘境之后，科赫放弃了对结核病的研究。同时，他的生活发生了翻天覆地的变化。科赫结识了一位17岁的女孩，尽管他比她大将近30岁，但他迅速终结

[1] 出自《科赫博士及其疗法》（Dr. Koch And His Cure）一文，柯南·道尔著，刊登于The Review of Reviews杂志，1890年12月刊第552页。

了自己为期26年的婚姻，迎娶新欢。他开始周游世界，研究疟
疾、霍乱以及嗜眠病和牛瘟等蜱传播疾病。为深入研究，他到
访了印度、埃及、南非、新几内亚、日本和美国。途中，他的
第二任妻子曾两次遭受疟疾之苦。

　　1901年，科赫再度身陷舆论之争。他在1882年的论文中
阐明，牛结核病菌与人结核病菌同属一类；但在1901年的论文
中，他又断定两者并不同属。这与巴斯德率先提出的将牛奶
煮沸杀菌的观念（巴氏灭菌法）互相矛盾。科赫认为，牛奶中
的结核病菌不会导致人体感染结核病，因此没有必要采取巴氏
灭菌法。针对这一问题，德国高层委员会研究多年后，最终选
择支持科赫的说法，而其他国家则选择继续对牛奶进行高温杀
菌，以消灭牛结核病菌。

　　巴氏灭菌法之争使科赫不宜成为当年的首位诺贝尔奖获
得者人选。而事实上，我们现在已经得知科赫的说法基本无
误。两种病菌的菌株确实存在细微的差别。虽然人类也可能感
染牛结核病，但这种情况极为罕见。而且如果人类感染了牛结
核病，患者对其他人类不具备传染性。但人结核患者却可通过
呼吸道飞沫向其他人类传播疾病。可以断定的是，在科赫的时
代，牛奶并非结核病的主要致病源。

　　这场轩然大波的讽刺之处在于，当时结核病已不再是流行
病，且纵观整个19世纪，结核病的死亡率已呈走低之势。在科
赫10岁之前，结核病的死亡率已大幅下降，在他研究并提出无
效疗法期间，这个数字仍在稳步缩小。时至20世纪，即使发生
了工业革命和两次世界大战，也没能阻挡其下降的趋势。20世
纪40年代，第一款抗结核药物问世后，结核病的死亡率再次急

剧降低。近代时期，结核病唯一一次呈现上升趋势是在人体免疫缺陷病毒所致艾滋病侵袭之时，但这次反弹与结核病在19世纪早期的影响力相比，不过是九牛一毛。到2010年，结核发病率再度下降。

在药物问世前的那些年，结核病感染率因何下降，人类不得而知。不过，大多数生物体都须依赖活的宿主繁殖，一种起初高度致命的生物体攻击力逐渐下降的情况亦不足为奇。依照效用最大化的思想①，如果将人类宿主杀得片甲不留，对病菌而言也徒劳无益。再者，医院的杀菌条件不断提升，有助于降低结核病死亡率。医生开始有意识地洗手和佩戴口罩，以防止自身成为病人之间交叉感染的载体，这使得人们与医护人员接触更加安全。与结核病情况相同，早在疫苗研发出来之前，猩红热、白喉、百日咳和麻疹等疾病的死亡率就呈现出相似的大幅度下降。

科赫的柏林研究所资金雄厚，吸引了各国的顶尖研究学者。事实证明，大多数传染疾病的主流发现均源自德国或曾受到德国影响。以科赫的知名度而言，称其建立了"丰功伟绩"一点也不为过。科赫在微生物学领域德高望重，如果他对某项科学发现不以为然，即弃之如敝屣。在他收回研究许可的同时，人们对一些重大发现的认知进程随之贻误，着实令人叹息。此外，科赫还被控将他实验室里的其他科学家的成果占为己有。

科赫开创的新型实验方法，使每位力求严谨的研究者可将

---

① 即杰里米·边沁的功利主义思想：凡是能将效用最大化的事，就是正确的、公正的。——译注

微生物单独分离，这项成就影响最为深远。他最早的成果是提出了疾病的细菌理论，在那个年代，提出特定微生物是特定疾病的病原这一理论极具革新意义。他在诸多传染病研究方面取得过开创性成果，其中包括结核病、炭疽病、霍乱和疟疾等领域。按照诺贝尔基金会的规则，科赫不得以终身成就领奖，因此他在1905年的获奖理由为："基于其在结核病领域的研究与发现。"可笑的是，他所推崇的结核病疗法虽声势浩大，却不甚见效。

诺贝尔委员会曾考虑把这一年的奖项颁予梅毒致病菌的发现者弗里茨·绍丁，但科赫的友人极力推崇科赫。最终，诺贝尔委员会决定放弃绍丁，转而支持罗伯特·科赫获得1905年的诺贝尔奖。1906年，绍丁逝世，自此再无缘诺贝尔奖。

第6章
犯错的观察员与细菌博士
——高尔基染色法与"神经元"学说

　　1906年的诺贝尔生理学或医学奖有两位共同获得者：卡米洛·高尔基（Camillo Golgi）和圣地亚哥·拉蒙-卡哈尔（Santiago Ramón-Cajal），获奖理由是两位在神经系统结构的认知方面做出了贡献。两位科学家在组织学（医学分支之一，研究有机体的微观组织）研究领域各有建树。

　　高尔基是出生在奥地利的意大利人，他发明了组织染色法，以此分辨不同的组织结构，进行精细研究。染色过程中，他将银和钾混合，制成黑色染料。染色后，细胞的细微构造第一次在显微镜下一览无余。1873年，他的第一个项目是对从精神病患者遗体中获取的脑组织进行染色，项目样本来自高尔基就职的精神病院。如今，这种方法仍被称为"高尔基染色法"。通过这种方法，研究者可追踪整个人体及大脑的各处神经。高尔基认为，各处神经不是独立形态，而是呈现出相互交叉并与其他部位神经交叉的形态。他坚定地认为，各处神经会在交叉处进行融合，构成一个整体。高尔基推断，所有的神经都是一个巨大网状互联网络的一部分，著名的"网状学说"由此而生。

不出几年，其他组织学家纷纷开始使用高尔基染色法。与此同时，显微镜技术发展迅猛。

圣地亚哥·拉蒙-卡哈尔是一位西班牙组织学家。利用高尔基染色法对人类脑部及神经进行了更为精细的深入研究后，他得出了不同的结论：神经是一个复杂系统的一部分，该系统各处不是融合的，而是由离散的分离细胞组成的，他称之为"神经元"学说。很快，卡哈尔的神经元理论得到了认可，而高尔基的网状理论与事实不符。不过高尔基染色法为其他学者对神经系统展开精细研究提供了可能性，他也因此收获了属于自己的诺贝尔奖份额。

1906年，两位被授予诺贝尔奖时，高尔基的网状理论早在25年前便已被推翻。然而，高尔基领奖后，他在自己的获奖感言中依然大肆陈述自己的神经系统网状结构假说。卡哈尔和在场的其他科学家都瞠目结舌，他们为高尔基感到尴尬，但高尔基本人却无半分羞愧之情。

圣地亚哥·拉蒙-卡哈尔的父亲是一位西班牙医生，他逼迫儿子研习医学。但是，幼年的卡哈尔对摄影、写作和绘画更有兴趣。他的父亲是个自学而成的外科医生，为了对儿子进行医学启蒙，竟把他带到墓地寻找尸体残骸作为研究对象。最终，年轻的卡哈尔为了迎合父亲的心愿，于1873年进入西班牙军队，成为一名军医，入驻古巴军团。

卡哈尔和很多士兵都在古巴感染了疟疾。他乘着慢船回家，航速十分缓慢，他看到一些战友死去，尸体从船上滑落。初次感染疟疾后，卡哈尔总是一副面黄肌瘦的模样，且因在业界根基未稳，囊中羞涩，生活窘迫。他发现自己已是24岁的小伙子了，却从未亲吻过一个女人，因此，尽管身体羸弱、一贫如洗，他毅然向自己战时的孤儿女笔友表白求爱。他在自传中写道，当时未从女笔友那里得到任何令人鼓舞的回应，他不知该做何理解。这是对方谦逊有礼的表现，还是她已对自己心生厌倦？他想要一试。突然之间，卡哈尔吻上女孩的双唇，女孩缩作一团，满脸恐惧，并且称卡哈尔为禽兽、罪犯。卡哈尔得到了答案，从此放下，再无留恋。

还未开启新恋情，卡哈尔突然出现了咯血的症状。他感染了结核病，在卡哈尔的年代，结核病足以致命且无药可医。长期困于疗养院使他生无可恋，一心等待死神的宣判。有一天，卡哈尔醒来发现自己并没有死，他从床上一跃而起。他力挺自己的新治疗方案："与医生的建议背道而驰即可。"并在几周内身体完全康复。

19世纪70年代晚期，卡哈尔凭借着对组织学的精确观察技术，成功在萨拉戈萨医学院谋到一个职位，由此得以继续在显微镜下仔细观察美妙的染色神经元，并将其详细地画出来。他的同事中，有些保守派对显微镜嗤之以鼻，他们认为卡哈尔的工作滑稽可笑；这些人觉得，任何物质的探索都应用肉眼完成。卡哈尔悲哀地发现，在那个时期的医学院，教授与学生都对显微镜视而不见，机器崭新，如同摆设。

身体既已康复，又谋得良职，卡哈尔再度萌生了成家的想法。新女友刚对他表现出一丝好感，他就立刻与她成婚了。家人朋友都对此颇为反对。当时，人们把科研学术工作视为出家修行一般。"可惜了，拉蒙自此步入迷途！再无雄心壮志，科学研究无以为继！"家人朋友如是说。他的父亲预言称卡哈尔时日无多，而他的朋友们认为他前路渺茫，再无希望可言。

1885—1886年间，卡哈尔利用假期埋头写作。他的科幻小说集《假日逸事》（*Vacation Stories*）主要以细菌为题材，小说的作者署名为卡哈尔的笔名"细菌博士"。《暗中防御，秘密复仇》（*For a Secret Defense, a Secret Revenge*）讲述了一位细菌学家发现他年轻的妻子出轨的故事。他将地震仪秘密安装在实验室的沙发上，通过地震仪的打印件，确定妻子和自己的实验室助理有染。他使助理感染上结核杆菌，待到自己的妻子被传染后，又将整件事的来龙去脉写入自己的科研论文。其他故事中，有一个恐怖故事讲的是一个男人用千倍显微镜观察世界；有一个故事是一个男人没能让镇上的人相信他的房子没有闹鬼，而是被破坏性的细菌吞噬了；还有一个故事与人工授精有关，故事中认为那个男孩是"母亲与注射器"之子。卡哈尔的另一部早期小说中，讲述了木星上的一个男人进入外星巨人的血管之中，进行了一场被他形容为"白细胞与寄生虫的史诗级对抗"，这部小说没有出版。

与此同时，卡哈尔的事业一路高升，先是在巴塞罗那被聘为教授，之后又转至马德里任教。他在照片和画作中，对大脑神经系统结构进行了多面展示，世人对此闻所未闻，见所未见。这些作品当时在西班牙不受重视，在国外更是丝毫没有知名度。卡哈尔开始用法语发表论文，随后他的论文被德国医学期刊收录。1889年，由于得到德国的认可，卡哈尔的成果最终被推上国际舞台。这使得卡哈尔与世界各国的科研学者建立起联系，他开始收到演讲邀请，被授予荣誉学位，他的实验室也开始有访客出现。1899年6月，他收到一份邀约，邀请他参观美国马萨诸塞州的克拉克大学。他感到难以置信，因为此时距离美国在与西班牙的战争中胜利尚不足一年。

美西战争始于1898年4月份的某个周一，结束于同年夏天8月份的某个周五。起因源于美国扩张主义者的煽动，他们企图照搬欧洲帝国主义传统，建立美属殖民地。时任美国海军部副部长的西奥多·罗斯福大肆鼓动双方对立。战争一触即发。曾经实力雄厚的西班牙帝国此时已日薄西山，美国轻而易举就将对手彻底击垮，并占领了古巴、波多黎各、夏威夷、关岛，甚至还有与西班牙皇室成员同名的菲律宾。

但这份来自美国的邀约中附有一张支票，其金额可涵盖此次旅行开支，于是卡哈尔动身前往美国。面对各式各样的种族歧视，卡哈尔必须强装镇定，比如说这位克拉克大学的赞助者斯蒂芬·索尔兹伯里出言道："能有位通情达理的西班牙佬做客家中，我心甚悦。"[1]

卡哈尔在自传中回忆起此事，他认为这句话当真傲慢无礼。同时，他还在书中反讽美国独立日的庆祝活动：

"不幸至极，当天还是美国独立的国庆日，大街小巷、人声鼎沸。爱国音乐声、人们震耳欲聋的欢呼声，还有关于火箭的新闻报道声，声声入耳。不仅如此，街上还传来枪击声，时而一声枪响，时而众枪齐鸣。我看到很多人趴在窗前，或是爬上屋顶，如疯癫一般朝天放枪。甚至连街上的女子都在挥舞旗帜，高声号叫。与美国人民在他们著名的独立日的狂热和骚动

---

[1] 出自圣地亚哥·拉蒙-卡哈尔的《生活回忆录》（*Recollections of My Life*）（第1版），MIT出版社1989年版。

相比，我们在斗牛场的争吵可谓儿戏。"①

1900年，由于工作过于繁重，卡哈尔积劳成疾，再度病倒。不得不说，他是个疑病症患者，他自己写道："我患上了神经衰弱，同时还伴有心悸、心律不齐、失眠等，导致我出现了抑郁症状。"②

这一次，他的痊愈仍然不是来自任何医生的建议，也未选用当时江湖郎中的奇丹妙药。他的治疗方案是搬离城市，来到乡下。

当时"神经衰弱"这个术语意指人体神经组织脆弱，卡哈尔如此措辞，在当时不足为奇。这一时期，解剖学和生理学涌现出大量研究成果。从前仅被视为由社会成因（贫困人民）、道德原因（如性病）或精神因素导致的一些疾病，第一次被正确归因为由细菌感染、寄生虫侵入或是肿瘤导致的人体生理疾病。从前被模糊归咎于致病体液或污浊空气的疾病，如今也得以追根溯源，找到了真正的病理成因。卡哈尔及其他学者对于脑细胞与神经组织的精确说明，为发现人类疾病的成因提供了巨大的希望。人类创造出"神经组织脆弱"这样的术语用以解释各类精神异常病症，似乎只是时间问题。但真正的神经细胞的脆弱性，迄今为止尚未被发现。

1906年10月，卡哈尔收到一封来自诺贝尔基金会的电报，他没放在心上。不出数日，卡哈尔成为万众瞩目的焦点且热度持续数月不减。他收到众多饱含祝贺的电报、信件和留言以及

---

① 出自圣地亚哥·拉蒙-卡哈尔的《生活回忆录》（*Recollections of My Life*）（第1版），MIT出版社1989年版。

② 出自圣地亚哥·拉蒙-卡哈尔的《生活回忆录》（*Recollections of My Life*）（第1版），MIT出版社1989年版。

一些教授和学生的致敬，还有高校的纪念学位、科学及文学协会的荣誉席位，甚至有一条路被冠以他的名字。另外，还有一些不太受欢迎的礼物，比如"巧克力、饮料，还有一些卫生状况堪忧的药水，上面全都标注着我的名字"以及"来自一些胆大包天、痴心妄想的企业的报酬丰厚的工作邀约"。

在斯德哥尔摩出席诺贝尔颁奖典礼时，获奖者有机会与所有其他领域的诺贝尔奖得主进行交流。就在同一年，美国总统西奥多·罗斯福被授予诺贝尔和平奖，卡哈尔对此感到惊恐不已、厌恶至极。罗斯福是出了名的战争贩子，他公开反华、反印度，总的来说反对一切盎格鲁-撒克逊种族以外的人群。历史学家霍华德·津恩在报告中指出，西奥多·罗斯福在1897年写给一位友人的信件中曾声称："我欢迎任何战争，因为我认为这个国家需要战争。"罗斯福还在信中附上了位于三大洲的六个目标国名单。津恩还在书中引用了泰迪·罗斯福[1]的名言：

"'自古以来，所有强大的民族都是战斗民族。'西奥多·罗斯福如是说。对于盎格鲁-撒克逊同胞，他说：'与弱者对抗，这场战争不可回避。'他还说：'与野蛮人的战争是所有战争中最为正义的。'"[2]

卡哈尔始终怀揣梦想，希望西班牙在教育上，尤其是在科研上，赶超其他发达国家。他与其他学者和政治改革家一道，为此奋斗，直至1934年谢世的那一刻。

---

[1]　西奥多·罗斯福，第26任美国总统，人称老罗斯福，昵称泰迪（Teddy）。——译注

[2]　引自霍华德·津恩（Howard Zinn）的《美国人民史》（*A People's History of the United States*），Harper出版社2015年版。

第7章
显而易见的怀疑对象
——寄生虫导致疟疾

1907年，夏尔·路易·阿方斯·拉韦朗（Charles Louis Alphonse Laveran）凭借对疟疾的深入研究荣获诺贝尔奖。虽然他的发现早于后来的罗纳德·罗斯，但罗斯早在1902年就已获奖，比拉韦朗的获奖时间早了五年。

拉韦朗有充分的理由选择研究疟疾。他的父亲是一名军医，拉韦朗年幼时，父亲被派往阿尔及利亚驻扎。阿尔及利亚位于北非的地中海沿岸，时为法国属地，当时疟疾盛行（如今亦然）。这种疾病常见于沼泽区居民，在很多其他法国殖民地中也十分严重。

19世纪70年代，拉韦朗跟随父亲的脚步，被派往阿尔及利亚，他发现大批法国士兵着陆后，来不及恢复身体就已命丧黄泉。于是，他着手研究疟疾的病原。那时，细菌刚被发现是很多疾病的成因。当时，研究者要对携带疟疾病毒的沼泽地积水进行搜寻，然后从水汽中提取样本，还要仔细检查淤泥质土壤，以便找到造成疟疾的罪魁祸首。此前曾有两位研究员宣称，在污泥中发现了疟疾致病菌，但其他学者均未发现。拉韦朗采用同样的方法逐一研究，也一无所获。之后，他开始专攻疟疾患者的血液。患者的红细胞中存在深色斑点，为了找出血液颜色变化的原因，拉韦朗意外地在显微镜下发现一条长尾寄生虫。之后，他对其他患者进行检查，并宣布在192位患者样本中，发现有148位患者体内存在同类微生物。

四年后，几位意大利研究员在疟疾患者的血液中发现了几种形状各异的寄生虫。深入研究后，他们确定他们观察到的寄生虫和拉韦朗最初发现的寄生虫属于同类，只是分处生命周期的不同阶段而已。

传染病领域的重要学者们对这一发现持怀疑态度，因为他们认为一切病因都在于细菌。他们拒绝接受一种未被命名的新生物的存在。这种抗拒恰恰证明了他们是多么健忘，细菌作为新生理论横空出世至此不过几十年。当时，细菌领域的研究者也面临同样的窘境，那些先辈不愿接受眼前的事实。

经过漫长的质疑期，著名的细菌学大佬路易斯·巴斯德率先迈出第一步，对拉韦朗发现的寄生虫表示认可。此后十年间，寄生虫导致疟疾的观念终于得到了广泛认可。

因为寄生虫源于血液中的细胞，且在空气、水或土壤中均无发现，拉韦朗由此推断，一定存在某种有机媒介作为寄生虫的载体。最大嫌疑者是蚊子，因为蚊子在死水区比比皆是。1884年，拉韦朗将这一假说公开发表。无独有偶，1877年，在热带医学领域享有盛誉的苏格兰医生万巴德证明了非洲象皮病的传染源来自一种蚊子携带的寄生虫，他还首次提出疟疾的传染源同样来自蚊子携带的寄生虫。1883年，美籍英裔医生艾伯特·弗里曼·阿弗里卡纳斯·金提议，如果在美国华盛顿市外围竖起与华盛顿纪念碑高度相当的防护网来消除蚊子，那么整个华盛顿市便可免遭疟疾侵袭。

　　拉韦朗加入巴斯德研究所后，硕果累累，德高望重。在此之前，拉韦朗曾担任多个军事医学领导职位。最终，因其对法国社会的突出贡献，拉韦朗被授予法国荣誉军团勋章。他将半数奖金捐赠给了巴斯德研究所。

第8章
免疫之战
—— "吞噬细胞"、抗体、补体与砷凡纳明

1908年，两位年龄相差九岁、相距一千多英里（1英里合1.6093公里）的科学家——埃黎耶·梅契尼可夫①（Ilya Mechnikov）与保罗·埃尔利希（Paul Ehrlich）——共享了这一年的诺贝尔生理学或医学奖，获奖理由是两位分别提出了截然不同的人体抗感染方式。

埃黎耶·梅契尼可夫出生于俄国，他的生活受当时的传染病影响颇深。他的第一任未婚妻患有结核病且病入膏肓。二人举行婚礼时，未婚妻不得不坐在椅子上，被抬着送往教堂。不出数年，妻子病亡，他悲痛欲绝，曾吞服过量鸦片，企图自杀。梅契尼可夫再婚后，第二任妻子又感染了伤寒。这位妻子逃过了死劫，但是梅契尼可夫再度郁郁寡欢。这次，他的自杀方式更为独特：他向自己体内注射了一剂从回归热病患者血液中提取的血清，当时他正致力于这项研究。这一次，他再度得以幸存。

回归热病的感染途径通常源于蜱虫或虱子叮咬所致的细菌

---

① 法文名：Elie Metchnikoff。——译注

入侵，但在梅契尼可夫生活的时期，人类尚未发现这种传播方式。回归热病可致人死亡，但也有很多患者如梅契尼可夫一般不治而愈。如今，回归热病的治疗主要借助抗生素，但治疗后依然存在1%的死亡率。

梅契尼可夫的康复成为其研究的转折点：人体如何抵抗细菌入侵呢？他的观点是生物体会通过血液将细菌吞噬，以此抵御入侵。为了验证自己的观点，他将一根尖刺扎入海星幼体。不出意料，海星幼体第二天便把异物吞入体内并消化完毕。他将这个过程命名为："胞噬作用"（拉丁语：phagocytosis，其中phago意为"吃"，cyte意为"细胞"）。梅契尼可夫在血液中寻找并发现了吞噬细菌的特定白细胞，他将其命名为："吞噬细胞"。他能展示出这些细胞的聪明才智：它们有目的地向细菌移动，活生生地吞下细菌，然后将细菌消化殆尽。梅契尼可夫凭借这一发现摘得了1908年的诺贝尔奖。

梅契尼可夫在俄国敖德萨大学任教20年，但在亚历山大二世被刺杀前后，他的生活随着政治氛围发生了改变。1881年，反沙皇组织"民意党"成员投掷一颗炸弹将沙皇炸死，实现了组织的第三次，也是最后一次成功的尝试。这一举动激起了继任沙皇亚历山大三世专制政权的强烈镇压。梅契尼可夫曾三度辞去敖德萨大学的职位以抗议社会缺乏学术自由。第三次辞职后，他没有再复职。他永远离开了俄国，转投至巴黎的巴斯德研究所，并在那里度过余生。

梅契尼可夫在巴斯德研究所的研究更富创造力。他发现一种特定的吞噬细胞可使头发褪色。人类理所应当地把白发视为衰老的信号，但梅契尼可夫突然想到，或许衰老也并非稀松平常之事。他提出，人类之所以衰老，是因为人体免疫系统启动过于频繁，最终导致无差别启动。衰老是由免疫系统大范围活动的附加伤害累积而成。梅契尼可夫认为死亡是人体长期对抗感染引起的慢性炎症造成的最终结果。

为了支撑自己的理论，梅契尼可夫开始研究与年龄有关的动脉硬化过程。他发现造成动脉阻塞的物质——血小板——炎症反应强烈且其中通常含有处于不同吞噬阶段的吞噬细胞。他认为出现炎症反应的原因在于慢性的、较低程度的细菌感染。事实上，后续研究证明，任何人体部位的慢性感染死亡率均高于心脏病的死亡率。这尤其适用于血液供应丰富部位的感染，比如牙龈疾病，牙龈处细菌可轻而易举地进入血液并扩散。

梅契尼可夫认为，如果人体一生都在遭受微生物侵袭，那么吞噬细胞将持续活跃。持续不断的吞噬细胞活动会对人体产生副作用，尤其是对骨骼、肾脏、大脑、血管和心脏，日积月累，最终成为常见的衰老信号：脆骨症、肾萎缩、痴呆症以及动脉硬化。梅契尼可夫因此得出结论，他认为衰老可以预防，他甚至怀疑死亡也并非必然发生。

人体内有数以亿计的有害细菌藏身于大肠之中，这让梅契尼可夫很困惑。当时有一位女患者通过手术摘除结肠后依然活得很好。这个案例使梅契尼可夫十分着迷。他因此提出结论，认为大肠除了充当有害细菌的容器外，对人体并非必要。他认为，如果将人类的结肠全部摘除，那么将会造福众生。当时的社会还不够开明，无法接受大规模手术以延长寿命，为此他感到痛心疾首。他明白，社会现状无法改变，于是他开始致力于寻找减轻结肠有害菌负荷的方法。他和巴斯德研究所的同事一道发现，牛奶发酵菌会产生一种弱酸（乳酸）。食用酸奶后，嗜酸菌产生的乳酸可消灭人体结肠中的"坏"菌。

世界上第一位倡导服用现代所谓"益生菌"的人，就是梅契尼可夫。尽管他没有特别推荐，但他可能也会对现代人使用可咀嚼型益生菌以减少口腔内细菌的研究成果表示赞同。

除食用含有乳酸菌的酸奶外，梅契尼可夫还有另一条关于抗衰老的建议：不要吃肉，因为肉会在肠道里腐化。他建议人们拒绝生食，任何情况下都应把食物煮熟，以杀灭可能存在的危险型土壤生物。他强烈建议通过公共教育措施消灭酗酒行为和梅毒，当时已证实此二者会促生早发心脏病。

梅契尼可夫的抗衰思想中，有一条最为引人注目，它在当时颠覆了人们的认知。他发现，如果将一种动物器官的血液直接注入不同种类的动物体内，会造成接种动物凝血并最终致命。但是，如果将一种动物的器官细胞以微小剂量注入不同种类的动物体内，反复操作，持续数周，接种动物就会耐受，不会出现凝血。几周之后，他提取出接种动物的血清，并注入与起始动物同属的第三只动物体内，这种血清便可作为药物治疗器官疾病。梅契尼可夫将这些步骤应用于人体的描述如下：首先，找到新鲜的人体器官，最好能在确定死亡的第一时间取出器官。将取出的器官组织切碎，稀释混合后以微小剂量注入马体内。注射几周后，提取出马的血清用于治疗人体的器官疾病，例如，肾衰竭、心脏衰竭或肝衰竭等。他提出的这套疗法从未被纳入主流医学。不过从现代的干细胞疗法中，我们可以找到一丝梅契尼可夫疗法的踪迹。

1908年诺贝尔奖的另一位主角是保罗·埃尔利希。他和梅契尼可夫一样，都亲身经历过传染病。当时他患有结核病，有些历史学家认为他是在多家德国研究实验室中研究结核杆菌时感染的病症。康复期间，他在埃及停留了几年时间。当时的治疗理念是：干燥温暖的气候有助于结核病的康复。

和当时其他的著名研究人员一样，埃尔利希最初并不接受梅契尼可夫提出的吞噬细胞的概念，因为它与当时所谓的血清免疫理论相悖。当时已证实人体从传染病中恢复后，其血液中会生成某种物质，使人体不会再次感染同一种传染疾病。埃尔利希决定对这种神秘的血清因子一探究竟，他提出人体内对抗感染的细胞属于特定化学因子。当入侵细菌触碰到白细胞表层时，白细胞迅速反应，开始制造化学分臂。这条分臂形状特殊，如特制停车场一般，只针对单一入侵细菌，细菌被禁锢于此，无法对人体造成伤害。埃尔利希的理论最终被其他学者吸纳，用于解释现代被称为"抗体"物质的存在。

埃尔利希认为，这些突然涌现的化学分臂布满白细胞表层外围，随时准备拦截同一种类的其他细菌。同时，抗体分臂被送入血液中，自由搜索并锁定浮动细菌。此外，他还发现血液中存在一些其他生化物质可辅助消灭细菌，它们为抗体的行动提供补充，因此被命名为"补体"。他假设补体和抗体一样具有特定性。换言之，人体受到感染时，会按需产生某种抗体，而这种抗体只能抵御特定种类的细菌。埃尔利希因其对抗体的发现和他的补体理论获得了属于自己的诺贝尔奖。

埃尔利希和梅契尼可夫双方均表示强烈抨击对方的免疫学理念。最终结果表明，根据感染的类型，人体或产生抗体，或通过吞噬细胞消化细菌，或二者同时发生。

埃尔利希的后期工作为人类社会做出了巨大贡献，却只为他本人带来了无尽的悲哀。举例来说，尽管埃尔利希在白喉疫苗的研发过程中地位举足轻重，却被身为同事的第一任诺贝尔医学奖获得者埃米尔·冯·贝林夺走了大部分的利润。与钱财之失相比，1901年，埃尔利希与诺贝尔奖失之交臂，这件事更令他悲不自胜。1901年，诺贝尔委员会只收到一项关于埃尔利希的提名，来自于梅契尼可夫。最终埃尔利希赢得奖项时，他已被提名76次。

埃尔利希的新型抗梅毒药物——砷凡纳明极具革命意义，他将药物配方许可授予了赫斯特制药公司。10年后，埃尔利希从中获利颇丰。但媒体却对他发起攻击，称其身在国立实验室，却以研究成果牟取私利，还质疑他在毫无戒备之心的德国妓女身上进行药物试验。但埃尔利希也很难让人同情，因为在这场与赫斯特公司的交易中，他把共同发现者秦佐八郎排除在外。

砷凡纳明的发现源于埃尔利希设计的一套独特方法，现代药物的研发仍在沿用此法。他逐一测试不同细菌与不同药物的对抗反应，并将所有反应全部记录在册。举例而言，如果小圆形细菌对汞产生收缩反应，那么研究者应发明各类含汞化合物并用于所有种类的小圆形细菌进行测试。如果杆状细菌暴露在酸性环境中后发生卷曲并死亡，那么研究者应调制各式酸性配方药物，再针对全部种类的杆状细菌进行测试。他希望这套测试方法可以为各类疾病找到所谓的"灵丹妙药"。就像人体会生成特定抗体对抗特定细菌一样，他希望科学家可以研制出能对抗特定细菌的各类化合物。埃尔利希由此发明了"化疗"一词。现在，只有谈及与癌症相关的治疗时，我们才会使用化疗的说法；但这个词也可用作非特定术语，意指使用化学药物进行治疗。

截至20世纪初，人类使用砷治疗梅毒的历史断断续续地持续了几个世纪。不过，很多患者也存在砷中毒的情况。秦佐八郎在埃尔利希实验室工作期间，采用埃尔利希法对各类毒性更小的含砷类化合物进行测试。其中，第六类化合物中的第六种脱颖而出：这种药物可以毒杀细菌，且对使用药物的实验动物不具备强烈毒性。这种人工合成的化学物中含有36%的砷。最初，它被简单命名为"606"（有些报道认为，它是排序第六百零六位的测试药物）。埃尔利希将它重新命名为砷凡纳明。这是世界上第一款合成药物，即完全由人工合成，自然界中不存在这种物质。

按照埃尔利希发明的术语，使用他的合成药物便是世界上首例化疗疗法。不过，这一发现让一些民众感到怒不可遏。人们指控砷凡纳明是打着奇迹疗法的旗号、被强加于患者的危险药物。事实上，砷凡纳明常导致患者出现恶心呕吐的症状，还伴有皮疹、肝脏损伤，并会导致患者四肢神经衰弱、出现疼痛炎症，即多发性神经炎。上述症状皆为砷中毒的征兆。还有一种攻击砷凡纳明的声音，他们主张治疗性病只会催生更严重的不道德行为。还有一些人认为治疗梅毒打破了罪与罚的自然法则。甚至连这种药物的名字都遭到抨击："606"这个名字中含有邪恶数字[①]。种族歧视者则声称犹太人埃尔利希和日本人八郎

---

① "666"在《启示录》中是邪恶势力的代号，后被扩大意义泛指恶魔、撒旦和反基督教者。——译注

的联合研发成果动机不纯。

种种抨击来自于看似不可能的三个人：其中一位被称为布雷乌医生（Dr.Breuw），他是一名德国民族主义者；还有一位名为卡尔·瓦斯曼，是个写小册子的，他常身着僧侣式的长袍，用绳带系着，招摇过市，行为怪异；最后一位是路德会神职人员。最终，埃尔利希和八郎的支持者以诽谤罪起诉了瓦斯曼。这一举动致使埃尔利希站上法庭，为自己对砷凡纳明的临床试验进行辩护。《纽约时报》1914年6月9日刊登的一篇文章中引用了埃尔利希在质证过程中的证词，他承认有几例患者在使用砷凡纳明后出现了死亡或瘫痪。

最终，研究者对砷凡纳明的药物配方略作调整以减少毒性，但这种调整同样削弱了它对梅毒的疗效。后来，砷凡纳明被盘尼西林所取代。秦佐八郎共获得过三次诺贝尔奖提名，提名理由是他在发现梅毒疗法的过程中贡献突出，但秦佐八郎均未能获奖。另一位日本研究员野口英世发现了梅毒病原体——梅毒螺旋体，它存在于患者的脑组织中，患者因细菌感染导致出现炎症，进而造成患者局部瘫痪；但他从未获得诺贝尔委员会的认可。数十年后，针对埃尔利希的反犹太议论之声再起。1938年，纳粹分子拆毁了位于法兰克福市的保罗·埃尔利希路路标。

埃尔利希将最后的研究聚焦于解开人体抗癌之谜。他提出一项理论，主张肿瘤可被饿死，而现代癌症研究还在继续发掘该理论的可能性。1915年，埃尔利希逝世。紧接着第二年，梅契尼可夫辞世，他的结肠仍完好无损。

第9章
意外伤害、巧克力与诺贝尔奖
——甲状腺的移除与移植

1909年，埃米尔·特奥多尔·科赫尔（Emil Theodore Kocher）因其在甲状腺领域的研究而获得诺贝尔奖。科赫尔出生于1841年，是一名瑞士籍医生。当科赫尔完成医疗培训之际，外科手术尚杂乱无章，许多患者死于手术过程之中。1867年，法国科学家约瑟夫·李斯特（Joseph Lister）首次提出：医生在处理伤口和进行手术时应使用化学药品进行杀菌。这被称为"抗菌法"（英文名：antisepsis，其中anti义为"抵抗"，sepsis义为"细菌感染"）。科赫尔是李斯特理念的支持者。1879年，李施德林漱口水以李斯特之名命名，其中看似有几分取悦之意。如果李斯特泉下有知，百年之后，有一种黏液菌和几种细菌以其名命名，不知他本人同意与否。

随着消毒剂的使用，手术后患者出现感染的概率有所下降，但仍有很多患者在术后死亡。最终，李斯特和科赫尔在各自的手术中将消毒剂和"无菌操作"（英文名：asepsis，其中a义为"无"，sepsis义为"细菌感染"）相结合。进行无菌手术时，外科医生应确保使自己的皮肤上、呼吸中携带的细菌与患者隔绝；一场手术后，医生应彻底清洁双手，再进行下一场手术；医生应身穿手术服、佩戴手套和织物口罩；手术中，医生只能使用经过无菌处理的器械、缝合线和医用海绵。

科赫尔认为，一场血迹斑斑的手术更易造成患者感染，因此他在手术中格外留意出血量，他将患者的出血控制在最小范围内，并仔细清理每一处出血。此举使他的手术速度大为减缓，他的学生称之为"科赫尔时间"。不过这种方法行之有效，科赫尔经手的患者死亡率很低。

针对甲状腺手术，科赫尔研发出了专门的外科技术。甲状腺位于人体颈部前方的喉结之下。在科赫尔生活的时代，多数医生认为，甲状腺和阑尾一样，是人类的动物祖先遗留下来的无用器官。当出现甲状腺增大症状（即甲状腺肿）时，患者通常不会接受治疗，因为甲状腺手术风险颇高。但随着无菌手术的出现，甲状腺移除手术的安全系数大为提升。科赫尔不断精进甲状腺移除术，他在手术过程中特别注意，避免伤害到患者气管或是控制说话的神经。他曾完成过成百上千台甲状腺移除术，其所在医院亦发展成为世界医疗培训中心，名人权贵纷纷前往此处就医，其中包括列宁的妻子，她于1913年在该医院接受手术。

虽然科赫尔经手的患者死亡率极低，但他注意到一些其他问题：很多患者在手术后数月甚至数年内康复效果欠佳。通过对上百位接受过甲状腺移除术的患者进行追踪后，科赫尔发现，其中有些人健康状况良好：这些患者之前接受的是甲状腺局部移除术，没有将甲状腺完全移除，虽然有些痊愈的患者出现了甲状腺肿复发，但患者本人状态尚可；另一些人的情况则十分糟糕：他们或体形肥胖，或身体水肿，并伴有皮肤粗糙、头发干枯及智力障碍等症状，这部分患者此前曾在科赫尔处将甲状腺全部摘除（甲状腺完全移除术）。手术后数月或数年内，他们转而成为呆小症患者。瑞士人民对于呆小症十分熟悉，因为在当地村落中，很多孩子患有先天性呆小症。以下描述摘自1855年的文字记载：

"我看到孩子的头颅形状和尺寸均有异常，他身形矮胖，容貌呆滞，眼中暗淡无光，眼皮厚重且外凸，鼻子扁塌。孩子的面部肤色暗沉，身上皮肤松弛、污浊并覆满皮疹（瘙痒型皮肤脓疱），粗大的舌头悬于嘴唇之外，嘴角潮湿，唇色乌青。他总是张着嘴巴，嘴里满是口水，露出快要腐烂的牙齿。他的胸部窄小，背部弯曲，呼吸粗重，四肢短小、畸形且乏力，膝盖粗壮并向内偏斜，足部扁平。他硕大的脑袋垂于胸前，无精打采，肚子如麻袋一般。一般来说，呆小症患者或聋或哑，或只能发出嘶哑的喊声。面对冷热更替、风吹日晒，患者都无动于衷，甚至对最令人反感的气味都毫无反应。"①

自古时起，人类就有关于呆小症的记载。阿尔卑斯山的攀登者曾在多份报告中提到，他们在登山途中遇到一整个村落的人全患有呆小症的情况。原因不详。当科赫尔发现，自己堪称技术完美的手术会引发呆小症时，他感到惶恐不安：

"我将人们判为甲状腺肿，使原本健康之人变得呆滞。其中很多人因我而患上呆小症，我虽救人一命，却使其生活变得

---

① 摘自《大英百科全书》（*Encyclopaedia Britannica*）1911年版第7卷，呆小症词条。

毫无意义。"[①]

并非所有人都认为甲状腺是无功能的身体组成部分。1838年，一位医生在文章中提到，他怀疑甲状腺可分泌人体必需物质；在科赫尔之前，其他外科医生也报告过接受甲状腺切除术的患者患上呆小症的案例。正因为科赫尔进行了大量的甲状腺手术，才使人们受到启发，认为甲状腺会分泌某种具有生物活性的物质从而抑制呆小症的发生。科赫尔向主祈祷，并针对医学伦理中的"不伤害原则"写下多篇论著。他下定决心，从此不再对患者进行甲状腺完全切除术，而是保留一小部分甲状腺组织以防呆小症的发生。

其他学者对甲状腺组织进行分析后得出结论：其中碘元素含量超高。人们终于发现，呆小症（包括先天性与后天性）多发地区的土壤中碘含量不足，进而导致食物中碘含量不足。罹患呆小症的原因包括：婴儿母体孕期缺碘、当地自然环境中缺碘以及接受了甲状腺完全摘除术。有研究结果表明，孕妇补充碘元素可预防胎儿罹患呆小症；无论成年人还是儿童，补充碘元素都可预防甲状腺肿，并可使已成形的甲状腺肿收缩甚至完全消失，但对于已通过手术摘除甲状腺者而言，该方法无效。由此可推导出，甲状腺中的某种物质可利用碘元素在人体内合成某种具有生物活性的物质。

科赫尔通过实验将动物体内的甲状腺移植到人体内，开创

---

① 出自《甲状腺手术史综述》（*A Review on the History of "Thyroid Surgery"*），萨卡尔等人著，刊登于*Indian J Surg*杂志2016年2月刊，第78（1）卷，第32～36页（原话引自《甲状腺完全摘除及其后果》（*Uber Kropfextirpation und ihre Folgen*），科赫尔著，刊登于*Arch Klin Chir*杂志1883年第29卷，第254～337页）。

了器官移植实践的先河。移植结果似乎卓有成效。其他有效疗法包括：向人体注射含有绵羊甲状腺粉末的溶液以及口服动物甲状腺片剂。直到1926年，人们才最终确定了甲状腺激素的结构（发现者为1950年的诺贝尔奖得主爱德华·肯德尔）。研究发现，碘元素在甲状腺肿治疗过程中不可或缺。甲状腺激素结构中包含碘元素，如果食物中碘含量不足，则甲状腺无法生成甲状腺激素。

在研究甲状腺的过程中，有几位学者成就突出，他们协助科赫尔并与之共同完成研究，但科赫尔在诺贝尔奖获奖感言中却对此只字未提。在诺贝尔奖的奖项裁定和获奖感言中，这一问题一直存在。阿尔弗雷德·诺贝尔在遗嘱中规定：每年每个奖项的获奖者至多不得超过三人，着实令人难以决断。

科赫尔对手术安全的极致追求，使他被世人铭记至今。不仅如此，后人还以科赫尔之名，为各类手术流程、手术器械以及一些体检异常体征命名。

1910年的诺贝尔奖得主是阿尔布雷希特·科塞尔，他出生于1853年，是一名德国人。科塞尔发现了细胞核核内物质的化学成分（核酸）。实际上，他所发现的物质，后来被确定为存在于所有活细胞内的遗传信息的携带者，并为形成稳定的DNA分子和RNA分子提供所需分子结构。自此，诺贝尔奖中共有超过14个奖项被授予基因研究领域的发现。

1895—1901年，时任马尔堡大学生理学教授兼生理研究所所长的科塞尔分离提取出了茶碱，成为世界上首位茶碱发现者。茶碱可用作治疗性药物，它天然存在于茶叶和可可豆中。支气管扩张剂中含有茶碱，它对肺部气管肌肉具有舒张作用。

茶碱迅速成为治疗哮喘、支气管炎、肺气肿的主流药物。1901年，科塞尔转至海德堡大学任同等职位，并成为海德尔堡蛋白质研究所所长。他对蛋白质化学成分的深入研究，为后人发现蛋白质分子的多肽结构（由氨基酸连接而成的长链）奠定了基础。

科塞尔所在的国家对巧克力的消耗相对较高。近期，有研究发现，一个国家消耗的巧克力越多，该国人均产生的诺贝尔奖得主就越多。巧克力销量与诺贝尔奖得主数量名列前茅的国家有：瑞士、瑞典、丹麦、奥地利、挪威、德国以及爱尔兰。不知科塞尔本人是否钟情于巧克力。

1911年的诺贝尔医学奖得主是出生于瑞典的阿尔瓦·古尔斯特兰德，他通过研究，发现视力聚焦问题——散光的数学原理。散光患者因角膜或晶状体异形导致进入眼睛的光线无法聚焦于视网膜（贴于眼球后壁的感光层）。因此，无论距离远近，患者都会出现视力模糊。古尔斯特兰德从未正式接受过正规物理学教育，但他对光学的数学运算实属物理学领域。他同时获得了诺贝尔生理学或医学奖和物理学奖的双项提名，但他拒领物理学奖，转而接受了生理学或医学奖。

古尔斯特兰德还有一件很出名的事，他公然反对阿尔伯特·爱因斯坦因其举世闻名的相对论而获得诺贝尔奖。彼时，古尔斯特兰德任职于诺贝尔物理学奖委员会，对各候选人提名进行评估。古尔斯特兰德和他的法国同事班勒维针对爱因斯坦的一个公式提出了自认为更精确的公式。两位学者邀请爱因斯坦对两种公式进行公开辩论，为他提供自我辩护的机会。起初，爱因斯坦拒不赴约。当他终于身临现场时，爱因斯坦发现本次辩论的焦点在于：运用一个数学公式计算雨滴落往宇宙黑洞的速度。爱因斯坦表示，古尔斯特兰德-班勒维公式中使用的数学名词令他感到不明所以，他用自己著名的相对论进行了解释。当时多数物理学家和数学家均无法完全领悟相对论的真谛。古尔斯特兰德是少数能理解的人，但他认为爱因斯坦的公式大错特错。

1910—1922年间，爱因斯坦曾十度获得诺贝尔奖提名，每年支持派与反对派都在幕后争论得不可开交。古尔斯特兰德连年反对爱因斯坦获得物理学奖，他的理由是：相对论仅停留在理论层面，永远无法得到证实，也未对人类社会做出巨大贡献。为表示强烈抗议，古尔斯特兰德还写下多篇论文。最终，委员会投票决定，因爱因斯坦在光电学领域的研究成果及产出的实际价值，将1921年的诺贝尔物理学奖授予他。爱因斯坦还收到一封来信，信中特别告知其获奖并非因为相对论。如今，爱因斯坦发现的光电原理被应用于宇宙飞船的静电限制以及夜视仪的设计。

第10章
永恒的小鸡
——血管缝合术与器官移植

　　亚历克西·卡雷尔（Alexis Carrel）因其血管缝合术及其对器官移植发展的推动成为1912年的诺贝尔生理学或医学奖得主。1873年，卡雷尔出生于法国，幼年时期他在母亲的指导下居家自学。他的母亲早年丧偶，曾是一名专业的刺绣工。

　　卡雷尔对外科手术的兴趣缘于儿时在小动物身上进行的实验。1894年，法国总统遭人持刀刺杀，伤口出血持续两日，最终身亡（当时人们缺乏有效缝合受损血管的手术技巧）。有传闻称，卡雷尔为此感到痛心疾首。通过在动物身上进行的血管手术实践，卡雷尔发现他需要解决以下几个问题：缝合细血管时，必须使用足够细的手术线才能防止针眼造成新的流血伤口；必须设法解决血液在不规则缝合边界处结块的问题；缝合后血管内部必须为血液流动留足空间（且缝合处不能变窄或收缩）；此外，还要避免患者产生术后感染。

　　青年时期，卡雷尔师从法国里昂市的一名刺绣大师，使用高档绣线和精密设备练习技艺。在接受医学教育期间，他在动物身上不断精进自己的技巧。"卡雷尔缝合术"是将欲缝合的两条血管末端反褶，再用极细的针线缝合血管末端的一种方法。

1900年，卡雷尔获得医学博士学位。据时人记载，由于他粗鲁、高傲，又常标新立异，因此在医疗中心不太招人喜欢。他在卢尔德的天主教堂内见证了信徒的康复奇迹，此后他便呼吁对这一现象进行科学调研。此举遭到别人嗤笑。卡雷尔主张，人们通常视为神迹的事件背后一定存在科学的原理。他的同事多为虔诚的天主教徒，他们对卡雷尔的看法难以认同。

后来，卡雷尔在里昂两度参加全职教员考试，均以失败告终。冲动之下，他扬言要从法国移民到加拿大，当一名农场主。农场主计划未能成真，他却在芝加哥大学谋得职位，并在此进行血管手术和器官移植的实验。他与办公室同事查尔斯·克劳德·格思里为敌。在发表双方共同完成的科研论文时，卡雷尔没有加上格思里的名字。

约翰·戴维森·洛克菲勒对卡雷尔的一些特质颇为赏识，他邀请卡雷尔加入1906年新成立的洛克菲勒研究所。1912年，卡雷尔斩获诺贝尔奖时，他的缝合技术已在世界范围内被广为应用。

卡雷尔的研究兴趣不断拓展，他开始探索如何实现器官移植。他从鸡胚胎中取出一块心脏组织，将其混入盛有温热营养液培养基的烧瓶中，此后三十余年内，卡雷尔的实验室助理不断对其进行培养，保证组织细胞不断分裂，因此，培养基中的鸡胚胎组织的生命期限远超一只鸡的正常寿命，甚至可以超过人类培养员的寿命。关于这些所谓的永生细胞的科学记录非常粗略，还有传言称每当鸡胚胎组织停止生长时，卡雷尔就会下令让助理在烧瓶中加入新的胚胎组织。即便如此，媒体仍对这一实验大肆报道，标题耸人听闻，文中声称该实验预示着人造生物的科幻时代已来临。当卡雷尔在洛克菲勒实验室功成名就之时，又有传言称他的科研论文多数是挪用了其他科学家的实验成果。

卡雷尔在动物器官移植方面取得了一定的成功，但在移植前，如何储存捐赠器官是一大难题。他的朋友查尔斯·林德伯格提出了解决方案。林德伯格是著名的飞行员。1927年，他曾驾驶单引擎飞机从纽约直飞至巴黎，并因此被授予荣誉勋章。最初相识时，林德伯格的嫂子因风湿热导致心脏受损，他向卡雷尔求助，请卡雷尔察看这种情况能否得以恢复。双方在洛克菲勒研究所共事期间成为密友，他们彼此分享个人生活及对政治与社会的见解。林德伯格发现卡雷尔的设备极为简陋，他便主动提出愿为这位科学家制造新的仪器。最终，二人创造出世上第一部灌流器：在找到患者接受器官前，灌流器可持续为捐赠器官灌流血液，保证器官存活。移植手术的过程中，卡雷尔也会使用类似装置为患者灌流血液。林德伯格还设计了一款呼吸器，可为暂存器官源源不断地提供氧气。这些发明为约翰·吉本博士于1953年使用心肺机完成世上首台心脏直视手术提供了可能性。

1935年，卡雷尔为业外人士写下一本书，名为《人的奥秘》（*Man, the Unknown*）。这本书在1936年版的前言中盛赞优生学，但之后的版本中均对优生学相关内容进行了删节。卡雷尔在书中提倡政府使用强制手段，限制女性在家庭之外扮演的角色，尤其应当采用科学手段解决"道德与智力倒退"的问题。该问题的含义是指采纳优生学——通过控制繁殖行为，提高优良特质的遗传概率，从而提升人口质量。卡雷尔认为：

"若使人类之强大代代相传、生生不息，则优生学至关重要。一个伟大的民族应当将自己最好的特质发扬光大……众所周知，与出身于低等家庭的孩子相比，生于高等家庭的孩子日后出类拔萃的可能性更大。"①

卡雷尔认为，心理学是"至高无上的科学"，地位远远高于如生理学、解剖学、力学、化学、物理学和数学等其他（低等）学科。他设想成立一个由少数男性组成的"高级委员会"，利用心理学来确保一个"伟大民族"的思想和灵魂得以永存。

卡雷尔在《人的奥秘》中写道：

"本着人道主义和节约成本的原则，杀人者、持枪抢劫者、贩卖儿童者、掠夺穷人积蓄者、在重大事件中误导公众者，都应被禁于配有毒气的小型场所内，被处以安乐死（原文称作'euthanasic'②）。此方法同样适用于罪犯与精神错乱者。"③

卡雷尔认为胎儿体内包含男性的身体物质，因此怀孕有助于平衡女性的焦虑心态：

"与生育女性相比，未曾生育的女性身体平衡能力较弱，更易产生紧张情绪。胎儿年轻，且体内有一部分新生组织来源于女性的配偶，与女性自身的人体组织有很大不同，简言之，

---

① 摘自《人的奥秘》（*Man, The Unknown*），亚历克西·卡雷尔著，1939年版。
② 安乐死的英文名为"euthanasia"，但卡雷尔原文中使用的词语是"euthanasic"。——译注
③ 摘自《人的奥秘》（*Man, the Unknown*）。

孕育胎儿对女性的身体影响深远。"①

按照洛克菲勒研究所的规定，员工65岁时须退出工作岗位。1939年，卡雷尔被迫退休。他返回法国，担任人类问题研究基金会主席，该基金会由300名心理学家、医生及统计学家组成。名义上，基金会的目标是为法国儿童争取更多的福利，但实际上，这个组织倡导以优生学原则解决社会问题。基金会的赞助方是法国维希政府，而维希政府是由纳粹建立的傀儡组织。

卡雷尔因此被控与德国纳粹政府同流合污。这一点通过他与纳粹支持者查尔斯·林德伯格的密切往来以及他在《人的奥秘》一书中传递的思想可以看出。1944年，美国从纳粹党手中解放了欧洲，迫于形势，卡雷尔无法继续担任基金会主席。1944年11月5日，亚历克西·卡雷尔在法国逝世，因此他得以躲过纽伦堡审判，并免于承担危害人类的罪责。

———————

① 摘自《人的奥秘》（*Man, the Unknown*）。

第11章
又一位优生学家
——过敏反应

1913年，夏尔·里歇特（Charles Richet）因研究人体对外来物质的反应而被授予诺贝尔生理学或医学奖。1850年，里歇特出生于法国，他曾接受传统的医学教育，但他对玄学、超感觉和催眠术同样涉猎颇深。

有一天，里歇特在为实验室中的狗注射抗水母毒素疫苗时，他偶然发现，当动物最初接触到小剂量毒素时，一般不会发生反应或只发生轻微反应。但几周之后，如果再向动物提供相同毒素，哪怕剂量极其微小，也会导致动物出现剧烈反应，包括突发瘙痒、条状皮疹、呕吐、便血、抽搐甚至死亡等症状。

里歇特将这种现象命名为："过敏反应"（anaphylaxis，其中ana义指"反向"，phylaxis义指"防御"）。里歇特指出，身体产生过敏反应的目的在于抵御外来物质、保护自身。但有时会出现反应过度的情况，强烈的反应不仅无法保护自身免受伤害，甚至可能造成机体死亡。

过敏反应解释了为何人类在注射第一剂盘尼西林或普通麻药时不会产生副作用，但紧接着在第二次注射时，反而会出现致命的过敏现象。里歇特通过实验证实，第一次接触时，血液中已产生化学变化，只有在第二次接触时，其化学变化才会被激发。这项成果为人类理解过敏、敏感以及药物和食物不耐受奠定了基础。里歇特的阐述为接种疫苗后产生的慢性自身免疫性疾病提供了可能性解释。

里歇特一生热衷于催眠术，自年少时，他就在同学身上进行实验。进修医学接受医学教育时，他接触到了让-马丹·沙尔科博士的教育思想。沙尔科是巴黎著名的沙普提厄医院院长，他推崇"所有心理疾病都有其生理成因"的理念。沙尔科成立了神经科，对数千名被诊断患有癔症（源于希腊语hystera，意为"子宫"）的女性进行治疗，他认为癔症是一种遗传性疾病，是女性特有的神经系统脆弱。沙尔科提倡将催眠术作为科学疗法进行使用。经得患者同意后，医生通过催眠术促使其情绪爆发，（可能）由此可使患者癔症"痊愈"。沙尔科和他的追随者为此做了大量记录，但从现有记录来看，其中痊愈者寥寥无几。

里歇特与威廉·冯特以及威廉·詹姆斯共处于同一时期。和沙尔科一样，这些医学界的领军人物认为：人的思想和行为皆以生理为基础，可运用基因学、生理学、解剖学和生物学对其进行解释。冯特坚持推进"人类不过是动物，只是基因上更先进一些"的理念。詹姆斯则借助毒气（水合氯醛）、一氧化二氮和佩奥特掌[1]等物质在自己身上进行实验，以此研究唯灵论。詹姆斯通过自己的致幻经历竟然得出"情绪由人体功能所

---

[1] 蓝绿色仙人掌，因致幻作用而闻名。——译注

控制”的结论，令人感到不明所以。

出于个人兴趣，里歇特开始研究大脑如何将基因与生活经验相结合从而形成“思想”的问题，他亲自体验超自然经历。里歇特提出，人类的思想和行为由一张巨大的神经网决定。所有上述理论均能反映出当时日渐增长的反宗教情绪，人们认为万物皆为物质存在，连精神思想也不例外。

里歇特对自称精通心灵感应术的西班牙人——华金·玛丽亚·阿加马西利亚十分痴迷。阿加马西利亚有一双“透视眼”，即使他蒙上双眼也能看穿人心。阿加马西利亚在美国巡回演出时，哈利·胡迪尼[1]曾曝光称这位所谓的超能力者不过是在招摇撞骗而已。里歇特对灵媒伊娃·卡里埃亦有浓厚的兴趣。卡里埃最终承认：她买通了自己的阿拉伯籍车夫，让他身穿斗篷并伪装成在世三百余年的印度人，降神会时，车夫会通过一扇活板门进入房间。灵媒欧萨皮亚·帕拉迪诺自称能与死者进行交流，心灵研究协会随后披露：帕拉迪与死者的交流只是设法移动家具和触碰在场者而已，但即便如此，里歇特依然邀请她在自己家中举办降神会。

无论在医学界，还是在所谓的“心灵学”界，里歇特都是举足轻重的人物。据称，他上午在正统的学术大会上与诸位科学家交换意见，紧接着当天下午又现身心灵学公开活动，与一众灵媒和降神会爱好者会聚一堂。1905年，里歇特上任成为英国心灵研究协会主席，此前，威廉·詹姆斯也曾担任此职。这家非营利组织总部位于英国，至今仍在运转。

---

① 美国魔术师，被称为史上最伟大的魔术师、脱逃术师及特技表演者。——译注

里歇特以查尔斯·埃非伊尔为笔名，创作了中篇小说《瑟尔·玛特》（Soeur Marthe），故事讲述了一位年轻医生对一位患有神经衰弱的女人进行催眠、最终导致她患上紧张症的故事。里歇特还用埃非伊尔的笔名创作出剧本《瑟茜》（Circe），角色的原型来源于希腊神话中的女神喀耳刻，她会将男人变为野兽。1890年，里歇特写下一部科幻小说：《贝克曼教授的细菌》（Professor Bakermann's Microbe），故事的背景设立在45年后的1935年，书中的主角是一位邪恶的生物学家，他创造出一种毒性极强的超级细菌，几分钟之内即可使人染病，染病后一小时内，患者即会死亡且无药可医。超级细菌的第一位受害者是贝克曼喜欢唠叨的妻子，面对生命垂危的妻子，贝克曼的内心毫无波澜。

里歇特还有一门更特别的副业，他与法国朋友路易斯和雅克·布雷盖一道设计了一款初级直升机。据报道，1907年夏，一位飞行员驾驶"旋翼机一号"垂直腾空，在距离地面约两英尺（约0.6米——编者注）处停留了一分钟，四人通力合作使直升机保持平稳。

1870年，普法战争时期，里歇特作为战地医护兵入伍。自此以后，里歇特公开表示反战，他的反战理由并非出于人道主义立场，而是因为战争会消耗巨额财力。他先是加入了国际自由同盟（法文名：Société de la Paix），之后又加入了多国仲裁联盟（法文名：Société française pour l'arbitrage entre nations）。最终，里歇特成为多国仲裁联盟主席。1890年，里歇特在巴黎主持当年的世界和平大会。

里歇特坚持维护世界和平，但个中缘由并非表面上那般简单。事实证明，他只是借此将自己的种族观念宣之于世，里歇特坚信：人类不过是一种复杂的生物体，生性卑劣，精神匮乏。他对人类评价很差。1925年，里歇特写下一本书，名为《愚蠢的人》①。他在书中列举了人类的各种无能行径：酗酒、吸毒、抽烟、沾染性病、文身、制造战争、让蚊子活着、畏惧死亡和自由贸易、破坏大森林以及当代人未能接受国际通用语言——世界语。里歇特写道：

"身为这等卑贱的物种，身为万物之中最为愚蠢的种族，我发自肺腑地感到耻辱。"②

1920年至1926年，里歇特出任法国优生协会主席。该协会成立于1912年，直至1920年里歇特上任前，协会始终致力于推广所谓的积极优生学，提倡采用保健措施、健康孕育、母乳喂养以及正面教养法，进而促进法国人口的数量增长和素质提高。但1920年后，直至20世纪40年代的亲纳粹维希政府时期，法国优生协会开始推行消极优生学。为了筛选出不宜生育人士，协会主张推行强制性婚前体检。与此同时，里歇特呼吁停止军火交易，同时却又欣赏德军的效率、军队纪律和武器的优越性。

1935年，里歇特去世。二战期间，他的儿子、孙子还有一位侄孙因疑似存在犹太血统被押入集中营，而另一个孙子和儿媳则被当作德国战俘关押，其后辈之下场实乃讽刺至极。

---

① 该书法文名为*L'homme Stupide*，英文译名为*Idiot Man*或*The Follies of Mankind*《人类之罪》。——译注
② 出自《愚蠢的人》，作者夏尔·里歇特，T. Werner Laurie公司1925年出版。

第12章
平衡
——内耳前庭的生理学与病理学研究

　　1914年，诺贝尔委员会未能找出具备获奖资格的候选人，因此该年度诺贝尔生理学或医学奖未颁发。或许，他们被第一次世界大战（又称"终结一切战争的战争"）的爆发打乱了思路。但在接下来的一年里，委员会成员进行了更为深入的研究评估。1915年，委员会决定：罗伯特·巴拉尼（Robert Barany）在1906年的研究成果符合获奖条件。尽管巴拉尼是于1915年入选，但他被认定为"1914年度"的诺贝尔奖得主。而事实上，直到1916年，巴拉尼才得以前往斯德哥尔摩领奖。

　　1876年，巴拉尼出生于奥匈帝国维也纳（今属奥地利）附近。幼年时期，巴拉尼感染了骨结核，这使他终生跛行，但这件事也激发了他对医学的兴趣。1900年，巴拉尼成为一名医生。此后，他开始研究外科手术、神经学和精神病学。

　　巴拉尼曾师从埃米尔·克雷佩林。克雷佩林把所有令人反感的行为都说成是身心疾病，并因此而闻名。在克雷佩林看来，所有智障人士、犯罪分子、癫痫患者、流浪者、卖淫者皆为精神异常患者。不过，克雷佩林本人亦承认，医生尚无法确切判断人类精神病态和正常状态之间的界限。与同时期的弗洛伊德主张不同，克雷佩林认为精神异常的根源在于脑部结构异常。他支持优生学，认为所有犹太人都患有脑部遗传缺陷。

同时，巴拉尼还跟随弗洛伊德学习，不过他对弗洛伊德的某些理论不屑一顾，包括其著名的"梦的解析"。弗洛伊德曾向巴拉尼传授，称所有梦境都能反映人类的无意识欲望。巴拉尼则在报告中写道：自己做了一个梦，在梦中，他无欲无求。弗洛伊德总结道："结论很简单，你的欲望即向我提出反驳。"令人感到讽刺的是，巴拉尼死后，他的独女英格丽在美国成为一名弗洛伊德派的心理分析学家，英格丽功成名就、事业常青。

最终，巴拉尼把内耳定为自己的研究方向，他坚持认为，除听力功能外，耳朵还具备其他的重要功能。他仔细观察耳部结构，探索其平衡和定位功能。他发现如果用冷热水冲洗耳道，会使人的双眼向左或向右转动。眼睛转动的方向取决于水温。如果进入耳道的是温水，双眼会向进水耳朵的反方向转动；如果进入耳道的是冷水，则结果反之——双眼会向进水耳朵的同方向转动。巴拉尼认为不同水温导致的不同反应体现了正常的耳内机制。这种机制可与肢体活动和神经活动结合，使人类保持身体平衡。他提出假说：耳道内的温度升高信号会被传递到内耳，从而导致耳内淋巴液高度略微上升，进而增加与大脑相连的同侧神经细胞的放电频率。大脑接收到信号后，人体头部会向进水耳朵的同侧方向转动。巴拉尼还提出了相反情况的假说：当耳道内被注入冷水时，耳道内温度下降，则耳内淋巴液会略微下降，从而降低身体同侧神经的放电频率。大脑接收到信号后，人体头部会向进水耳朵的对侧方向转动。巴拉尼自认为找到了耳朵与大脑相互作用以保持平衡的方式。

后来，巴拉尼试验被用于判断人体耳功能是否正常。如果被检测者对冷热水没有做出相应的反应，即说明其内耳存在异常。这类患者常出现身体平衡障碍。

巴拉尼发现，改变耳内温度引起的淋巴液水平变化与改变头部位置引发的淋巴液水平变化相似。他设计了一款椅子，使患者在左右旋转时可以保持头部前倾，而后证实：人体旋转时与耳朵进水时的眼球运动方式完全一致。他提出，虽然眼球运动是内耳淋巴液水平变化的直接后果，但起始原因仍在于头部位置的改变，进而影响用来保持身体平衡的神经放电。这一假说的难点在于：除非将实验对象置于失重环境下，否则无法验证其真伪。不过，该理论的实践似乎行之有效，九年后，巴拉尼亦因此荣获诺贝尔奖。上文所述的试验方法至今仍在沿用。

1914年，第一次世界大战爆发之初，巴拉尼被委任为军医，跟随奥地利军队奔赴俄国战场前线，驻扎于波兰边境。他充分发挥自己在外科手术方面的才能，为士兵治疗头部弹伤。当时的主流手术方案须保证伤口大敞四开：患者的头皮、破碎的头骨以及脑组织都被裹于纱布中或直接暴露在空气里；伤口敞开的原因在于：如果缝合头皮，那么所有手术患者都会因脑部感染而死亡。不用说，几乎每位头部中弹的患者都会出现脑部感染或流血不止的症状，其中多数人因此而死。

巴拉尼的处理方法与主流方案不同，他先对伤口进行彻底清洁——将子弹进口处和出口处的所有颅骨碎片、污垢和杂质粒子尽数清除，再仔细找出所有破损血管，逐一进行缝合。巴拉尼认为，被子弹打伤后，大脑在数小时内不会发生感染。在确保清除所有可能性感染物后，他会使用无菌技术，小心翼翼地将患者头皮进行缝合。接受巴拉尼手术的13名患者中，有四位在手术当天死亡，剩下的九位全部得以幸存，这是战场医疗的重大进步。

当时，巴拉尼采用的手术流程尚未得到验证，接受手术的实验对象亦完全不知情。对于这种情况，巴拉尼认为："我相信，这些人身受重伤，一定愿为全人类的利益，接受一场安全、无痛的实验。"这一传统流传至今：有时，面对伤势极其严重的患者，医生会在未经患者同意的情况下，对其进行实验性疗法（视患者情况而定）。其理由在于患者已是生命攸关，随时可能撒手人寰。

在那个年代，9/13的手术存活率着实令人瞩目。巴拉尼在一本德国医疗期刊上发表了自己的成果。但是，当时几乎全世界都在战场上与德军为敌，从而导致这篇文章的阅读量极低，认可者寥寥无几。尽管如此，仍有一位英国外科医生和一位法国外科医生分别尝试了巴拉尼的手术法，取得一定的成功后，双方各自发表成果。

1915年4月，奥地利在波兰边界的阵地被俄军包围。巴拉尼被押入牛车送到战俘营，营地位于俄国占领的中亚地区，今为土库曼斯坦领地，与阿富汗北部接壤。对一个奥地利人来说，这真的像是世界的尽头。有传言说，巴拉尼在那里感染了疟疾。

身陷图圄之时，巴拉尼接到电报通知：他已被授予诺贝尔奖。之后，巴拉尼在营中声名鹊起，他获准可为狱中同伴以及逮捕他的俄国人治病。他也给当地市长及其家人看病，这可能使他们对他们的俘虏们友好一点。同时，瑞典国王卡尔·古斯塔夫出面联系俄国科学院主席和红十字会谈判代表，三方从中周旋数月，才使巴拉尼得以获释。掌权的俄国上将希望这次释放符合规定，他专门为巴拉尼寻得一条"外放理由"，他下令：巴拉尼的跛腿实为"战争致残"，因此符合释放条件。事实上，巴拉尼的腿部残疾乃是幼年时期感染骨结核所致。最终，巴拉尼于1916年被准予前往斯德哥尔摩领奖。

1917年，美国加入第一次世界大战。美国战地医生哈维·库欣发表了他关于巴拉尼手术的研究结果，直至此时，巴拉尼手术法才得到广泛认可并作为新型疗法为患者治疗头伤。但库欣在论文中未将此手术归功于巴拉尼或其他先行者。当时，库欣被誉为"现代脑外科手术之父"，时至今日，他依然享此美誉。

1917年，巴拉尼返回维也纳后遭到冷遇。尽管他身为诺贝尔奖得主，却未能如愿以教授身份进入维也纳大学任教。相反，他被控剽窃，指控理由为他在内耳机制的研究成果中抹灭同事的贡献，且否定前辈之成果对其研究的意义。诺贝尔委员会针对这几项指控予以调查，最终认为指控不实；与此同时，巴拉尼站上法庭，为自己洗清罪名。巴拉尼再度回到瑞典，著名的乌普萨拉大学向他敞开大门，欢迎他前来任教。

值得一提的是，截至1917年，美国、日本和意大利均已加入协约国集团，德军接连失利。双方阵营中都有犹太人，出于对居住国家的热爱，犹太士兵在各自生活的国家应征入伍。但德国战败后急需替罪羊，于是犹太人首当其冲，他们被控临阵脱逃，不能为国而战，畏惧艰险，不愿奔赴前线；最常见的指控理由是：犹太士兵是协约国的间谍，因一己私利出卖本国士兵。但如今，据史学家统计，第一次世界大战期间，德国与奥地利营中约有1.2万犹太士兵战死沙场，80%的应征犹太人在前线服役。

巴拉尼是犹太人，但据称他"不履行教义"。虽然如此，他在返回维也纳后遭到的待遇极可能与反犹太主义有关。战后不久，纪念碑上的犹太士兵姓名被尽数抹除。第二次世界大战时期，在一战中为德军效力的犹太族退伍老兵也未能幸免于种族屠杀。

巴拉尼在瑞典的生活风平浪静。他继续研究人体平衡机制并最终荣获正教授职位。六十大寿前夕，巴拉尼突发中风，反复发作后，最终因病谢世。

1983年，在哥伦比亚号航天飞机上，巴拉尼在1906年未能验证的假说终于得以进行实践。一位宇航员耳中被交替灌入冷热空气。起飞后的前几日，宇航员在实验时的眼球运动方向与在地球时完全一致。这个结果出人意料。在太空失重状态下，温度无法通过液体进行传导，物体的冷热效果与其在地球上的效果不应完全一致。这意味着除了通过淋巴液传递冷热信号以外，还存在其他因素可以影响眼球运动和人体平衡机制。后续的情况更为复杂：在适应太空环境后再度进行这项实验时，宇航员的双眼没有出现预期的转动，这一点与在地球上的实验结果有异。身在地球的主要研究人员称："一切又要从头开始。"

自此，巴拉尼的成果在学术界鲜有提及，但使用冷热水试验判断人体是否患有内耳疾病的方法依然行之有效。2004年，《纽约科学院年鉴》中刊载的一篇文章把巴拉尼假说实验结果的差异简单归因为：地球与太空中的情况不尽相同。

第13章
对抗感染
——免疫性、血清治疗和百日咳疫苗

　　1919年，朱尔·博尔代（Jules Bordet）凭借其免疫领域的相关成果荣获诺贝尔生理学或医学奖。不过，直至1920年第一次世界大战结束后，该消息方公之于世。1870年，朱尔·让·巴第斯特·樊尚·博尔代出生于比利时，他16岁时被大学录取，年仅22岁便已成为医生。31岁时，博尔代在医学研究领域已是闻名遐迩，他被巴斯德研究所收入麾下，跟随埃黎耶·梅契尼可夫进行研究。

　　在本书第8章中，梅契尼可夫发现了细胞的吞噬作用——人体内的吞噬细胞会吞没入侵细菌并将之消化殆尽。保罗·埃尔利希和梅契尼可夫曾进行过一场"免疫之战"，埃尔利希对吞噬作用的理念不屑一顾，因为他发现人体可依靠抗体实现免疫。事实证明，二者皆所言非虚。

　　最终，人们达成共识：人体内存在多种机制可对抗感染这类重大问题。保罗·埃尔利希在多位康复患者的血清中发现，某种生化物质可杀死细菌进而抵抗感染。他提出假说，认为这些特定的生化物质是由抗体激发产生，且仅针对特定细菌有效。它们为抗体的行动提供补充，因此，埃尔利希将其命名为"补体"。就像一把钥匙对应一把锁,埃尔利希认为补体与抗体一样,都具有特定性,补体蛋白只针对特定种类的外来细菌有效。补体假说看似符合所有已知事实,但当时并未得到验证。

为探索补体的本质,博尔代和同事奥克塔夫·让古共同设计了一套精密的实验。二人发现:补体绝非针对特定细菌的生化物质,它不具备特异性且始终处于血液循环中,一旦人体发生感染,补体即刻采取行动。通过血清测试可检测出被激活的补体。

埃尔利希的补体理论再次面临新的争议。他在给实验室助理的留言中指示如下:"全力以赴完成反梅契尼可夫研究。"还有"当务之急应是完成反博尔代研究",字里行间,难掩其心头之恨。仿佛他的目的并不在于推翻理论或是研习新的东西,而是为了羞辱自己的对手一般。

埃尔利希坚称,每个特定抗体都有与之对应的特定补体。博尔代和让古则认为人体内只存在一种补体,它是一种通用的抗感染蛋白。最终结果证明,某种程度上讲,双方的说法均无过错。我们如今已经得知,人体内有二十多种补体蛋白。其中一些补体与特定抗体密切合作,共同御外;还有一些是通用的自由蛋白。一旦人体发生感染,补体便可被激活,但补体并非如抗体一般只针对特定细菌而存在。

博尔代和让古研发出一套实验室测试法,他们从豚鼠体内提取出补体,再将豚鼠补体与人类患者的血液相混合。如果人类患者的血液中存在细菌,那么试管中的补体会与细菌相互发生作用,从而呈现出粉色带状物。这项测试快速简便、易于操作，极大地提升了感染诊断的准确度。此后数十年内，人类始终沿用此法。

博尔代借此项免疫学成果赢得诺贝尔奖，但奥克塔夫·让古却不在获奖之列，实在匪夷所思。这项成果实为两人共同研究所获。他们同为比利时人，博尔代比让古年长五岁。让古和博尔代一样，自幼聪慧，他22岁取得医学博士学位，也同样供职于声名显赫的巴斯德研究所。接到获奖通知时，博尔代正身在美国，因此他没有前往斯德哥尔摩领奖，也未按惯例发表诺贝尔演讲；皇家卡罗林斯卡学院的一位成员代替博尔代阐述了他的研究成果。在这段发言中，让古的名字仅仅出现了一次。

离开巴黎巴斯德研究所后，博尔代在比利时一所传染病研究机构担任主任；让古在那里与博尔代继续合作。最终，这家机构被更名为布鲁塞尔巴斯德研究所。1906年，博尔代和让古培养出百日咳致病菌。百日咳杆菌以博尔代之名命名。两位搭档又与其他学者一道，研究出百日咳疫苗。

百日咳（英文名：pertussis或whooping cough）是一种儿童易感型疾病。百日咳致病菌可在人体内释放毒素，致使患者肺内膜上的纤毛受损，从而出现喉部及呼吸道肿痛，并伴有频繁咳嗽以排出体内黏液。一日之内，咳嗽次数可达10至20次，症状持续数周（中国人称其为"百日咳嗽"）。如早期确诊，患者可使用抗生素进行治疗。如症状已过三周，即使患者仍有咳嗽症状，也不必再使用抗生素疗法，因为此时人体自身免疫机制已开始清除细菌。过去，百日咳曾为时疫，每2～5年流行一次。如某所学校遭百日咳侵袭，则全校会有四分之一甚至半数学生感染此病。感染者家庭内部成员的被传染率高达

75%～100%。

百日咳可在人体系统内引起大规模感染，甚至可能导致神经疾病发作，其神经系统感染率为2%到7%。基于博尔代和让古的研究成果，人们开始使用疫苗预防百日咳，疫苗中含有完整的百日咳杆菌细胞和百日咳毒素。尽管疫苗本身可能会导致接种者感染百日咳或出现严重的神经反应，如脑损伤、昏迷甚至死亡，但它仍被大量销售并广泛注射到儿童身上。

在接种者接种五剂疫苗的前提下，全细胞百日咳疫苗的有效率至多能达到45%～48%。20世纪90年代晚期，基于众多父母的强烈抗议以及科学界的反对意见，百日咳疫苗被迫得以改善。如今，孩子们接种的疫苗改为无细胞百日咳疫苗，其中不再含有完整的百日咳微粒。改善后的疫苗出现副作用的概率有所降低。

人们将百日咳疫苗推销给儿童的父母、公职官员以及医生。和其他疫苗一样，推销百日咳疫苗的依据是群体免疫理论：如果疫苗接种人数（群体）足够多，即可预防大规模的百日咳暴发，甚至连未接种疫苗者也可免遭感染。对于那些常见的后果严重且尚无有效疗法的疾病而言，群体免疫理论极具说服力。

事实上，从数据记录来看，百日咳的发展历程并非如此。1838年，百日咳死亡率为每10万人中死亡人数约为40～60人。截至1880年，百日咳死亡率基本保持在同等水平。其后数十年内，百日咳死亡率呈明显下降趋势，原因未明。博尔代和让古研究培养百日咳致病菌时，百日咳死亡率再度急剧下降；1906年，百日咳死亡率已降低至每10万人中死亡人数约为25人。

1917年，随着首例初级疫苗的引入，当年百日咳患者死亡率激增，但随后又恢复了下降趋势。20世纪50年代前，百日咳疫苗尚未在美国广泛应用，其时百日咳死亡率低于每10万人中死亡人数5人。上述数据说明，百日咳本身正逐渐演变为毒性更弱、致死率更低的疾病，与任何疫苗无关。21世纪第一个十年间，美国曾多次暴发百日咳感染，各州约100～200名儿童或者年轻人感染。令人感到讽刺的是，其中大多数患病儿童都曾接种过完整的五剂疫苗，但疫苗效力却不尽如人意。

1920年后，博尔代开始对另一种免疫机制产生兴趣。其他学者发现细菌中会生成一种物质，该物质对生成自己的细菌具有破坏性。也就是说，有毒细菌携带着毁灭自己的种子。这种不明物质被称为"噬菌体"（按照字面意思，即吞噬细菌者）。博尔代认为此类神秘物质是一种能使细菌胞壁产生化学分解的生物酶。其他学者则认为它是某种寄生在细菌中的病毒，借助细菌不断进行自我复制，进而破坏宿主菌。

博尔代对待学术异己的态度和埃尔利希十分相似，他不断攻击对手的噬菌体病毒论，甚至不惜动用自己身为诺贝尔奖得主和布鲁塞尔巴斯德研究所负责人的至高权威。1924年，美国作家辛克莱·刘易斯写了一本小说，书中讲述了卑微的小镇医生阿罗史密斯的故事。阿罗史密斯医生心怀大志，不懈追求他的医学研究的梦想，在治疗致命瘟疫的过程中，他所使用的正是噬菌体。刘易斯小说中的主人公将当时有待验证的医学理念——噬菌体是寄生于细菌中的病毒——运用于实践之中。然而此方法未能奏效，阿罗史密斯医生的爱妻命丧瘟疫。

关于噬菌体的争论一直持续到第二次世界大战以后。20

世纪30年代，电子显微镜在德国被发明出来。1939年，人类拍摄到世界上第一组噬菌体照片。通过照片可以明确判断：噬菌体正是寄生在细菌中的各类病毒。1940年，德国的医学杂志上刊登了这组显微镜照片，但是战争的爆发使它无法得以广泛传播。虽然苏联医学界对这项新发现表示认可，但直到五年后，其他协约国的科学家才明白噬菌体实际上是细菌中的病毒。

辛克莱·刘易斯的小说中，主角"先锋阿罗医生"[1]设法培养病毒宿主菌并从中提取噬菌体，之后再将其注入瘟疫感染者体内。事实上，这正是1940年后发生于苏联及格鲁吉亚东欧地区的真实故事。所谓的噬菌体疗法在当地得到广泛应用，在军事医院中尤为常见，其中有些治疗成功的案例。跨国制药公司将噬菌体疗法推入市场。美国斯坦福大学和美国密歇根州公共卫生实验室中均存在使用噬菌体疗法治疗葡萄球菌感染的案例。顺便一提，刘易斯在1930年被授予诺贝尔文学奖。

与此同时，人类在1944年发明出盘尼西林并广泛投入使用。与噬菌体只针对宿主菌的特定性不同，盘尼西林是广谱抗细菌药，这意味着盘尼西林可以消灭不同种类的细菌。抗生素的制造成本也更加低廉。

西方国家之所以不愿采用噬菌体疗法，其中另有他因：二战后不久，苏联和西方势力陷入冷战，彼此之间互不信任。冷战波及社会的各个方面，其中包括医学。所有具有苏联特色的事物均被拒绝，包括使用噬菌体疗法。因此，噬菌体疗法的研究在西方国家毫无进展。

---

[1] 小说主角阿罗史密斯医生的昵称。——译注

虽然盘尼西林的疗效显著，但噬菌体疗法的理念只是暂时退居幕后。盘尼西林一经面世，各研究实验室中就发现了抗盘尼西林型细菌，进而导致人类对抗生素的药力需求愈加强烈。到20世纪90年代，抗生素耐药性的发生非常普遍。2014年，世界卫生组织在调查研究中指出，抗生素耐药性问题已成为全球的健康威胁。显而易见，人类迫切需要抗生素的替代品。突然之间，噬菌体疗法研究似乎变得炙手可热。美国食品药品监督管理局规定，噬菌体疗法不得用于人体治疗，只能用于家禽和农业。近几年，洛克菲勒大学、得克萨斯农工大学和各国生物科技公司的研究者正在开发适用于人体的噬菌体疗法。

从抗体、补体、百日咳疫苗再到噬菌体，这则故事的每一条支线都在警示世人：如果任由政治左右科学判断，或是一味地唯我独尊，即使医学史上的风云翘楚，也会在研究的道路上止步不前。

第14章
血液、汗液和糖
——人体运动时血液循环的调节机制

1920年，奥古斯特·克罗（August Krogh）因人体运动时血液循环的调节机制获诺贝尔生理学或医学奖。1874年，克罗出生于丹麦，全名为沙克·奥古斯特·史丁伯格·克罗。1905年，克罗与玛丽·乔根森结为伉俪，玛丽也是一名医生，夫妻二人常常共同进行研究。

与此前的其他多数诺贝尔奖得主有所区别的是，克罗在获奖前专攻一般生理学，而非研究疾病。他有志于发现并改善健康人体的运作机制，其重点研究对象是为肌肉供血的微血管（毛细血管）。毛细血管细小且血管壁薄，使动脉与静脉相互连接，进而形成一张巨大网络。在克罗获奖之前，毛细血管的发现史仅有五十年左右——第一位通过显微镜发现毛细血管的科学家是意大利学者马尔切罗·马尔比基。由于观测难度大，人类对毛细血管的功能知之甚少。克罗通过观察发现：当人体肌肉被切开时，肌肉中很多毛细血管会暂时收缩，仅凭肉眼很难进行观察。克罗证明，当肌肉处于休息状态时，其中的毛细血管多呈收缩状态；而当肌肉运动时，其中的毛细血管则会扩张。这种机制使人体可以根据需求获得氧气输送。

克罗在另一项研究中发现：人体呼吸时会通过双肺吸入氧气，置换其中的二氧化碳，使二氧化碳向相反方向流动并通过呼气被排出体外。他还认为，运动可以燃烧脂肪。在克罗的研究成果指引下，世界上第一间运动生理学实验室应运而生；同时，他的成果为现代运动医学和康复医学等分支奠定了理论基础。

克罗荣获诺贝尔奖后不到一年，他的妻子玛丽患上了糖尿病。当时，糖尿病在欧洲极为罕见且无药可医。奥古斯特·克罗之所以被后人铭记，一则在于他在生理学领域的地位，二则是他推动了糖尿病疗法的发展。

医学史学家认为，有关糖尿病的最早记录可见于公元前1500年的埃及史料和印度医学文献。西方国家经过研究后，仅发现糖尿病与人体胰腺有所关联，除此以外，再无进展。

1920年的诺贝尔奖使克罗名扬天下，克罗夫妇到访美国期间，他应邀前往耶鲁大学参加一场研讨会。克罗在研讨会上得知，多伦多大学的下属实验室刚刚发现了可控制血糖的胰腺成分。存在于胰腺中的胰岛素可促进糖类进入细胞。糖尿病患者体内胰岛素含量或功能不足。

玛丽克罗急需胰岛素，因此这对伉俪动身前往位于多伦多的约翰·麦克劳德实验室，他们在那里见到了胰岛素的研究者——弗雷德里克·班廷。克罗夫妇获准使用多伦多大学的方法从动物胰腺中提取胰岛素，之后，二人返回哥本哈根并即刻开始投产。他们与一名医师、一名药剂师和一家药品制造商合作，共同创立了如今的诺和诺德公司。时至今日，诺和诺德公司的足迹遍布75个国家，员工数量近3.9万人，其生产的糖尿病药物被销往180余个国家。

　　得益于胰岛素的治疗，玛丽的生命得以延续，直至69岁去世。1949年，奥古斯特逝世，享年74岁。

第15章
外邦人与犹太人
——肌肉生理学的研究

1921年，诺贝尔生理学或医学奖未授奖。1922年，阿奇博尔德·维维安·希尔（Archibald Vivian Hill）与奥托·弗利兹·迈尔霍夫（Otto Fritz Meyerhof）因共同研究肌肉生理学而共享诺贝尔生理学或医学奖。

1886年，阿奇博尔德·维维安·希尔出生于英国布里斯托尔，毕业于剑桥大学。希尔在数学方面天资过人，他酷爱解题，于他而言，解答数学难题无异于一系列挑战性游戏，其乐无穷。希尔对实用物理学也有深刻的理解。他运用这两门学科解决肌肉手术的种种难题，而他对肌肉的兴趣源于他本人对田径运动的热爱。

从最初研究数学题，再到后来穷尽一生研究人体系统，希尔纯粹是出于兴趣。有一次，一名记者对希尔研究的实用价值表示质疑，希尔则回答："实话实说，我们之所以研究这个项目，不是因为它有用，而是因为它有趣。"次日，新闻头条标题赫然写道："科学家做研究只为有趣！"

出于兴趣，希尔还精确测定了肌肉收缩时的神经刺激、研究出肌肉收缩的功率和机制，并准确追踪到肌肉细胞中氧气进入与消耗的时间及方式。1922年，希尔凭借其研究成果——抑或可称之为趣味游戏——将诺贝尔奖收入囊中。

曾有人向希尔提问："为何要研究体育运动，而不研究工业流程或是研究疾病？"希尔的解释是：运动员的身体条件足以长期承受各种各样的实验，不会因为实验受伤，因此是更易研究的实验对象。还有一点，在研究运动员的过程中，不仅只有研究者兴致盎然，被研究对象同样乐在其中。他希望这种乐趣可以驱使更多的年轻人投入生理学研究之中。

希尔在科学方面想象力丰富。有时，他提出的科学理论很快便会被证明是错误的。面对这种结果，希尔欣然接受，他认为，错误的理论可以激发斗志，进而使研究更富创造力。他说："我常对年轻人说，如果自己在某些事情上一筹莫展，不要垂头丧气，而当一跃而起，因为这是伟大成就的必经之路。"

希尔的1922年度诺贝尔奖共享者——奥托·弗利兹·迈尔霍夫于1884年出生于德国一个富裕的犹太家庭。迈尔霍夫曾严肃地学习过诗歌、哲学及心理学。迈尔霍夫以希尔的研究为基础，他多次进行实验，对肌肉收缩做出了更加深入的阐释。诺贝尔奖使他声名大噪，许多院校的邀约纷至沓来，一所美国大学也向迈尔霍夫抛出了橄榄枝，邀请他担任教授职位。但他接受了威廉皇帝科学研究所①的邀请，并于1923年加入这支举世瞩目的研究团队。1929年，迈尔霍夫成为威廉皇帝科学研究所医学研究部负责人。

此后10年间，德国社会中反犹主义逐渐加剧。1933年，

————————
① 德国研究所，以德皇威廉之名命名。——译注

希特勒当政，即使是非纳粹党正式成员亦开始认同推行种族主义政策。举例而言，在皇帝科学研究所时，迈尔霍夫有一位同事，名为里夏德·库恩，时任化学部部长。1933年，库恩将拥有犹太血统的下属尽数开除。此时，世人皆知集中营，很多科研学术界的犹太人开始逃离德国。

迈尔霍夫始终坚守在德国，直到1938年，他才转移至法国。数月之后，"水晶之夜"事件爆发：1938年11月，纳粹党在德国发动暴乱，千余座犹太教堂遭到焚烧，成千上万的犹太人住宅、学校和公司被毁，而德国当局袖手旁观、不予干预。据估计，约有100名犹太人于当夜毙命，3万名犹太人被押入纳粹集中营。

值得一提的是，里夏德·库恩于该年（1938年）被授予诺贝尔化学奖。战争期间，他在威廉皇帝科学研究所医学研究部大肆开展神经毒气研究项目。库恩与他人共同研究出名为"梭曼"的毒气，这种毒气现被联合国界定为大规模杀伤性武器。

1940年，德国占领法国，迈尔霍夫东躲西藏，以免落入纳粹之手；数月以后，总部设在美国的紧急救援委员会（the Emergency Rescue Committee, ERC）向迈尔霍夫及其家人伸出援手。在ERC的协助下，迈尔霍夫一家逃至西班牙，他们徒步翻越比利牛斯山，而后抵达葡萄牙，最终登上了前往美国的客船。迈尔霍夫和自己的诺贝尔奖共享得主阿奇博尔德·维维安·希尔一道就职于宾夕法尼亚大学，时任教授职位。

阿奇博尔德·维维安·希尔将自己的研究领域命名为"生物物理学"，其定义为："将数学与物理学应用于生物系统中。"实际上，"生物物理学"一词的创造者是另一位英国数学家——卡尔·皮尔逊。尤其值得注意的是，皮尔逊将数学应用于优生学领域，他认为人类应该通过繁衍成为更加优良的种族。皮尔逊的本名是以字母"C"开头的"Carl"，但在19世纪80年代，当皮尔逊准备前往德国学习时，他把名字改成了"Karl"①。抵达德国后，皮尔逊迅速成为业内有名的德国通（精通德国一切的专家）。皮尔逊认为任何旨在帮助"劣等种族"的活动不过是浪费精力，他还提倡与"劣等种族"进行斗争以提高全体人类的素质。返回英国后，皮尔逊创立了医学期刊《优生学年鉴》，他被推举为伦敦大学优生学系第一任系主任。皮尔逊的种族主义观念得到了美国泰迪·罗斯福等多位好战国领导人的认同并成为其战争政策的理论依据（详见第六章）。

阿奇博尔德·维维安·希尔追随了卡尔·皮尔逊的生物物理学研究传统，却没有沿袭皮尔逊的意识形态。希尔公开反对德国的种族主义和政治策略。1933年，希尔在新成立的组织学者援助委员会（AAC）担任主席，该慈善组织向因种族、宗教、政治思想被德国大规模解聘的被迫害学者提供搬迁住所及学术工作。20世纪三四十年代，在该组织协助的科学家中，共有16位科学家在不同领域荣获诺贝尔奖。战后，学者援助委员会将慈善范围扩大，援助因种种事由遭受迫害的各国科学家和学者。学者援助委员会存续至今，该组织已更名为"难民学者协助理事会"，它在智利、中东和非洲也很活跃。

希尔和皮尔逊在专业期刊上相互攻击。皮尔逊主张对精神

---

① "Karl"的拼写更符合德语习惯。——译注

病人实行绝育，并将其亲属登记在册，以防止这些人生育后代。希尔则在一篇论文中指出，皮尔逊的人口数学解析漏洞百出。皮尔逊反击希尔对精神疾病一知半解，无法领悟这个问题。

1933年，希特勒上台成为德国元首，而希尔在英国伯明翰的一次会议上向国际科学家发表演讲，痛斥纳粹德国将10万名政治囚犯关押于集中营的行为。希尔称：

"近期，德国这般行径，远非明智之举，思想与研究的自由受限，这违背了最基础、最重要的合作原则。

……一个高度文明的社会，一个伟大的国家，不该以种族、信仰或观念的差异为由，使大批杰出的科学家、学者濒临灭顶之灾，其中德高望重者大有人在，他们是好公民，是良善之人。然而，这些科学家和学者却身陷危难之中；得知此况，世人皆茫然无措，为之叹息。人类的自由再一次危如累卵。"

希尔的这番言论被加以提炼，在科学期刊《自然》上刊登发表。此举引来纳粹分子约翰内斯·斯塔克的猛烈抨击，斯塔克是1919年的诺贝尔物理学奖得主，他致信期刊编辑，声称营中政治囚犯不足万人，且这些人全都是叛国罪犯。

希尔深爱自己的祖国。第一次世界大战期间，他曾应征入伍，在英军营中担任上尉、名誉少校及防空实验基地负责人。第二次世界大战爆发前夕，希尔曾为英国大使馆执行了一项任务，其中包括前往美国，动员美国科学家加入英方势力，在战争中为英国效力。（1941年12月珍珠港遭到轰炸之前，美国尚未正式加入同盟国阵营）当时，希尔加入了代号为"蒂泽德"的绝密研究项目，他负责获取美方的合作许可，与美国携手完成伯明翰大学的雷达技术改进项目。

如今，雷达已是稀松平常的事物。但在1940年，英国经常遭到德国空军舰队的轰炸，这些舰队没有被遍布英国海岸的无线电发射塔及早发现。雷达技术的缺失，加之欧洲海岸被浓雾笼罩，使英方难以掌握德军行踪和其军火制造厂位置所在，英国皇家空军轰炸机只得原地待命。此时，"蒂泽德"项目组带着装有雷达的加密黑匣子来到美国，动身之前，希尔已与美国一流大学和商业实验室中的科学家们建立了联系。"蒂泽德"项目组发现，美国人已经研发出一套更为精准的雷达，但其发射管性能不足。这次技术信息互通大获成功：英方提供的发射管的功率是美国的1 000倍，而美国则提供设备，改良了英式雷达的精确度。

在漫长的职业生涯中，希尔曾指导过许多位学生。他对后世最为深远的影响，或许正在于他的专业知识和职业道德的传承。举例而言，中国科学家冯德培博士曾于希尔实验室供职三年，他讲述过这样一个故事：在冯博士的第一篇科研论文发表之时，希尔拒绝在文中署名——他希望冯博士可以独享美誉。

1952年，希尔发表演讲，呼吁提高社会道德和公民素质，以使科学成果得到积极、合理的利用。这引起了各方的强烈谴责。他的传记作者兼同事伯纳德·卡茨这样写道："他发现，纷至沓来的谴责声，正如苏联的《真理报》和梵蒂冈新闻中的社评一般，由此基本可以断定，自己是站在了真理的一方。"1960年，希尔发表《科学的道德困境杂谈》（*The Ethical Dilemma of Science and Other Writings*）一书，在书中，他以独特的视角，将逻辑与激情相结合，阐释出自己的人道主义立场。

第16章
加拿大学者的糖尿病发现
——胰岛素

　　1923年的诺贝尔生理学或医学奖被联合授予约翰·詹姆士·理查德·麦克劳德（James Richard MacLeod）和弗雷德里克·格兰特·班廷（Frederick Grant Banting），其获奖理由为胰岛素的发现。

　　关于糖尿病的文字记载最早可追溯至公元前1500年的古印度和古埃及时期。古印度医生发现糖尿病患者的尿液可招致食糖蚁，因此称之为"蜜尿"。印度传统医学（今称"阿育吠陀"）中记载了一种自然疗法，对于控制糖尿病患者的血糖有一定的疗效。（阿育吠陀以古印度吠陀文献《阿闼婆吠陀》为理论基础，文献中记载了各式"神奇"疗法。按照古印度传统说法，吠陀是神明所赐的知识。）西方学者开始对糖尿病的研究后，几百年间，竟毫无进展。研究之初，人类便已发现：位于胃部后方的器官——胰脏与人体消化有些许关联。1889年，斯特拉斯堡大学的研究者将狗体内的胰脏摘除后，对狗的身体情况进行观察。数日之后，实验室饲养员发现，狗的尿液招来大量苍蝇——毫无疑问，尿液中含有糖分。研究者由此确定：胰脏中存在某种可控制糖类的物质。其他研究者将胰液提纯后注入罹患糖尿病的动物体内，而后得出结论：胰液中的某种物质可控制血糖。

西方世界对于糖尿病的认知水平仅限于此。直到1920年，加拿大多伦多大学实验室内的学者发现：胰脏所分泌的物质实为胰岛素。

麦克劳德是多伦多实验室的领头人，他和负责胰岛素研究项目的班廷龃龉不合，尤其是在科研方法的问题上，二者各执己见。其分歧的原因或许在于：麦克劳德是一名生理学家，而班廷则是一位外科医生。班廷选择了一位经验相对不足的学生——查尔斯·贝斯特协助他在麦克劳德实验室进行研究。但二人运气欠佳，他们配制的胰岛素在第一位试用患者身上收效甚微：这位患有糖尿病的年轻人立刻出现过敏反应，差点死去。

研究至此，胰岛素尚不可用，直到麦克劳德邀请第四位研究学者——生物化学家詹姆斯·科利普加入实验室。科利普将班廷与贝斯特制造的胰腺提取物提炼成一种物质，使其适用于人体注射且能使接种者免于发生严重的过敏反应。通过皮下注射后，胰岛素可使人体内的葡萄糖进入肌肉，从而降低血糖水平。

在多伦多实验室以外，玛丽·克罗医生——1920年的诺贝尔生理学或医学奖得主奥古斯特·克罗的妻子——是胰岛素的第一批受益者。前诺贝尔奖得主享有向诺贝尔委员会推举提名者的特权。克罗第一时间推举了发现胰岛素的班廷，同时，他还坚持推举多伦多实验室的负责人约翰·麦克劳德，理由是班廷的成果与麦克劳德的早期发现及后续支持密不可分。委员会对此有所疑虑：麦克劳德的贡献并不突出，他对该项目的影响是否真的至关重要？但最终，克罗说服了诺贝尔委员会。

1923年，班廷与麦克劳德共享114 935美元的奖金。二人都认为结果不公，但论其中缘由，两人各有说辞。最终，班廷将自己的半数奖金分给研究助理贝斯特，而麦克劳德则把自己的奖金份额与科利普平分。

离析提纯胰岛素的成就使多伦多实验室声名鹊起。关于胰岛素成果的归功问题，人们众说纷纭。四位研究者（麦克劳德、班廷、贝斯特和科利普）随后达成协议：四人均不得以个人名义申请胰岛素专利，归属之争到此为止。胰岛素专利被出售给多伦多大学，有报道称售价仅为50美分，还有报道称售价为1美元。如此定价的初衷是希望胰岛素可造福全人类。然而，由于资金不足，非营利实体无法完成胰岛素的生产；后来，制药公司凭借生产、销售胰岛素赚得金盆满钵。

人们今日所用的胰岛素与最初在加拿大实验室中分离的胰岛素几乎没有什么不同。糖尿病患者可选用从猪、牛或人类胰腺中提取所得的胰岛素，也可以选用借助基因工程技术合成胰岛素。

在发现胰岛素之前，有一种传统的阿育吠陀糖尿病药物颇受欢迎，这种药物名为"达阿苏林"（外文名：Diasulin），由多种草药混合制成，其中包括：肉桂花、红瓜果实、苦瓜果实、余甘子、姜黄根、角胡麻的叶子、胡卢巴的种子、阎浮树的种子和整株野甘草。（该药名与如今市面上的印度尼西亚天然药物商标"Diasulin"并无关系）

2004年，印度一所医科大学的研究人员对初版达阿苏林进行重新研究后指出：达阿苏林可控制人体血糖，至少对2型糖尿病患者有效，且该药物可作为现代糖尿病口服药物使用。当时，他们的研究成果十分鼓舞人心，但此后他们并没有发表过达阿苏林相关的论文著述，令人感到疑惑不解。普普通通的植物杂草自然无法使人获利。但制药公司开始大费周章地研究传统药物中的每一种活性成分，据称，全世界共有八百多种植物对糖尿病有效。若想从中受益，制药公司须确定一种可申请专利的提取物，或是合成类似的化学药物。

胰岛素可促进血糖进入肌肉，以此达到疗效。但人体中运用胰岛素的主要是肝脏，而不是肌肉。胰岛素充足时，肝脏不仅可以控制血糖，还可为人体提供能量，对人体细胞生长、血管生长、脂肪储存及代谢、能量储存、炎症及某些种类的癌细胞代谢均有影响。目前使用的胰岛素无法进入肝脏发挥效用。正因如此，虽然糖尿病患者的血糖有所下降，但很多令人痛苦的长期并发症仍难以得到改善。因此，在过去40年中，10年及以上病程的糖尿病患者死亡率并无明显下降。同时，糖尿病发病率仍在持续上升。

一些与胰岛素制造商无关的小组正在进行着一项重要的研究：寻找将胰岛素输送到肝脏的方法。目前，动物试验结果良好，如果能通过人体试验，这将成为数十年来胰岛素疗法的第一项重大进展。

现在，人类正在研究可以增强胰岛素作用的口服糖尿病药物，这些药物必须以一种可被吸收的方式进入体内。目前，制药领域的最新进展是将糖尿病药物以纳米颗粒形式制成。此举借鉴了纳克的度量方法，纳克是一种极小颗粒，可轻易进入人体细胞。为了便于读者理解纳克的大小，在此举例如下：一枚回形针的重量为1克；若将一枚回形针平均分为1000份，则每份重量为1毫克；再将1毫克平均分为100万份，则每份重量为1纳克。

古老的吠陀文献中记载了制药之方：将草药整株或局部炙烤，烤时控制火候，而后收集灰烬，调配成药。以现代人的视角来看，这种数千年前的制药法最后所得即为纳米颗粒。过去，西方研究人员曾试图再现阿育吠陀医学的奇迹，但如果准备流程有误，则难以取得预期的效果。越来越多的人相信，药物成分的颗粒大小对药效的影响至关重要。传统的阿育吠陀医师曾预言，单独使用分离出来的特定物质的现代药物注定失败，他们相信多种药物成分组合在一起，方能药到病除。最终，西方开始接受这种理念，不再单独使用胰岛素，而是按照吠陀原理，将胰岛素配合口服药物共同使用。

随着世界上的糖尿病患者日渐增加，仅有的几家胰岛素生产商销路畅通，便没有动因为患者寻求更为有效的胰岛素药物或是新型治疗方案。不仅如此，他们还会对制药流程略作调整，以此不断更新专利（该过程被称为"专利常青化"）。明面上来说，制造商不得施行价格垄断，但在过去的30年中，所有制造商步调一致，促使胰岛素价格逐年稳步升高。1997年，某种胰岛素的单瓶售价为17美元，而今，同等产品的单瓶售价已升至138美元。还有一种胰岛素在二十多年前的起始单瓶售价为21美元，如今，其价格已高达255美元。

第17章
解读心脏奥秘
——心电图仪

1924年，威廉·埃因托芬（Willem Einthoven）因发明可追踪人体心脏电传导的心电图仪而荣获诺贝尔生理学或医学奖。埃因托芬出生于1860年，其家族在荷兰三代从医。基于他的研究成就，人类在多个医学领域的基础认知均有所提升。他协助人类探索双眼如何感知深度、色彩以及如何形成错视；他以肘关节运动方式为研究对象撰写论文；他研究人体哮喘发作时的气管收缩；他还深入研究了人体对声音的感知。但埃因托芬最广为人知的成果是他发明了可以记录人体心脏跳动时心电活动的仪器。

人类在18世纪晚期便已得知：肌肉收缩时可产生微小电流。但直到埃因托芬时代，这一常识仍未被运用于医学实践。事实上，在心脏领域，只有在对临床死亡期患者进行复苏时才会使用到电击。当时，英国有一群自称为"人道协会"（后更名为"皇家人道协会"）的狂热分子，他们热衷于推广心脏电击治疗。

1774年，人道协会在第一年的报告中描述了一个三岁女童的案例。女童从二楼窗户坠落时，人们推断她已死亡。20分钟后，医生对女童身体的各个部位进行电击治疗，最终，当女童胸部接受多次电击后，她逐渐开始苏醒：

"医生对患者胸部进行多次电击后，他感觉到患者出现了轻微的心脏搏动；不久后，孩子开始发出叹息声，紧接着出现了呼吸声，此时她的呼吸仍十分困难。约莫10分钟之后，孩子开始呕吐。由于颅骨凹陷，患者进入了昏迷状态，如此持续数日，通过适当的治疗，一周左右，孩子的身体与精神即完全康复。"[1]

人道协会的宗旨是："使劳动群众免遭致命意外伤害；使少不更事的年轻人免于沦为娱乐消遣的牺牲品；使抑郁人群及有自杀倾向的可怜人免受自残之苦。"

有人热衷于使用电击仪器起死回生，但也有人致力于研究心肌的正常电传导。研究人员将仪器直接置于暴露的动物心脏肌肉之上——显然，此类实验不适用于人体。此后的实验中，研究人员改为将电极置于动物胸膛之上，但因其皮肤和肌肉的抵抗及干预，所呈现的电信号十分微弱。

在动物身上试验多年之后，埃因托芬研发出世上首台心电图仪，该仪器可直接用于诊断患者心脏问题。在初版仪器中，埃因托芬用石英材质的镀银细传导丝悬于两块巨大电磁铁之间作为连接。当仪器探测到电流时，传导丝会发生轻微的移动。传导丝上细微的光影闪烁可反映电流的移动轨迹。再借助滚动的感光相纸即可对其光影变化进行记录。其他发明者选用了所谓的"弦线电流计"进行记录，但埃因托芬的仪器灵敏度较之

---

[1] 引自伦敦人道协会《1774年年度报告》，第31～32页。

高出数千倍。

　　1901年版的埃因托芬心电图仪体积巨大，重量接近600磅（约272千克——编者注），其储存占去了他实验室的两个房间。两块电磁铁须由五人持续不断地进行水冷来维护。威廉·埃因托芬的儿子小威廉是一名电气工程师，他曾协助自己的父亲以保证仪器正常运作。

　　在医院，医生会在接受检查的患者身体表面放置几个小型金属探测器，放置点须精准落于患者胸前、手臂及腿部的固定位置。这些探测器被连接到电线上，患者的心电信号经由探测器连接线、仪器电缆传输到1.5英里以外的埃因托芬实验室，再被传输至两块电磁铁之间的传导丝，借由传导丝的轻微移动最终生成患者的心电信号追踪图。这种典型的锯形线图，即我们如今所称的心电图（EKG）。

　　时人眼中的埃因托芬天性纯良，同时又与人为善。1922年的诺贝尔生理学或医学奖得主阿奇博尔德·维维安·希尔是埃因托芬的一位友人，他仰慕埃因托芬，在希尔看来，埃因托芬举止优雅，容貌俊美，又纯良朴素。其他人对埃因托芬的评价则是：坦白直率，对工作充满热忱。每日清晨，埃因托芬骑着自行车去上班，一到实验室，他就脱下外套、解开领带和衬衫领口，再换上拖鞋，开始一整日的工作，直至晚上8点。

　　埃因托芬性格开朗，唯一让他动怒的事是自己的实验受到干扰。他在莱顿大学的实验室紧邻海克·卡末林·昂内斯的物理实验室，昂内斯致力于将氦气冷却、液化至绝对零度（-273.15℃），他的实验室素有"地球至冷点"之称。1913年，昂内斯因发现超导现象而被授予诺贝尔物理学奖，如今，超导性被应用于核磁共振（MRI）成像仪、移动通信基站以及粒子加速器。直到1973年，超导研究成果才再度斩获诺贝尔奖。彼时，埃因托芬博士正计划以毫安测量极其微小的电流变化。然而，隔壁的昂内斯实验室制造的震动和电子干预对埃因托芬的测量产生了影响。但昂内斯却也抱怨，他认为埃因托芬实验室的犬吠声妨碍了自己的实验。为解决这一争端，二人最终向大学仲裁委员会正式提起诉讼。

埃因托芬把"改良心电图仪、增强其实用性"这一课题留给后人解决。其中包括对电子放大器和电容器的使用。1924年，埃因托芬被授予诺贝尔奖，此时距离他最初发明心电图仪已有23年。这一时期的心电图仪重量已减至50磅（约22千克——编者注），人们轻而易举便可将仪器推至患者病榻之侧进行心脏病诊断。1935年，一台心电图仪被减重至25磅（约11千克——编者注）；如今，通过内置微处理器的腕带或是智能手机即可实现人体心电追踪。

为了便于读者理解当年埃因托芬获奖时期的科技水平，笔者在此举例如下：1924年，人类首次进入图坦卡蒙[1]墓；欧洲首次架起第一台交通信号灯；人类首次通过传真机成功向大西洋彼岸传送图片；铁路修到了阿拉斯加的费尔班克斯；杜邦公司[2]首次推出人造丝；美国监狱中首次使用毒气室，一些州立监狱首次以电刑替代绞刑；人类安装了世界上第一台全自动电梯；世界上第一家配有中央空调的公共剧院建成；美国纽约市和洛杉矶市

---

[1] 图坦卡蒙为古埃及新王国时期第十八王朝的法老。——译注
[2] 美国杜邦公司是一家科学企业，致力于生产高科技、优质生活产品。——译注

首次建立起定期洲际航空运输服务；波士顿机场建成开业；科学家首次确认其他星系的存在；人类首次记录火星上的沙尘暴；计算机轴向断层成像（CAT）扫描仪发明者才刚降生于世。

当报纸上宣布埃因托芬被授予诺贝尔奖的消息时，他正在美国进行巡回演讲。据报道称，埃因托芬当时拒绝接受祝贺，"因本人尚未接到正式通知，故不愿担此殊荣"。最终，正式通知如期而至，埃因托芬则开始寻找自己当年的实验室助理范德·沃尔德。多年之前，沃尔德已移居美国。为感谢沃尔德在早年研究中的突出贡献，埃因托芬打算与沃尔德共享自己的诺贝尔奖奖金。最后，埃因托芬发现这位曾经的同僚已去世，留下两个生活窘迫的姐妹尚在人间；埃因托芬将自己奖金（共4万美元）的一半赠予了沃尔德的两个姐妹。

埃因托芬的心电图仪使人类对于心血管疾病的认知大为提升，当时，心血管疾病是导致世界人口死亡的罪魁祸首。1927年，埃因托芬死于癌症，享年67岁，此时，癌症被列为世界第三大致命疾病。

第18章
大错特错
——线虫致胃癌

1926年，约翰尼斯·菲比格（Johannes Fibiger）因提出"线虫致胃癌"被授予诺贝尔生理学或医学奖。菲比格是一位丹麦科学家，在研究癌症致病因的众多科学家中，他首摘诺贝尔奖桂冠。

关于癌症的书面记载，至少可追溯到古埃及时期，在一份公元前1600年的纸草①文献中有恶性肿瘤的相关描述。古埃及人认为癌症为神明所致。大约在公元前400年，希腊医生希波克拉底提出假说，他认为癌症的起因是黑胆汁分泌过量，此后数世纪内，这一理论始终占据主导地位。19世纪晚期，一些科学家认为炎症是癌症的可能性诱因，还有一些科学家认为癌症的起因在于免疫系统缺陷。伦敦医生发现烟囱清洁工罹患阴囊癌的概率高于常人，由此将癌症归因于环境中的毒素。20世纪早期，医生发现一些曾患癌症的成年人后裔体内会出现相同的肿瘤，使"染色体损伤可导致遗传性癌症"的理论得以证实。科学家通过观察发现：未曾生育的女性罹患乳腺癌的概率更高，从而说明癌症与激素有关。

---

① 又称莎草纸，流行于古埃及和4世纪以前的地中海沿岸。——译注

菲比格发现，身患癌症的实验室老鼠粪便内通常存在寄生虫。于是他开始探究寄生虫是否可以致癌。菲比格将目标锁定在线虫身上，线虫身长最长可达5厘米。他发现美洲蟑螂的消化道内存有大量的线虫；为了验证自己的理论，他向实验室老鼠投食美洲蟑螂，除此以外，只向老鼠提供面包和水。食用蟑螂后，多数老鼠胃中的线虫数量大幅增加，其中三分之二的老鼠胃黏膜表面出现了不同程度的细胞生长异常，有七只老鼠的胃中出现了巨大肿瘤。菲比格借此得出结论，他认为线虫是导致胃癌的诱因。这一发现被誉为医学研究的奇迹，菲比格亦于1926年被授予诺贝尔奖。同辈人对其评论如下：

"以我之见，菲比格的研究成果可谓当代实验医学领域中最伟大的贡献。他所建立的体系将日益完备，成为杰出、不朽的见证。"[1]

获奖两年后，菲比格因结肠癌并发症死于1928年，他没有机会看到自己的成果被彻底推翻。并非所有的肿瘤都是恶性肿瘤，但菲比格声称自己发现的肿瘤无一例外，全是恶性肿瘤。事实证明，其所言有误，在菲比格的实验中，老鼠体内皆为良性肿瘤。可能由于老鼠仅以蟑螂、面包和水为食，食物种类受限，缺乏维生素A，从而使良性肿瘤不断生长。

如今，人类对于胃癌成因的探索仍在继续。1984年，巴里·马歇尔和罗宾·沃伦发现了胃炎和胃溃疡的致病菌——幽门螺杆菌，他们认为，幽门螺杆菌可能也是造成胃癌的罪魁祸首。1994年，国际癌症研究机构宣布，感染幽门螺杆菌——而

---

[1] 原文出自阿奇巴尔·雷奇，1927年12月10日，皇家卡罗林斯卡学院院长W.韦恩斯泰特教授在诺贝尔颁奖典礼致辞中引用了这段话。

非寄生虫——是造成胃癌的主要病因。虽然该理论尚未得到验证，但在观察中，人们发现：与未感染者相比，幽门螺杆菌感染者罹患胃癌的概率较之高出6～8倍。但为什么有些幽门螺杆菌感染者没有患癌症？且还有一些胃癌患者体内不存在幽门螺杆菌？目前这两点尚无法解释。2005年，马歇尔和沃伦被共同授予诺贝尔生理学或医学奖。

尽管结论有误，但菲比格的研究方向并无过错。线虫虽不是胃癌的病源所在，但几十年后，有学者发现：一些其他种类的寄生虫与其他种类的癌症有关。在东亚地区，生食或食用未煮熟的贝类海鲜可致人感染特定种类的扁形虫（肝吸虫），从而增加人体罹患胆管癌的概率。在中东、非洲和亚洲地区，有一种在污水中滋生的寄生虫，若不幸感染，会使人患上膀胱癌。这种寄生虫被称为血吸虫，它们可以透过人类皮肤进入血液循环，而后转移到膀胱位置，在膀胱壁上繁殖产卵。感染者的尿液样本中可观测到血吸虫卵。寄生虫致癌的理论依据为：感染寄生虫导致人体出现严重炎症，进而扰乱本体免疫反应，最终导致DNA损伤，受损DNA诱发癌症。

诺贝尔委员会曾考虑将1926年的诺贝尔医学奖另授其他癌症研究人员，他们将目光锁定于已通过实验证明了癌症真正成因的科学家们；但最终，委员会决定不再更改结果。1911年，美国科学家裴顿·劳斯从鸡体内取出恶性肿瘤，将肿瘤碾碎后提取出一种无细胞液体。他将无细胞液体注入健康的鸡体内后发现：健康鸡身上出现了相同的癌症症状。劳斯由此得出结论，无细胞液体中的某种物质导致健康鸡患上癌症。接着，他提出质疑：诱发癌症的究竟是某种化学物质还是"显微镜下无法显示"的某种"极微寄生微生物"。虽然用词略有不同，但劳斯所指即为病毒，在那个年代，即便使用最高倍数的显微镜，也无法观测到病毒。直到1939年，全新的电子显微镜问世，人类方能一睹病毒的真面目。我们现在知道许多病毒确实会导致癌症。从公开的诺贝尔档案记录来看，委员会成员宁愿相信向老鼠投喂蟑螂的研究成果，也不愿承认在鸡身上进行的试验所得，他们对人类癌症和鸡类癌症的相关性存有疑虑。最终，劳斯于1966年才将诺贝尔奖收入囊中，此时距离他最初的研究已过去半个多世纪。

另一位落选提名者——日本科学家山极胜三郎通过实验证明：化学物质可以致癌。1915年，他在兔子耳朵上涂抹粗制煤焦油后发现兔子患上了皮肤癌。在后来的恶性肿瘤的生物学行为研究中，山极胜三郎的实验方式被广泛应用于实验室诱发肿瘤动物模型的建立。山极胜三郎曾多次获得诺贝尔奖提名。

第19章
发热疗法与战争罪
—— 梅毒新疗法

1927年，朱利叶斯·瓦格纳-尧雷格（Julius Wagner-Jauregg）因其独创的梅毒疗法而被授予诺贝尔生理学或医学奖。瓦格纳-尧雷格出生于1857年，是一位奥地利精神病学家，他还是19世纪晚期涌现的生物精神病学的主要倡导人。他曾在维也纳大学就读，毕业后被维也纳大学聘为终身教师，最终，瓦格纳-尧雷格在精神病诊所担任所长一职。

20世纪伊始，在奥地利精神病学界出现了关于精神错乱的主流理论之争。瓦格纳-尧雷格主张生物精神病学理论，其基础假说为：人的精神错乱皆因身体机能紊乱所致。西格蒙德·弗洛伊德与瓦格纳-尧雷格几乎同期就读于维也纳大学，毕业后，弗洛伊德同样留校任职。弗洛伊德遵照精神分析法，他认为精神错乱的成因在于情感创伤，尤其是性创伤。第三派理论来自于奥地利大学的阿尔弗雷德·阿德勒，他坚称社会压力是人类精神错乱的主要诱因。

1913年，生物精神病学运动进入蓬勃发展期，那一年，人们通过尸体解剖发现：在一些饱受精神折磨的梅毒患者脑部存在梅毒致病菌，即梅毒螺旋体。这一发现为"精神错乱皆因身体机能紊乱所致"的假说提供了理论支撑。

梅毒是一种通过性途径传播的疾病，其早期症状为皮肤溃疡，发展至第二阶段的梅毒患者会出现淋巴结及内部器官感染。在抗生素治疗时代来临之前，未经治疗并发展至第三阶段的梅毒患者比例高达16%，患者脑部受到影响（神经梅毒）。神经梅毒可使患者意识混乱、抑郁、注意力不集中，最终发展成痴呆和精神错乱。过去的梅毒疗法采用含汞药物进行治疗，但反复用汞可使患者汞中毒，汞本身会损伤脑部。1911年，保罗·埃尔利希引进以砷为基础配方的砷凡纳明治疗梅毒，这种药物有一定的效果，但也具有毒性。直到1942年，盘尼西林横空出世，才为人类提供了安全有效的梅毒治疗药物。

当时，瓦格纳-尧雷格在未取得任何知情同意的情况下，对精神病诊所内的住院患者进行实验，这种做法在当时是典型的精神病医学实验的研究手段。瓦格纳-尧雷格的治疗理念是以病治病——通过疾病叠加驱除患者体内更为严重的旧疾，或可称之为"以恶报恶"治疗法。他尝试用引起葡萄球菌皮肤感染的细菌的毒素和磨碎的结核杆菌来进行实验，但结果均以失败告终。之后，他采用了一种现代医学疗法进行实验，即发热疗法（又称热疗，英文名：pyrotherapy，其中pyro意为"火"）。瓦格纳-尧雷格认为，发热可使患者精神疾病痊愈，该理念可追溯至古希腊时期，但在实践中无一成功。其实，早在三十多年前，俄国精神病学家亚历山大·罗森布拉姆已尝试使用发热法治疗精神病，他将疟疾、伤寒或回归热感染者的血液注入精神病患者体内。

疟疾可导致患者反复发热，最高体温可达42℃，使患者神志不清或进入昏迷状态。疟疾患者会突然感到全身发冷发抖、头痛欲裂、肌肉酸痛且乏力，出现呕吐、咳嗽、腹泻及腹痛难忍的症状，还会出现肾脏衰竭、肺积水甚至癫痫发作。疟疾患者的死亡率高达5%，如果在发病症状出现前24小时内不能得到有效治疗，患者极易死亡。

1917年，瓦格纳-尧雷格公布发热疗法的研究成果，他因此荣获1927年度的诺贝尔生理学或医学奖。瓦格纳-尧雷格将一位身患疟疾的士兵血液注入9位神经梅毒患者体内，使他们在疟疾引发的高烧中苦苦挣扎了足足12天。12天过后，幸存者可使用奎宁治愈疟疾，并使用砷凡纳明治愈梅毒。他在报告中记录：有两位实验对象不久后便撒手人寰，还有两位被囚禁于精神病院，病情"好转"者共有6位，但好景不长，其中4位"好转"患者旧病复发并出现梅毒性痴呆。

1917年的疟疾死亡率为0.2%～5%不等。但在瓦格纳-尧雷格的实验中，患者死亡率却高达22%，是疟疾自然死亡率的5～110倍。并且，这个数字仅指即时死亡率。在报告中只提及即时的或短期结果，是使新型疗法的副作用水平降至最低的一种伎俩。一些精神病医生开始实施发热疗法并公开发表长期跟踪数据，所得结果令人触目惊心。其中一篇论文记录了25种不同方式的发热疗法的治疗结果，涉及患者共计2 000余人。接受疟疾"疗法"的梅毒患者中，3年之内，其死亡人数比例为30%～50%；10年之间，死亡人数比例升至78%。

疟疾本身可导致患者脑部受损，这在当时已是人尽皆知的事实。患者在发热前夕可能会出现幻觉、陷入焦虑，并伴有情绪激动、吼叫和暴力倾向的症状。高烧期间，患者会神志不清。疟疾患者痊愈后，通常会存在脑损伤的遗留问题。大英帝国鼎盛时期，英国医生曾提出：在蚊虫肆虐的印度等英属殖民地，疟疾是诱发精神疾病的主导诱因。100年后，越南战争中的美国退伍老兵再次印证了这一理论，在有疟疾感染史的老兵中，精神错乱的发病率相对较高。近期，一份研究非洲感染儿童的最新结果再度证明：脑部疟疾感染者更易出现长期精神错乱。

尽管有上述既定事实为证，世界医学的最高荣誉终究还是授予了瓦格纳-尧雷格。恰如阿尔弗雷德·阿德勒所言："显而易见，真正影响我们的不是'事实'，而是我们对事实的理解。"其他诺贝尔奖项中也有掺杂政治因素的情况。在科学界和学术界，德国拥有至高无上的话语权。根据50年后公布的诺贝尔提名档案记录，20世纪20年代，瓦格纳-尧雷格共获17次诺贝尔奖提名。在诺贝尔委员会中，有一位成员——瑞典精神病学教授布鲁尔·加德利乌斯——始终坚持反对通过瓦格纳-尧雷格的提名。他认为，向梅毒患者注射有致命风险的疟疾病毒绝对可称之为犯罪行径。而加德利乌斯一离世，委员会就通过了瓦格纳-尧雷格的选票。自诺贝尔生理学或医学奖设立以来，瓦格纳-尧雷格是第一位被授奖的精神病学家。

据同辈人描述，瓦格纳-尧雷格绝非善者。他在孩提时期的爱好是解剖动物。他还是纳粹党的正式在册成员；第一次入党时，因前妻是犹太人，瓦格纳-尧雷格的申请遭到驳回，上诉成功后，他才得以成为纳粹党员。瓦格纳-尧雷格大力提倡对所有身上携带"犯罪基因"或被贴有精神病标签的人进行绝育手术，职业女性也当如此，其理由是：这些人无法成为好母亲。

在治疗自慰患者时，瓦格纳-尧雷格会电击患者阴囊或直接对患者进行阉割。第一次世界大战期间，瓦格纳-尧雷格曾担任军医，他为15万余名患有战斗疲劳症的士兵以及德军逃兵设计了一套惨无人道的"治疗方案"。士兵们被迫接受电击。据史学家记载，"战争神经症"患者在战地医院接受的常规治疗如下：裸体示人、被燃烧的烟头烫伤身体，还要接受故意伤害乳头及生殖器的电击。

一战落幕后，奥地利立即通过新法，允许对战时精神病治疗罪提起诉讼。1920年，因对士兵及患者的不当治疗——尤其是虐待、折磨，瓦格纳-尧雷格走上法庭，接受审判。值得一提的是，他的犹太同事西格蒙德·弗洛伊德为他做证，使他得以逃脱法律的制裁。弗洛伊德在证词中说道，虽然电击行为惨无人道，但他能对一位军医的艰难处境感同身受，采取极端治疗行径，实非医生本意。没有任何记录能证明瓦格纳-尧雷格强施暴行，瓦格纳-尧雷格本人亦拒不认罪。在希特勒上台成为德国元首——或可称之为纳粹德国的暴君之前，瓦格纳-尧雷格便与志同道合的精神病学家相伴为伍，大肆公开推行优生学项目。阿尔弗雷德·阿德勒也曾入伍成为战地军医，在得知弗洛伊德为瓦格纳-尧雷格的残暴罪行辩护做证后，阿德勒感到震惊。可以想见，弗洛伊德或许是受到了某些威胁，因为瓦格纳-尧雷格正是弗洛伊德在维也纳大学的顶头上司。

20世纪30年代初，为逃离对犹太人的迫害，阿尔弗雷德·阿德勒奔赴美国；1937年，阿德勒逝世。1938年，弗洛伊德为躲避纳粹党人离开奥地利；1939年，在流亡英国期间，弗洛伊德辞世。西格蒙德·弗洛伊德曾33次获得诺贝尔奖提名，但每次提名都遭到加德利乌斯的反对，他认为弗洛伊德的理论"不合逻辑"。1940年，瓦格纳-尧雷格去世。他们三人都未能目睹第二次世界大战后的纽伦堡审判。纽伦堡审判对于犯罪行为的调查不仅限于战时"责任行为"，还包含对平民百姓和战前行为的审查。所以，如果瓦格纳-尧雷格那时还活着，他有可能会再度走上被告席。

在纽伦堡审判中，纳粹政权以医学科学为名所施的暴行得以审判。23名医生、官员被提起刑事诉讼，他们打着治疗的旗号，对纳粹党的政治迫害对象实施优生学治疗、安乐死及酷刑折磨，并迫使受害者接受医学实验。诉讼过程中，法庭听取了85位证人的证词，评估文件1 500余份。美国法官最终判定纳粹安乐死项目有罪，其项目实验常使人残疾甚至死亡，且明显未经实验对象知情同意。针对调查结果，法庭起草了《纽伦堡人体试验守则》，又称《纽伦堡守则》。守则规定，只有在参与者对人体实验内容完全知照、享有评估机会、完全自愿，即绝无胁迫的情况下，才能对其进行实验。实验人员须向潜在参与者提供完整信息，使其充分理解实验内容，包括可能带来的"所有不便、危害……以及对参与者健康或人格的影响"等信息。

《纽伦堡守则》的问世，其目的在于抵制不道德的医疗实验，它们常以医疗需求为掩饰，通过强制、胁迫手段得以实施。《纽伦堡守则》旨在保护各国患者及研究对象，使他们免遭当地领导人、狱卒、法官、医生或医学界以政治、种族、民族或宗教偏见等因素为由对其进行违法实验；尤其是为保护弱势群体，如被困于监狱、孤儿院和精神病院的人群等。

1942年，盘尼西林问世后，使用疟疾治疗梅毒的疗法仍在沿用。20世纪60年代，美国南部地区公然违背《纽伦堡守则》，迫使多半被关在州立监狱的黑人囚犯和精神病院的病人接受疟疾疗法，成为医疗研究的对象。在米利奇维尔市的一家精神疗养院中对患者进行实验后，美国佐治亚州不再采用疟疾疗法治疗梅毒，而在知晓病毒抗药性的情况下，美国南卡罗来纳州州立精神病院仍选择向梅毒患者体内注射抗药性疟疾病毒。1990年，亨利·海姆立克（海姆里克腹部冲击法的发明者）医生倡导使用疟疾治疗莱姆病①；1997年，他以首席作者的身份对在美国以外的国家及地区中使用疟疾治疗人体免疫缺陷感染的研究进行指导。当时已经确定感染疟疾的艾滋病患者疟疾死亡率更高，艾滋病毒更容易传播，但海姆立克主导的研究依然如期进行。

关于精神失常成因的三大理论之争，生物精神病学最终荣登高地。如今，精神病的治疗已有合法药物，疾病成因也已明晰：精神失常均是由生化功能失调引起的疾病表现。其理论支撑仍是梅毒致病菌导致人体脑部感染的案例。精神病学的权威书目《精神疾病诊断与统计手册》中详细收录了八百余条精神病症条目，为精神病患的医疗保险赔偿提供了强有力的权威依据。事实上，梅毒感染、帕金森病等多种疾病在发病过程中均可造成脑损伤。具有致幻作用的植物以及安非他命、精神病药物等化学物质同样会损伤人体脑部。由此引发的精神损伤恰应

---

① 莱姆病是一种由伯氏疏螺旋体（Borrelia burgdorferi）所引起，经硬蜱（tick）为主要传播媒介的自然疫源性疾病。临床表现为慢性炎症性多系统损害，除慢性游走性红斑和关节炎外，还常伴有心脏损害和神经系统受累等症状。

属于物理医学领域。而生物精神病学研究者借助这些实例继续探索人类的暴力基因、双相精神病病毒，以及精神病患者的脑部曲线及轮廓变化。

21世纪，研究生物精神病学运动的史学家对瓦格纳-尧雷格提出高度赞扬，称其是英雄，是下一个百年精神疾病生物疗法的开创者。在瓦格纳-尧雷格疟疾实验的基础上，胰岛素昏迷疗法问世：精神病患者被注射胰岛素，使患者脑部因低血糖诱发癫痫而陷入昏迷。脑叶切断术疗法紧随其后。最终，人类开始使用深度脑部电击刺激法治疗精神病，又称脑深部刺激术（Deep brain stimulation，缩写为DBS）。然而，与史学家相比，普罗大众却对瓦格纳-尧雷格颇无好感。2004年，一名维也纳市政官员针对该地区纳粹时期的国民军事英雄展开深入研究。那些被尘封的瓦格纳-尧雷格的残暴罪行、优生项目和种族歧视理念再度进入人们的视野，维也纳人民呼吁政府将瓦格纳-尧雷格从当地学校、路标和医院中除名。

第20章
虱子与人
——斑疹伤寒的传播媒介

1928年，夏尔·朱尔·亨利·尼科勒（Charles Jules Henry Nicolle）因研究斑疹伤寒症而被授予诺贝尔生理学或医学奖。尼科勒是一位法国医生兼研究员，他曾在声名显赫的巴斯德研究所研习医学。尼科勒年少失聪，但他随后习得唇语，专注于传染病研究，并未因自身缺陷而止步不前。从他的早期自述中可以看出，尼科勒目标明确，一心想在医学研究领域出人头地。所幸，尼科勒的求学之处正是世界顶级传染病研究中心，从此，他的整个职业生涯与巴斯德研究所密不可分。

尼科勒之所以能在传染病领域誉满全球，首先要从他在巴斯德研究所的科研背景说起。巴黎巴斯德研究所的创始人是化学家兼生物学家——路易斯·巴斯德，他是世上首位证明"疾病细菌说"的科学家，他认为这种肉眼不可见的微小生物体是多种疾病的致病源。20世纪伊始，"疾病细菌说"成为主流，它以迅雷不及掩耳之势击败了其他两大传染病理论：其一是主张空气中不明毒气致病的"瘴气病源说"；其二是"自然发生论"，该学说认为传染源可能来自无生命的物体或死亡组织，如在尘土中自然产生的虱子或是死尸肉身上突然涌现的蛆虫等。巴斯德是现代第一支狂犬病有效疫苗的研发者，他还发现了蚕病发生的原因，挽救了欧洲岌岌可危的丝织业。但他最为人津津乐道的成就，是替酿酒师和酒商探究葡萄酒和啤酒有时候会变酸的原因。巴斯德发现，问题的关键在于酒中的细菌过度繁殖，因此，他建议将酒水加热至低于沸点的温度，借此杀灭其中多数不好的细菌。该过程被命名为："巴氏灭菌法"。这种方法既可以防止细菌过度繁殖造成酒水变质，又可以保留啤酒和葡萄酒的风味。对于酒商而言，巴氏灭菌法最重要的意义在于它可以延长酒的保质期。法国是世界上第一个在葡萄酒、啤酒和牛奶生产中推行巴氏杀菌法的国家。如今，人们在大批量生产牛奶的过程中采用"超高温杀菌法"，通过瞬间超高温（高于135℃）进行灭菌，此法可使牛奶保质期延长至9个月，但遗憾的是，牛奶中的维生素B_{12}、维生素C、钙和磷的含量会随之减损。

巴斯德研究所的第一代成员多是路易斯·巴斯德曾经的同事或学生，他们皆是"疾病细菌说"的狂热支持者并将巴斯德的各项研究不断发扬光大。后来，出身于巴斯德研究所的学者常被称为"门徒"，他们以巴斯德的理论为基础，发展出新的科学方法探索细菌，巴斯德不仅是他们的理论导师，同时还是精神支柱。尼科勒与巴斯德交集甚少，二人仅有一面之缘，尼科勒从研究所拿到医学学位后，不出两年，巴斯德即撒手人寰。因此，尼科勒应是"二代"巴斯德研究所成员。

当时，巴斯德的门徒中已有人发现关于白喉的重要成果，白喉在当时是一种喉咙肿痛即可夺人性命的疾病（由分泌毒素的细菌致病，于患者咽喉部形成厚重伪膜进而阻塞呼吸道）；

有些成员正致力于研究霍乱（会引起致命的腹泻）和炭疽病（多发于牲畜之间，致使农场主蒙受巨大经济损失）；有些成员承继了巴斯德发起的狂犬病研究，还有人研究黑死病和黄热病。

在法国进行了短暂的实践后，尼科勒认为，在巴斯德研究所本部，他很难从一众同行中脱颖而出；所以当他有机会前往北非成立突尼斯巴斯德研究所时，他义无反顾，欣然前往。尼科勒被任命为突尼斯巴斯德研究所主任，他想在北非另辟蹊径，发掘新的疾病研究项目，借此功成名就。诸如此类的巴斯德研究所分支遍布世界各地，其中多数设立在法属殖民地境内，研究所分支通过普及先进科学知识的方式，向当地居民宣传法国文化和现代文明。如今，共有33个国家设有巴斯德研究所。

1903年，尼科勒踏上了突尼斯的国土，当时，斑疹伤寒症正值流行，尼科勒决意将其设为主要研究对象。自古希腊时期起，斑疹伤寒已经开始大肆流行，起因不明。患者会突发严重头痛、高烧，出现寒战、咳嗽、肌肉及关节疼痛难忍的症状，皮肤出现细小的瘀伤点并流血，血压随之下降，手指及脚趾处可生出坏疽。患者还会出现意识模糊、谵妄和昏迷症状，因此这种疾病被命名为"斑疹伤寒症"，其英文名"typhus"在希腊语中意为"模糊"。

在尼科勒的时代，斑疹伤寒极为致命，患者死亡率高达40%。斑疹伤寒在冬季时分更为高发，春季来临后，其发病率减退，时至夏日，疾病消亡。在帐篷城、收容所、监狱、军营和难民营等拥挤环境中，其传播速度十分迅猛。尼科勒的同事孔塞伊博士认为，"肮脏污秽、生活凄苦、天气极端、人口密集以及人满为患"的环境都是斑疹伤寒传播的温床。滋生此类环境的种种因素无外乎经济贫困、生活堕落、"空气污浊"以及野狗遍地。斑疹伤寒症的传染性极强，但人们当时尚不确定其传播途径究竟是通过接触、呼吸、飞沫还是空气中的其他介质实现。

作为一名二代巴斯德支持者，尼科勒提出假说，认为斑疹伤寒的传染源在于细菌，之后他开始观察研究斑疹伤寒的传播方式。1903年，突尼斯正值斑疹伤寒症的传染高发期，尼科勒本计划与两名同事共同前往一处监狱调查传染症的爆发，但在最后关头，尼科勒却未能如约。这两名医生同事在监狱中过夜后即感染斑疹伤寒症并迅速发病死亡。待传染势头有所缓和后，尼科勒的研究依然受阻，因为可作为研究对象的人类患者越来越少，而动物不会自然感染斑疹伤寒症，如果把动物作为研究对象同样有一定的难度。在两次传染高发期之间，尼科勒不得不使动物人为感染斑疹伤寒症，借此使研究得以继续。他向实验室中的黑猩猩和猴子体内注射感染斑疹伤寒症的人体血液，再向其他动物体内注射已感染的动物血液，这种研究方式持续了数年之久。1909年，突尼斯再次进入传染高发期，尼科勒终获人体研究对象，本次研究助他一举夺下诺贝尔生理学或医学奖。

在传染高发期，医护人员感染斑疹伤寒的案例不在少数，但只有在患者经热水淋浴后、等待发放洁净住院服处的医护人员感染者最多。很多人都注意到了这一点，其中包括尼科勒的实验室主任查尔斯·孔特以及助理医生埃内斯特·孔塞伊。结果证明，患者的衣物中存在斑疹伤寒症的传播媒介——虱子。尼科勒据此发表论文并独立署名，但孔特断言是他让尼科勒注意到虱子的。

1928年，尼科勒发表诺贝尔演讲时，他几乎没有提到他的合作者，而是编造了一个戏剧性的故事：当他跨过医院门口斑疹伤寒患者的身体时，他留意到只要幸存的患者洗澡并穿上干净的长袍，医护人员和其他患者就不会生病。尼科勒自称：当时他感到灵光一现，随即便产生了这个念头，最终，这个念头为他赢得了诺贝尔奖。

英语使用者用"lousy"一词指代受虱子困扰的情形。发现虱子是斑疹伤寒症的传播媒介后，人类开始采取有效的防治措施，包括令虱子携带者以热水淋浴、对感染者衣物进行消毒或焚烧处理、使用硫黄制剂清洁医院、监狱和患者家中等。

研究初期，尼科勒以实验室的猴子和黑猩猩为对象研究虱子叮咬后的症状。尼科勒首次发现，以豚鼠为样本进行实验不仅成本低廉而且收效显著，自此以后，豚鼠便成为很多传染病实验的研究对象。如今，人们常用"小白鼠"一词代指实验对象。一开始，尼科勒认为感染是由虱子叮咬所致。但其他学者经过谨慎研究后发现，传染的源头不在于叮咬，而在于虱子感染了斑疹伤寒，感染的虱子通过灰色粉末状的粪便将细菌排出体外，人体被虱子叮咬后，因抓挠皮肤造成皮肤损伤，使含有斑疹伤寒症致病菌的虱子排泄物得以进入人体血液循环。尼科勒在自己的实验中确认了这一传播路径，此后又一人独占研究成果。

尼科勒确实独自发现了"隐性感染"者的存在。隐性感染者感染后不会出现任何症状，但对其他人仍具有传染性。隐性感染者的存在令追踪斑疹伤寒的源头变得十分棘手，因此，不仅患者个人居住环境需要消毒，医院及周边场所均应采取灭虱措施。有人提议对突尼斯的乡镇房屋进行集体焚烧，尼科勒怒斥此举过于野蛮粗暴且毫无必要。1909年的传染高发期并未因人们实行卫生措施而放缓传播的脚步，但当传染态势自然下降后，人们发现虱子的数量大大减少，甚至连隐性感染者数量也有所下降。1912年，突尼斯仅存有22名斑疹伤寒患者；1913年，患者人数降为6人；1914年，突尼斯境内只余3例境外输入患者。

在另外一种传染病——伤寒症的历史上有一个最著名的隐性传染案例。从字面意义来看，伤寒与斑疹伤寒极为相似，但二者并无关联。伤寒症患者会出现高烧、腹泻的症状。1900—1907年期间，有一名移民至美国的爱尔兰厨师名为玛丽·马伦（又被称为"伤寒玛丽"），无论她在何处工作，周围人群中总会暴发伤寒感染，而她本人却从未发病。据称，至少有47名伤寒症患者因接触到玛丽烹制的食物而被传染，其中3人不治身亡。美国公共卫生部门要求，"伤寒玛丽"须接受隔离，她生命中三分之一的时间是在隔离中度过的，最终，处于隔离期的"伤寒玛丽"在美国纽约市布朗克斯区北兄弟岛的纽约河畔医院去世。尸检结果显示，她的胆囊中尚留有活的伤寒症致病菌。

尼科勒从未发现斑疹伤寒的真正致病菌。1916年，巴西医生恩里克·达罗查·利马最终发现了斑疹伤寒细菌。利马和他的波兰同事斯坦·普罗瓦泽克在德国研究斑疹伤寒期间双双染病。利马得以康复幸存，而普罗瓦泽克却因病去世。美国学者霍华德·泰勒·立克次发现了以鼠类身上的虱子为传播媒介的另一种相关疾病——鼠型斑疹伤寒症的病因。立克次同样死于斑疹伤寒症。为纪念两位献身于研究事业的同事，利马将新发现的斑疹伤寒杆菌命名为"普氏立克次体"。尼科勒在诺贝尔获奖感言中对利马避之不提，而利马也从未得到诺尔委员会的认可，甚至连一次提名也没有。这正是当时欧洲和北美科学界排外和种族歧视的典型表现。

尼科勒继续深入研究斑疹伤寒症，他试图研制出斑疹伤寒疫苗。他发现，多数斑疹伤寒症幸存者可免于二次感染。尼科勒提出假说，认为这些患者体内产生了普氏立克次体抗体。他将斑疹伤寒症患者（已有免疫力）的血清与部分致病菌混合后注入自己体内，当时，以自己为实验对象的做法是一种十分常见的惯例。该理念的初衷是为唤醒人体免疫系统从而形成抗体。尼科勒注射后没有患病，因此他认定这种混合制剂相对安全，随后，他向一群孩子体内注射了相同的制剂。没有记录显示这些作为实验对象的孩子从何而来，但他们极有可能来自孤儿院或精神病院，因为无人替这些孩子伸张权益或福利。这种情况在那个年代司空见惯，完全不存在现代的"知情同意权"一说。尼科勒记录道："当发现孩子们感染斑疹伤寒症时，我的惊恐之情无以言表；所幸，这些孩子全部康复。"

尼科勒终未研制出有效的斑疹伤寒疫苗。其后，波兰研究院的鲁道夫·斯特凡·魏格尔发明出一种技术，使疫苗大规模生产成为可能。二战时期，纳粹控制下的一所波兰实验室使魏格尔的疫苗生产技术得到运用，他们命人类"供料者"接受虱子叮咬，随后对"供料者"皮肤进行消毒，使其免于感染斑疹伤寒症，再逐一解剖感染斑疹伤寒症的虱子，将取出的虱子内脏与苯酚混合并置于溶液中稀释，再作为斑疹伤寒症的预防疫苗分三次注入人体，每次注射的剂量逐渐递增，以此唤醒人体免疫系统，循序渐进地形成抗体。

多数"供料者"是遭纳粹政权迫害的波兰知识分子，尤以凯尔采师范大学的教授群体为主。魏格尔设法援助犹太人。他暗中雇人假扮成犹太人，代替被纳粹囚禁的犹太人委身于拥挤不堪、虱虫肆虐的犹太社区。纳粹党卫军对实验室职员的管制不甚严格，他们既想为德军夺得疫苗，又不敢过于靠近实验室，唯恐感染斑疹伤寒症。魏格尔将为德军提供的疫苗加以稀释，使其效力减弱，却为犹太社区中的假扮者提供完整剂量的疫苗。

尼科勒无法找出斑疹伤寒的传播途径（因抓伤皮肤而使虱子排泄物进入人体血液），也未能成功研制出疫苗。但他依然坚忍不拔，继续研究其他传染病。他研究马耳他热——其致病菌滋生于未经巴氏杀菌的牛奶；他对猩红热、肺结核、麻疹和流感的研究，提高了人类对这些疾病的认知；牛瘟也是尼科勒的研究对象，牛瘟是一种常见于蹄类动物的致命性麻疹病毒属病毒性感染（牛瘟最终于2010年绝迹）；尼科勒还发现了引起弓形体病的寄生虫。弓形体病是一种常见的肠道感染，感染者数量约占美国人口的11%，其中无症状感染者居多。弓形虫感染者通常不会出现症状，但如果感染者的免疫系统遭到侵害，如出现HIV感染、癌症或接受免疫抑制药物时，则病原体会变得活跃并可置人于死地。

在诺贝尔奖的评选过程中，尼科勒在众多巴斯德研究所和其他机构的优秀研究人员中竞争诺贝尔委员会的认可。尼科勒翘首以盼，期待自己荣誉加身并不遗余力地争取提名。诺贝尔委员会禁止成员与科学家个人直接接触，但尼科勒不断游说自己在科学界的同事为他提名。事实上，6年之中，尼科勒共获提名13次，但始终未能入选。1928年，尼科勒接到内部消息，他得知自己获奖有望，这一次，尼科勒终如愿以偿，他因在近20年前研究的斑疹伤寒症成果而获奖。如前文所述，尼科勒在诺贝尔演讲中没有提到其他任何人的贡献。委员会之所以颁奖于尼科勒，或许是出于对他在传染病领域的毕生成果的肯定，尽管依照评选规则，诺贝尔不设终身成就奖，候选人只得凭借具体贡献获奖。尽管尼科勒独占成果的做法令人质疑，但他在传染病各领域的整体贡献突出、影响广泛，即使按照现代标准进行评判，尼科勒也当之无愧。

在医学研究之外，尼科勒对巴斯德研究所巴黎总部的运作机制及其在全球分所的影响力颇有微词。他向巴斯德研究所总负责人谏言，希望能打破禁止以营利为目的销售人类用药的传统，并提议研究所与制药商建立财务往来，将研发的炭疽病疫苗、狂犬病疫苗等投入生产。尼科勒的私人文件披露，建议巴斯德研究所营利首先是为了自己和同事的利益，研究所的利益尚在其次。尼科勒以个人名义与法国普朗克①制药公司签署协议，向普朗克公司提供原材料，供其制成疫苗和抗毒素。此后，巴斯德研究所的科学家们陆续研制出了多种疾病的疫苗，包括肺结核疫苗、黄热病疫苗、白喉疫苗、破伤风疫苗、脊髓

---

① 即罗纳-普朗克公司，系法国最大的化工公司。——译注

灰质炎疫苗和乙型肝炎疫苗等。如今，巴斯德研究所仍是非营利组织，不过，研究所确与多家制药巨头企业签订疫苗生产合约，其全部收益均用于研究所的运营。尽管如此，巴斯德研究所在一百年里曾因管理不当多次面临破产窘境。

尼科勒罔顾世俗传统，他和发妻离婚后，与一名寡妇纠缠不清，寡妇曾是他的实验室同事之妻，这位同事在实验室内患上无名疾病之后离奇死亡。尼科勒曾写过三篇小说，其中以华丽的辞藻探索哲学问题，如人类的幸福、自然的瑰丽与残酷以及梦中欲望的含义等。

尼科勒长期患有心脏疾病，颁奖典礼当日，瑞典国王为其亲授诺贝尔奖，但尼科勒却因病未能出席，所以他的获奖感言由他人代读。1934年，尼科勒在实验室进行实验时感染了鼠型斑疹伤寒症，即由鼠类携带斑疹伤寒细菌而引起的一种传染病，从而导致其心脏病情恶化。感染蔓延至心脏后，尼科勒的身体状态每况愈下。1936年，尼科勒逝世，终年70岁。

如今，斑疹伤寒疫苗已不在市面流通，原因主要有三：其一，二战后，DDT杀虫剂的大规模使用使虱子数量骤减；其二，监狱和军营中日常保持卫生并采取了防感染措施；最后一点，仅用一剂多西环素抗生素即可使斑疹伤寒症患者痊愈。但在安第斯高地和非洲布隆迪、埃塞俄比亚和卢旺达等部分地区，斑疹伤寒仍以低盛行率流行（地方性流行）。距今最近的1997年布隆迪流行性斑疹伤寒症的暴发导致布隆迪的监狱和难民营2.4万～4.5万人感染，死亡率约为3.8%。在过去的百年之中，斑疹伤寒仅流行于战争时期，由此可见，社会与政治防御之功远胜于医学防御之效。

第21章
隐藏的活力
—— 维生素的发现

1929年，克里斯蒂安·艾克曼（Christiaan Eijkman）与弗雷德里克·霍普金斯（Frederick Hopkins）二人因发现食物中隐藏的物质而共同获得诺贝尔医学奖，这些隐藏的物质后被称为维生素。这是诺贝尔医学奖史上首例被授予维生素研究的奖项，而1928年度诺贝尔化学奖得主正是维生素D的研究者。此后数年，在化学和医学领域，维生素研究获得了更多的奖项。

19世纪80年代，艾克曼以军医的身份入伍，供职于荷属印度尼西亚。首番前往印尼的途中，艾克曼感染了疟疾，随后他因病告假并被遣返回国；待到完全康复后，艾克曼重返印度尼西亚，驻扎于如今的雅加达地区。他肩负重任，荷兰政府命他在当地研究脚气病盛行且致死率高的原因。脚气病会使患者出现极度虚弱、神经麻痹、体重锐减、情绪不稳、心脏衰竭等症状并最终死亡。患病初期，神经麻痹局限于双足，随后蔓延至双腿。为弥补脚部力量的不足，患者行走时会呈跨阈步态。随后，患者手和胳膊开始受到影响。伴随着四肢麻木的发展，患者会感到肌力下降，并出现呼吸困难，双肺及一些组织出现积液。一篇报告中曾这样描述脚气病："发病于无形，病势迅猛，最终夺命。"确如其言，脚气病的发作速度极快，艾克曼曾记录过：一名士兵在早上打靶训练时尚能百步穿杨，当天夜里却因脚气病发作而一命呜呼。

　　脚气病的最早文字记录可见于18世纪，时至19世纪后半期，脚气病在印尼已屡见不鲜。脚气病一词（英文名：Beriberi）源于僧伽罗语，其中beri意为："虚弱"。脚气病多发于人口密集区，如医院、监狱、轮渡和军营等地，自由生活的当地人罹患脚气病的情况并不常见。按照当时最新的疾病细菌说，科学家提出假设，认为脚气病属于传染病，在密集环境下传染迅速。他们开始寻找脚气病致病菌或寄生虫。

　　在艾克曼之前，荷兰军医从死于脚气病的士兵血液中发现了某种细菌，艾克曼将带菌血液注入猴子和兔子体内，但两种动物均未立即发病，于是，艾克曼将实验目标转向生命周期更短的动物——鸡。他向多只小鸡体内注射带菌血液后，小鸡很快出现了脚气病的典型虚弱症状，但未经注射的小鸡同样出现了虚弱的症状。艾克曼由此推断，未经注射的小鸡是被接受注射的小鸡传染致病；于是，在第二阶段的实验中，艾克曼将两类小鸡的笼子分开放置，但结果与之前相同：所有小鸡全部感染脚气病。艾克曼调整研究方向，不再寻找感染源，显然，脚气病的成因还有其他影响因素。更加令人费解的是，患病小鸡随后全部意外康复。

　　40年后，艾克曼在诺贝尔演讲中提到，当时负责照料小鸡的实验室助手在不经意间谈论起小鸡的饲料问题：前期，助手向小鸡投喂的是军营食堂中的精米（白米）饭，但自从新人接管食堂后，新厨师认为"'平民'小鸡不应占用'军用'大米"。此后，所有小鸡开始改喂普通的"粗"米（棕米）。突然之间，研究方向发生了改变，艾克曼开始从白米中探索致病毒素。

人类种植大米的历史可追溯至公元前2500年前，食用大米的人口数量远超食用其他粮食的人口数量。后来出现的"精米"只是在糙米的基础上去掉外皮并进行细磨而已。大米外皮中含有油脂，使糙米在长期储存过程中更易变质；与之相对，精米不易腐坏，保质期更长。1870年，为提高大米产量，荷兰政府引进了一种新型大米加工设备——蒸汽式碾磨机。新方法使精米的生产速度大为提升，但生产成本却更加低廉。研磨法还使得生米的储备量减少了三分之一，大大节约了精米的储存和运输成本。一时间，精磨白米成为主流产品。

当时，一些亚洲研究人员已发现：单一食用白米是导致脚气病的罪魁祸首。世界上第一份脚气病的详细英文记载出现于锡兰（今为斯里兰卡），比艾克曼的小鸡实验提前85年问世，记录者是英国军医托马斯·克里斯蒂。克里斯蒂高度怀疑脚气病的成因在于饮食营养不足，即精米饮食中缺乏机体所需的营养。1832年，另一位驻扎于印度的英国军医也提出：脚气病是因食用精米引起的营养不良所致。1879年，在艾克曼登陆印度尼西亚前夕，荷兰海军军医范·林特观察到：如果士兵吃的是更加多样化的欧洲食物，那么当地士兵罹患脚气病的概率会大大降低。范·林特推断，单一的大米饮食会导致人体营养不良，但他未能确定缺失的营养素名称。范·林特的缺失营养素导致营养不良的观点遭到驳斥，荷兰当局坚决支持主流观念——只要人体摄入碳水化合物、脂肪及蛋白质、保证卡路里充足即完全可以满足健康所需。当时，他们对微量营养素的必要性还不了解。

艾克曼或许不知，高木兼宽博士多年前曾在日本军舰上解决过同样的问题。高木发现，与军官相比，以白米为主食的士兵患上脚气病的概率更高，他怀疑脚气病的成因在于饮食不良。这只能说明，普通士兵通常只有白米可食，而军官的餐食更具多样性。1880年，高木准确推断出：过量食用白米会导致人体营养不足，他将"缺失物质"的研究范围缩小到含氮物质。高木表示，改变单一的白米饮食，使士兵多摄入含氮食物，尤其是增加蛋白质的摄入量，可降低士兵罹患脚气病的风险。事实证明，高木的研究方向无误，士兵所缺乏的微量营养物中的确含有氮元素。日本海军接受高木的建议，为普通士兵改变饮食，从而有效解决了日本海军的脚气病问题。

与此同时，1885年，艾克曼的难题仍悬而未决，他还在尝试找出精米中的疑似毒素。在接下来的实验中，他将小鸡分成两组，一组以精米为食，另一组以糙米喂养。结果不出所料，精米饲养组的小鸡开始呈萎靡之态并逐渐死亡，而食用糙米的小鸡却安然无恙。艾克曼通过后续实验推断出，脚气病是由精米中的某种物质所致，不排除其中存在毒素的可能性，而糙米的外壳中含有某种物质可治愈脚气病，艾克曼称之为"抗神经炎因子"。艾克曼与克里斯蒂、高木兼宽和范·林特的思路不同，他没能领悟到关键营养素的问题，反而认为糙米中不仅含有和精米一样的碳水化合物，还有治疗脚气病之效。

艾克曼奉命返回荷兰后，格里特·格林斯接替艾克曼在印尼担任军医。格林斯仔细审查艾克曼的实验数据后准确推断出：精米并非有毒，而是缺少糙米外壳中含有的关键营养素——这与克里斯蒂、高木兼宽和范·林特多年前的结论如出一辙。为检验小鸡实验的结果是否适用于人类，格林斯等人向岛上的一名狱医巡视官发起求助。对101所监狱中近30万因犯进行调查后，研究者发现：以精米为主食的囚犯罹患脚气病的概率比其他囚犯高出300倍。格林斯提议为囚犯变更饮食结构，但未被采纳。然而，易感人群不只包括狱中人员。学校、孤儿院、医院、矿营、农场和军营等场所皆采用精米饮食结构，都是脚气病的高发场所。尽管如此，这些事实基本没有得到认可。

约莫12年后，举世闻名的苏格兰医生万巴德于1898年记录下英属印度境内脚气病患者的惨状：

"……他们如同被钉在床上一般，莫说是手臂，连一根手指都动弹不得。有的患者全身萎缩（日渐消瘦），瘦骨嶙峋；有的患者呈浮肿之态（体内积水，出现肿胀）；有些过于浮肿的患者，甚至无法辨别出其肌肉是否已开始萎缩。"[1]

万巴德被誉为"热带医学之父"，他认为脚气病不外乎是尚未解开的"热带病谜团"之一，是一种"性质未定的疾病"。

此后20年间，科学家在脚气病与精米的关系问题上得出一致结论：中国、菲律宾、英属印度、暹罗（今泰国）、法属中南半岛（今越南）等完全以白米为主食的国家深受脚气病的影

---

[1] 摘自《英属印度和"脚气问题"，1798—1942》(British India and the "beriberi problem", 1798—1942)，作者大卫·阿诺德（D. Arnold），刊登于《医学史》（Medical History）杂志，2010年6月刊第54（3）期，第295～314页。

响。在上述地区中，欧洲占领者同样引进自动研磨技术替代传统的大米制备方法，因为白米更具储存优势、运输成本低廉。

1910年，日本研究者铃木梅太郎从大米外壳中提取出维生素B_1并证明：维生素B_1正是25年前令艾克曼捉摸不透的"抗神经炎因子"，也是高木兼宽早期提出的关键性含氮营养素。铃木将这种物质命名为"硫胺酸"（英文名：aberic acid，其中a源于"抵抗（against）"，beric义为"虚弱"）。如果饮食中缺乏维生素B_1，则机体神经难以正常运作并会迅速退化。铃木在一家日本医学期刊上发表了自己的成果，然而，当铃木的论文转载至德国期刊时，由于翻译者不了解维生素B_1（硫胺酸）正是新发现的隐藏营养素，所以翻译版的论文中缺失了这一信息。同年，新近成立的专业组织——远东热带医学会正式向各国政府首脑提出饮食建议：以精米为主的饮食结构应加以拓展补充，医学会后又提议用糙米替换饮食中的大米。

该建议并未引起所有国家的注意，未及时采取措施的国家白白损失了数百万条国民性命。1913年，据洛克菲勒基金会国际健康部的一名研究员估计，东方国家每年约有10万人死于脚气病。时至1930年，一位印度公共卫生专员在一份脚气病报告中，仍只字未提维生素，反而着眼于稻田土壤中可能存在的毒素问题。

1911年，波兰生物化学家卡西米尔·冯克也把目光聚焦于大米外皮，试图找出某种抗神经炎因子，他对铃木在前一年发现硫胺酸一事毫不知情。冯克分离出了一种新物质：烟酸，他用新造词"维生素"（英文名：vitamine，其中vit意为"生命"，amine意为"含氮复合物"）为新物质命名。按照定义，维生素是人体所需的外来物质，人体内部无法自行生成维生素。事实上，烟酸虽为重要营养素，但它另有他用，无法防治脚气病。令人感到讽刺的是，现代人发现，烟酸甚至不是严格意义上的维生素，因为人体可借助氨基酸中的色氨酸生成烟酸。但普罗大众仍把烟酸视为维生素，它依然混迹于其他B群维生素之中，被当作同类出售。

1910年，铃木发现硫胺酸，直到1935年，该营养素的完整结构才得以明晰，此时距离艾克曼荣获诺贝尔奖已有7年时光，距离艾克曼发现精米与糙米的区别已有50年之久。

自1914年起至1929年最终获奖时，艾克曼曾数次荣获诺贝尔奖提名。举行颁奖典礼时，艾克曼已病入膏肓，无法出席；翌年，艾克曼去世，终年72岁。他既没有承袭前辈的正确推论——脚气病是由缺乏关键营养素所致，也不是真正的维生素发现者——早在艾克曼进行小鸡实验前5年间，高木通过仔细观察后发现脚气病的起因在于营养不良，所缺乏的关键营养素是含氮物质；而铃木则是维生素的真正发现者。若此疏忽发生在19世纪80年代间，尚能情有可原，但在1929年颁奖时，真相几乎已是尽人皆知。1936年，铃木的日本同事曾提名他为诺贝尔奖候选人，但铃木最终未能入选；直到1987年，诺贝尔医学奖中才出现日本人的身影。如今，硫胺酸被称为维生素B_1，它是人类最早发现的B族维生素，人们现在会在精米中例行加入硫胺酸以预防脚气病。

1929年的另一位获奖者是英国医生弗雷德里克·霍普金斯，他最初学习的专业是化学。霍普金斯是新生领域"生物化学"界的领军人物，生物化学主要研究生物体中的化学进程。

霍普金斯与艾克曼共处同一时期，他的获奖成就同样是几十年前的研究成果。他在诺贝尔演讲中反思人类在19世纪晚期的营养理念：所谓营养，无非是能量摄入与能量输出的问题，只要摄入一定数量的卡路里，就能保证正常的人体功能运转。倘若认可这种简单的单一理论，则营养学领域的研究也不过价值寥寥了。但即便是在那个年代，亦有充分证据证明：无论对象是人类还是动物，这套简单的理论均无法支撑当时的生物体实验。举例来说，1881年，有科学家将老鼠分为两组，其中一组以普通牛奶为食，另一组则单独食用牛奶中的各类营养成分（碳水化合物、蛋白质和脂肪）。以营养成分为食的老鼠未能幸存，而食用普通牛奶的老鼠仍生龙活虎。科学家由此推论：虽然人体需要充足的卡路里，但仅保证卡路里的摄入不足以维系生命。25年后，1906—1907年间，霍普金斯再度进行牛奶成分的投喂实验，与前辈的不同之处在于他将实验对象从小白鼠换为与人类生理构造更为相似的大白鼠，最终，霍普金斯凭借这项实验与艾克曼共同荣获诺贝尔奖。霍普金斯的实验极为严谨，他采用样本量充足的对照组，精确测定幸存组老鼠的增长率和死亡组老鼠的下降率。

结论不言而喻，生物体需要微量化合物，其意义并不在于能量供给。换言之，无论摄入多少卡路里，若想维持机体健康，则这些微量营养素不可或缺。1911年，科学家一致同意使用卡西米尔·冯克创造的"维生素"一词命名这些微量营养素。（很多文章称冯克为维生素发现者，该说法有误。）

1929年，霍普金斯在诺贝尔演讲中说道："如今再看，人类的营养需求多种多样，实在令人惊叹。"霍普金斯与艾克曼虽已问鼎世界医学领域的顶级荣誉，成为维生素研究领域的首项诺贝尔奖得主，但二人皆未真正发现任何一种维生素。霍普金斯谦称，两人的成就都得益于很多其他工作者的贡献。他在诺贝尔演讲中自问自答："维生素的发现者是为何人？这个问题没有明确的答案。"随后，霍普金斯澄清道，卡西米尔·冯克并非维生素的发现者，冯克曾公开蔑视霍普金斯的维生素研究成果，霍普金斯则在演讲中对其反唇相讥，这种利用诺贝尔演讲公开反击同事的行为实属罕见。

维生素领域的首例诺贝尔奖之争是由诺贝尔奖的人为规定所致，根据规则，只有个人可获提名，而且，同一奖项至多可由三人共享（或由个人代表组织接受提名）。区区一个诺贝尔奖实在难以承载来自世界各国不同机构的众多维生素研究者的贡献。

霍普金斯曾有很多其他重大发现，其中包括分解出了一种氨基酸——色氨酸。色氨酸是人体中重要的神经递质——5-羟色胺和烟酸的前体，而人体可通过摄入含色氨酸食物合成烟酸，故烟酸不属于维生素。色氨酸与维生素一样为人体生命所需，但人体不能自主合成色氨酸，色氨酸被称为人体的"必需氨基酸"。霍普金斯还是谷胱甘肽的发现者，现代人认为，谷胱甘肽是人体内最有效的抗氧化物，它可保护细胞免受代谢副产物和摄入的有害物质的损害。

第22章
拯救众生的血型
—— 血型与安全输血

1930年，卡尔·兰德斯坦纳（Karl Landsteiner）因发现A、B、O三种主要血型、实现安全输血而荣获诺贝尔生理学或医学奖。兰德斯坦纳是维也纳大学的又一位诺贝尔奖得主（另有巴拉尼与瓦格纳-尧雷格），起初，他以学生的身份在维也纳大学学习，19世纪晚期，兰德斯坦纳开始在维也纳大学任职。

人类的输血史可追溯至18世纪，但接受输血的患者常出现严重反应，命丧黄泉者屡见不鲜，很多患者死前会出现复杂的反应，包括：发热、寒战、肌肉疼痛、恶心、胸痛、腹痛、背痛、小便出血以及黄疸等症状。

卡尔·兰德斯坦纳在发表于1900年的一篇论文中写下这样一条脚注："健康人类的血清不仅会与动物的红细胞发生凝集，也会与其他人类个体的血液发生凝集。"兰德斯坦纳观察到，如果将捐赠者血液与患者血液在试管中混合，有时二者的血细胞会凝聚，有时则不会。此过程被称为凝集反应。1901年，兰德斯坦纳以自己和实验室其他五名医生为对象进行实验时发现：自己的血液样本与他人血液混合后毫无反应；其中两名医生的血液样本彼此混合后同样未发生反应，但当其中混入第三名及第四名医生的样本后，血液出现凝集；而剩余两名实验对象（其中包括兰德斯坦纳）的血液样本与先前四位医生的样本分别混合后均未出现凝集反应；但其他新增的血液样本仍会与兰德斯坦纳二人组的血液发生凝集。兰德斯坦纳将上述混乱的结果拟成表格后恍然大悟：问题的症结在于人体免疫系统会排斥异"型"血液。兰德斯坦纳得出结论，他认为每个人都有特定类型的红细胞，他将其中一种定为"A"型，另一种定为"B"型，不会与其他人血液出现凝集的血型定为"O"型。此外，他还提出，A型血血清中的某种物质会与B型血细胞发生凝集，而B型血的血清会与A型血细胞发生凝集。

兰德斯坦纳认为这些凝集因素属于一种抗体，"抗体"一词是由诺贝尔奖得主保罗·埃尔利希于1891年创造的术语。换言之，A型血人士可接受另一位A型血人士的血液，但A型血中的抗体会破坏B型血中的细胞。同理，B型血人士可接纳B型血，但若遇到A型血细胞则会产生抗体反应。O型血人士的血清会与A型血细胞和B型血细胞发生凝集，因此O型血人士只能接受其他O型血人士的血液，但A型血人士和B型血人士却可接受O型血捐赠者的血液。O型血的红细胞表面光滑无物，因此不会与A型血清和B型血清发生任何反应。O型血人士被称为"万能供血者"，任何人都可接受他们的血液且不会产生抗体反应。这便解释了先前的输血案例中尚有幸存者的问题：全凭运气——捐赠者的血型恰巧与患者相配，或捐赠者为O型血。

兰德斯坦纳在1901年的论文中总结研究结果：

"……经过对多位健康人士的观察，我发现了不同血液中的血清及红细胞的特征差异……"且"……文中观察所述或将有助于解释临床输血的不同后果。"①

　　翌年，兰德斯坦纳的一位同事发现了第四种血型：可接受A型血、B型血和O型血的AB型血人士，但其血液只能输出给其他AB型血人士。因此AB型血人士又被称为"全适受血者"——可安全接受其他任何血型的输血。

　　兰德斯坦纳提出这一里程碑式成果之初，科学界的反响不温不火。1908年的诺贝尔生理学或医学奖得主保罗·埃尔利希曾质疑该成果的意义，认为它毫无实用价值，因为"正常情况下，人体内的血液循环没有机会与外物接触"。事实上，连兰德斯坦纳本人也没有完全领悟到这一发现对于治病救人的意义，他只是谦虚地表示，希望自己的观察可以有助于解释不同输血案例结果的差异性。

　　兰德斯坦纳和其他研究者通过多次深入研究证明：血型分类适用于所有人群，在此之前，血型的研究成果未应用于任何实践之中。1909年前后，血型匹配成为医院的常规检查，但事实证明，血型并非导致血液凝结并使患者出现高烧、寒战等症状的唯一原因。即使是血型相配的血液也常出现凝集现象，采血容器或导血管中的血液也偶有凝结的情况发生。输血时，医生用输血管将患者静脉与献血者动脉直接相连，使血液在人工环境中的暴露程度降至最低，从而部分解决了血液凝集的问题。但这项操作对外科技术要求颇高，不适用于日常输血，更何况即便如此，仍有很多患者因血液凝结而死。人们尝试使用

---

① 摘自《维也纳帝国皇家医师协会》（*The Royal and Imperial Society of Physicians in Vienna*），兰德斯坦纳著述，刊登自《维也纳临床医学周刊》（*Wiener Klinische Wochenschrift*）1901年11月14日。

玻璃容器和玻璃导管代替橡胶管进行操作，结果无功而返。在那个年代，输血设备均为重复、交替使用，人们终于发现，如使用经三蒸水彻底清洁的输血设备，则接受输血的患者出现寒战、高烧的概率会降低为原来的十分之一左右。直至1914年，人们才开始在采集的血液中加入微小剂量的柠檬酸钠（可防止血液凝结的一种简单化学品）。柠檬酸钠被沿用至今，用以防止储血凝结成巨大血块。人们终于理解了受血者和献血者之间血型匹配的必要性，再加之使用柠檬酸钠防止血液凝结的方法，输血操作变得更加便利、快捷又相对安全。

兰德斯坦纳和其他学者继续深入研究后发现：A、B、O型只是主要血型，若想提高输血匹配精度，还应检测出更多次要血型。多年以后，兰德斯坦纳与共同研究者（亚历山大·韦纳）发现：新生儿产后不久偶有罹患严重贫血的原因在于与红细胞有关的另外一种抗体——猕猴因子。

与很多早期诺贝尔奖得主一样，卡尔·兰德斯坦纳的研究涉足甚广。他识别出可使人出现致命过敏反应的活性蛋白；他发现梅毒螺旋体在暗视野显微镜下更加清晰可见，从而发现使用黑色背景更利于观察浅色细菌；他还参与了小儿麻痹症的实验并提出：小儿麻痹症的传播媒介存在于患者的脊髓之中，后来，人们发现这种疾病是由脊髓灰质炎病毒所致。

兰德斯坦纳出生于维也纳城外的犹太家庭。他年仅6岁时，父亲过世。年至21岁时，兰德斯坦纳随母亲转信天主教。他由母亲一手带大，成年后依然与母亲同住，直至1908年母亲去世，8年后兰德斯坦纳才结婚。根据诺贝尔奖网站上的生平记载，兰德斯坦纳家中始终挂有母亲的死亡面具。在19世纪的欧洲，制作死亡面具是一种怪异的潮流，人们对已故者的面部进行铸型，从而留存下逝者的遗容，留作珍贵纪念。死亡面具的历史至少可追溯至古埃及时期，彼得大帝、贝多芬、斯大林和尼古拉·特斯拉都存有此类面具。

　　犹太人在奥地利的足迹最早可见于12世纪。15世纪初，阿尔布雷特五世正式下令消灭犹太人。时至19世纪，奥地利国内对犹太人的抵制有所减缓。在卡尔·兰德斯坦纳出生的前一年，奥地利1867年的修订宪法中规定：允许犹太人在奥地利居住并进行宗教活动。此后45年间，奥地利边境邻国间战事连连，加之第一次世界大战紧随其后，促使奥地利国内的犹太族难民人数激增，进而导致国民反犹太情绪高涨。1916年，俄国社会主义革命在即，当时的基督教社会主义①党派称奥地利犹太人为"布尔什维克的威胁者"。1918年，第一次世界大战刚刚落下帷幕，基督教社会主义人士便督促德国与奥地利人民"采取果断的防御行动应对犹太人的威胁"，同时，与奥地利相邻的德国境内也公然兴起反犹太主义之风。1919年，奥地利被纳入德意志-奥地利共和国，许多有钱的犹太人决定逃离奥地利。兰德斯坦纳先逃往荷兰，后又转至美国，他在洛克菲勒研究所寻得庇护，继续进行研究。

　　据报道称，即使是生活在相对安全的美国，兰德斯坦纳仍惶惶不可终日，担心会被纳粹抓住，并因其犹太身份而遭受迫害。20世纪30年代，他提请强制令，要求把自己从《美国犹太族名人录》中除名，理由如下：

---

① 基督教社会主义（Christian Socialism），19世纪中叶欧美教会人士把基督教的社会原则运用到现代工业生活的思潮或运动。

　　"此事于我不利……关于公开强调本人先祖的宗教信仰一事，首先，这是为了方便起见；其次，如家中任何一位成员因此承受精神创伤、痛苦折磨，实非本人所愿……我的儿子才19岁，他从不知晓自己是犹太人的后裔。此书即将面世，本人十分确信，如犬子看见，书中内容定令他惊恐万状，甚至可能为此受到羞辱。"①

　　考虑到当时的政治气候，兰德斯坦纳并非杞人忧天。有充分的文字证据表明，兰德斯坦纳的雇主——洛克菲勒研究所始终出资支持德国的优生项目。1929年，洛克菲勒研究所出资成立威廉皇帝学会脑科学研究所，并持续大力资助其研究直至20世纪30年代，该研究所的负责人——恩斯特·鲁丁——同时还是希特勒的种族灭绝计划中的精神科的头目。鲁丁提倡通过"个人意志与政府强权"消除社会无用人士。鲁丁大力支持纳粹党屠杀犹太人、吉卜赛人、精神病患者的计划，被屠杀者甚至包括被定义为疯子、酒鬼、痴呆患者、癫痫患者或患有其他精神病的人群，还有战俘以及其他政治异党；希特勒曾亲授鲁丁德意志雄鹰勋章以表彰他为纳粹的屠杀计划提供伪科学理论。洛克菲勒研究所最臭名昭著的投资项目是为奥特马·弗赖赫尔·冯·费许尔成立实验室，约瑟夫·门格勒在成为千夫所指的奥斯威辛死亡集中营"医师"前曾就职于此。1912年的诺贝尔奖得主、著名科学家亚历克西·卡雷尔曾与兰德斯坦纳同期供职于洛克菲勒研究所，卡雷尔亦是优生学的公开支持者。

① 引自《近代犹太史历程》（*The Course of Modern Jewish History*）一书，作者霍华德·莫利·萨查尔（Howard M. Sacher），1958年兰登书屋出版。

1935年，卡雷尔在自己的著作《人的奥秘》中提倡使用毒气室有效处决社会无用人群，几年后，该方法即为纳粹德国所用。

1938年3月，德奥合并（奥地利正式并入德国）后，维也纳的犹太人开始经历公开、全面的暴行。洛克菲勒研究所虽大力支持德国的优生项目，但又同时出资为遭受政治迫害的科学家（多为犹太人）开展援救计划；20世纪30年代，洛克菲勒首先设立被解雇学者特殊研究援助基金，又于1945年设立欧洲学者紧急援助项目。20世纪40年代，维也纳城中的多数犹太人沦为大屠杀的受害者。而兰德斯坦纳在美国的庇佑之下于1943年辞世。

若将阿尔伯特·爱因斯坦称为20世纪举世无双的物理学家，那么在生物医学界，又有谁能担此盛名？为了寻得答案，一位医史学家针对1912—1966年间24位诺贝尔生理学或医学奖得主（爱因斯坦的同期学者）的成就进行分析研究。其评判标准有三：一、在多个学科中的影响；二、对人类认知的革命性改变；三、对人类生活的深远影响。综上所述，这位史学家认为能与爱因斯坦的发现成果比肩的唯有卡尔·兰德斯坦纳发现人体血型的研究成就。

兰德斯坦纳研究的影响力同样延伸至诸多生物医学领域，如免疫化学、医学人类学、法医学、遗传学和病理学等。

第23章
一位低调人士的卓越影响力
——细胞呼吸及瓦氏效应

　　1931年，奥托·瓦尔堡（Otto Warburg）因准确发现细胞利用氧气分解有机物并释放能量的生化反应而荣获诺贝尔生理学或医学奖。瓦尔堡是一位德国生物化学研究学者，同时也是一位医生。他出身名门，早在14世纪，瓦尔堡家族即凭借银行家的身份立足于威尼斯。威尼斯当权者开始限制犹太人的银行业务活动时，瓦尔堡家族将银行业务搬迁至博洛尼亚，之后迁往德国，瓦尔堡家族在德国设立瓦尔堡市并继续经营银行业务。不断壮大的家族成员开始进军科学界、艺术界、医学界还有政治界等领域。身在德国的瓦尔堡家族后辈逐渐弃用传统的犹太人名，如摩西、亚伯拉罕等，转而选用典型的德国人名，如西格蒙德、费利克斯和奥托等。奥托·瓦尔堡的父亲从犹太教转信基督新教，与一位非犹太族德国女士结为伉俪，这种情形在19世纪的德国十分常见。

　　奥托·瓦尔堡专注于实验室研究，从不接触病人进行医学实践。唯有一次例外：一战期间，奥托自愿入伍，在德军营中担任军医。他在执行任务时受伤，被德军授予铁十字勋章并获准返回实验室继续研究。与同时期的其他科学家不同，他不为学术地位所动，也不愿额外花时间进行教学工作，因为这两类工作会迫使他离开自己挚爱的实验室。他遵从母亲的建议，终身未婚，母亲曾警告奥托，结婚会令他难以专注于科学追求。母亲为他安排了一名年轻能干的男性私人助理，两人相伴同住，直至奥托逝世。

瓦尔堡最初的研究兴趣在于发掘细胞获取能量的方式、探索细胞赖以生存与生长的物质条件。一般来说，细胞层面的化学反应难以用肉眼观测，于是，奥托不得不颠覆传统，开发新型生物化学研究方法，其中许多方法被人们沿用至今。奥托在早期研究中发现，动物（包括人体）中的血红蛋白和植物中的叶绿素高度相似。叶绿素分子是以镁元素为中心的复杂环状结构，血红蛋白的环状结构几乎与之完全相同，只是其中心为铁元素。植物利用叶绿素消耗体内的二氧化碳，再向空气中释放氧气；动物则利用血红蛋白运输氧气，最终将二氧化碳释放出体外。

瓦尔堡的获奖成果是他在多年之前的研究课题，即细胞消耗氧气并利用氧气制造能量、最终释放出残余二氧化碳的过程。此过程也被可称为：细胞的呼吸方式，因其与人体肺部的运作方式极为相似，故在学术上被命名为"细胞呼吸"。之后，瓦尔堡开始主攻癌细胞与普通细胞的代谢差异研究。为获得实验所需的细胞并测量其极快的、细微的细胞化学反应，瓦尔堡须再度研发新技术。

瓦尔堡率先证明：正常细胞通过消耗氧气获取能量，而癌细胞则通过消耗糖类获取能量，其释放的糖类代谢产物为乳酸。他注意到，酸性环境可促使癌细胞飞速生长。最重要的一点是，即使周围存在氧气，癌细胞仍会选择消耗糖类实现代谢。当氧气含量低于常值时，癌细胞对糖类的消耗量随之增加；当氧气断绝后，癌细胞为获取能量，会最大限度地消耗糖类。人们后来将这种现象称为：瓦氏效应。瓦尔堡提出推论：癌细胞的呼吸机制存在异常之处，即使环境中氧气充足，癌细胞仍偏向于消耗糖类。他提出假说：癌细胞的呼吸缺陷是造成癌症的主要原因。1931年，瓦尔堡公开发表癌细胞呼吸的有关研究成果，同年，他被授予诺贝尔生理学或医学奖。

瓦尔堡发表成果之时，恰逢科学界人士争相研究癌症的起因。事实上，瓦尔堡获奖前曾获提名49次，他曾被定为1926年度诺贝尔生理学或医学奖候选人，但最后，该年度奖项还是落入约翰尼斯·菲比格之手，理由是菲比格发现"胃癌的成因在于寄生虫感染"，这一结论后被证明有误。委员会认为瓦尔堡的癌症理论颇具争议，因此，他被授予诺贝尔奖的理由是"发现正常细胞的呼吸机制"。

瓦尔堡在余生中钻研癌细胞吸收糖而不是氧气的缺陷问题。他逐一研究了辐射、食品添加剂、营养不足、烟草及其他污染物的促癌作用，又着重研究营养不良的影响。在1931年的诺贝尔颁奖典礼影像中，镜头捕捉到瓦尔堡吸烟的一幕，但时隔不久，瓦尔堡转而提倡禁烟；为确保自身摄入洁净食物，他始终持有私人种植园。瓦尔堡协助其他科学家证明了多种毒性物质的致癌性，但他认为，诸如此类的研究，分散了自己攻克主课题的注意力，他应专注于找出正常的细胞呼吸遭到破坏并以糖代谢取代氧代谢的原因所在。

最初，瓦尔堡在威廉皇帝科学研究所的专用生物实验室是由德国政府全力资助。瓦尔堡荣获诺贝尔奖时，洛克菲勒基金会在威廉皇帝科学研究所出资成立了两所新实验室，瓦尔堡被任命为新成立的细胞生物学实验室领头人。1933年4月，希特勒当选纳粹党元首两个月之后，新出台的公务员法规定：禁止犹太人供职于政府资助单位。威廉皇帝科学研究所中的犹太族科学家被尽数开除，但奥托·瓦尔堡和几位领头人得以幸免。此时，瓦尔堡已跻身成为世界一流的著名科学家，他勤于科研，兢兢业业，公开发表论文207篇，并出版了两本书。

1937年，研究所其他部门正在积极地"研究"保持种族净化和大屠杀之法，显然，研究所董事会完全知悉此事，洛克菲勒研究所亦投入了一部分研究资金。奥托·瓦尔堡的一位远房亲戚——马克斯·瓦尔堡被迫从董事会卸任，如多数瓦尔堡家族成员一般逃离德国。但奥托依然毫发无伤，也未曾尝试离开德国。1941年，奥托遭到解雇，但三周之后，在希特勒领导的德国总理府干预下，奥托很快官复原职。盖世太保的组建者兼国会议长赫尔曼·戈林为奥托·瓦尔堡"重新评估"祖籍，他认为奥托仅有四分之一的犹太血统，故此可以继续担任原职。有史学家推测，这次离奇的干预，其根本原因可能是：世人皆知，希特勒对癌症极度恐惧。

奥托·瓦尔堡继续坚守在实验室，在相对安全的情况下，他保持着高效的研究产出。自1934年起，直至二战结束，瓦尔堡新发表的科研论文共计105篇。他的工作从未间断，直至苏军登陆后，瓦尔堡被迫暂时迁至柏林城外。战争结束后，人们强烈谴责奥托·瓦尔堡在希特勒当政时期仍卖力工作的行为。但奥托从未被控战争罪，他没有实施过人体实验，也不曾参与任何不道德的研究活动。事实表明，德意志国①未曾从奥托的研究成果中获得任何益处。身在德国的瓦尔堡家族成员中，至少有三人丧命于集中营。

战后一段时间内，瓦尔堡在国际领域内遭到其他科学家的冷眼相待，但科学界对瓦尔堡研究成就的兴趣，令他们很快摒弃了内心的成见。往届诺贝尔奖得主频频前往德国造访奥托·瓦尔堡的实验室，还有世界一流学者对瓦尔堡的理论进行补充和拓展。瓦尔堡在业内享有盛誉，以至于他的后期研究成果曾两度再获诺贝尔奖提名，1944年，瓦尔堡获得生理学或医学奖提名，1960年又获化学奖提名。他后来又出版了3本书并发表了191篇科研论文。

即使政治环境不允许，瓦尔堡依然全心捍卫科研准则。举例而言，20世纪60年代中期，瓦尔堡曾公开发声，维护德国癌症医生约瑟夫·伊塞尔斯博士，伊塞尔斯曾因其整合疗法被誉为"整合医学之父"。一些身患绝症的癌症患者在他的新派治疗中不幸身亡，德国保守医学派为此激烈地攻击伊塞尔斯，他被高级法院判为过失杀人罪。瓦尔堡主动提请为伊塞尔斯做证，但随后法庭判决结果有变，瓦尔堡的证词也无关紧要了。

瓦尔堡坚称，癌症的主要原因在于癌细胞的呼吸缺陷，为此他饱受争议。1970年，在他去世当年，瓦尔堡在最后一篇公开论述中提出：癌细胞的呼吸方式转变是因为细胞环境中缺乏氧气或维生素B_1（硫胺素），他提倡使用维生素治疗癌症。即使批判声不断，后人对癌症的研究仍很大程度上有赖于瓦尔堡的成果。若要衡量一位科学家对世界科学进步的贡献，其中一

————————
① 1871—1943年间德国的正式国号。——译注

个可靠指标是：他的论文著述在医学期刊上的被引用次数。瓦
尔堡过世后的40年间，他的论文在现代科研出版物中的引用率
几乎呈指数级增长之势。

第24章
大脑非思想
——神经功能

1932年，查尔斯·斯科特·谢灵顿爵士（Sir Charles Scott Sherrington）和埃德加·道格拉斯·阿德里安（Edgar Douglas Adrian）因发现神经功能的相关成果而被共同授予诺贝尔生理学或医学奖。

1857年，谢灵顿出生于伦敦，大部分时间在英国工作，但有一小段时间，他曾前往德国研究霍乱，在1905年度诺贝尔奖得主罗伯特·科赫手下工作。

19世纪90年代晚期，谢灵顿主导的实验彻底改变了人们对神经功能的认知理解。在此之前，人们认为每条神经只能在单独的"反射弧"中被激活，每个刺激信号只能激活单一神经，从而使某块肌肉单独活动。但谢灵顿证明，每条神经被激活时，与之对应的反作用神经会遭到抑制。举例而言，当二头肌的收缩神经被激活时，抑制三头肌的神经同样被激活，因为只有在三头肌处于放松状态时，二头肌才能实现收缩。众多学界前辈的研究成果为谢灵顿的发现奠定了基础，其中包括1906年度诺贝尔生理学或医学奖得主拉蒙-卡哈尔所绘制的神经细节图和卡米洛·高尔基的神经染色法。

1906年，谢灵顿发表拓展研究论文，展开论述"不同神经之间交互协作"的概念，从而进一步革新了人们对大脑及神经的陈旧观念。谢灵顿指出，周围神经、脊髓和大脑共同组成一个复杂的交互工作系统（即"综合神经系统"），其中包含复杂的神经刺激及神经抑制模式。谢灵顿将感官渠道分为三类。第一类是神经末梢，可感知外界环境中的光、声音、气味和触觉；第二类是口腔、肠胃和肺部等部位的周围神经，可感知人体内部机制的反应，如味觉、呼吸、饥饿感、心率和排便需求等；第三类是使人体对抗重力、保持直立姿态并感知身体部位位置的神经末梢。谢灵顿率先制出皮肤感官神经的精准分布图。举例而言，拇指的感知神经位于人体第六颈椎节外的神经分支，食指和中指的感知神经位于第七节颈椎处，无名指和小手指的感知神经则位于第八节颈椎处。每位医学生都会将这张分布图牢记于心。人们利用谢灵顿的发现成果改进了受损神经的康复方法，提升了脑外科手术的精度，但当时的脑外科手术风险依然居高不下。

为描述不同神经之间的连接，谢灵顿创造了术语"突触"（synapse，源于希腊语，其中syn义为"共同"，hapsis义为"连接"）。很多其他学者在此起步，开始研究神经刺激如何越过突触间隙。其中，"电突触派"学者认为刺激信号借助于电荷进行传递，而"化学突触派"学者则认为神经刺激的递质是化学物质，两派学者各执己见。1936年，两位"化学突触派"学者（勒维和戴尔）因发现第一种化学神经递质而荣获诺贝尔生理学或医学奖。

随着一战的到来，谢灵顿的实验室工作遭到严重影响。彼时，谢灵顿已57岁，不宜参战，因此他前往军工厂，一周七天不间断地工作，如此持续三个月，这段经历令他亲身体验到什么是"工业疲劳"。1916年，他向牛津大学提议录取女学生进入医学院就读。牛津大学创立于1100年左右。19世纪70年代，女性虽已获准在牛津大学学习，却无法在毕业时取得学历证书。直至1920年，牛津大学才开始向女性授予毕业证书且该规定具有追溯效力——所有先前修满全科并通过考试的女性学生均可返回牛津大学获取正式学位。

研究神经与大脑必然无法回避大脑与思想的关系问题。很多谢灵顿的同辈科学家试图以自然科学解答诸如"人类如何思考及了解自己"等哲学的永恒问题。他们试图找出名为"思想"的特殊能量形式，力证思想是人类大脑中的一种物质存在。谢灵顿就此议题发表了大量的著述。1933年，谢灵顿在剑桥大学发表题为"大脑及其代谢"的演讲，他在演讲中否认了"套用生理学经验进行心理学研究的科学性"。谢灵顿认为，人类无法在大脑中寻得思想的实物。他在《人的本性》（*Man on His Nature*，1940）一书中详细剖析了人类的大脑组成及功能并得出结论：大脑绝非思想本身。谢灵顿写道："作为自然科学的崇尚者，我们只知大脑与思想在时空范围内大致相关，却无法断定二者之间的其他关系。"而且，"（思想）如幽灵般游走于人类的真实世界中，虚无缥缈……它无影无形，甚至无法称之为物体"[1]。

---

[1] 摘自《人的本性：爱丁堡吉福德讲座演讲稿》（*Man on His Nature: The Gifford lectures, Edinburgh*, 1937），查尔斯·谢灵顿爵士著，剑桥大学出版社，1951年第2版。

　　谢灵顿未发现人类性格、详细记忆以及逻辑、伦理、信仰等细微方面对应的大脑物理构造或脑部分区。面对思想的未解之谜，他安之若素，他在《人与自然》书中坦言："我们不得不承认，有关大脑与思想的关系问题，如今不仅悬而未决，而且无从下手。"①

　　无实体的思想与有实体的大脑同在，却不是大脑的组成部分，谢灵顿坦然接受这一事实。他在1947年出版的《神经系统的综合作用》（*The Integrative Action of the Nervous System*）前言中写道："人的生命由两大基础要素（生理和心理）构成，如果认为我们只依赖其中一个要素，这是绝不可能的。"②

　　在谢灵顿的年代，人们对大脑及神经系统的运作方式的研究课题兴趣浓厚，大量最新成果不断涌现。谢灵顿博士的观点得到了同时期许多知名神经生理学家的认可。约翰·埃克尔斯爵士曾师从谢灵顿，1966年，埃克尔斯因神经突触的研究成果而荣获诺贝尔奖。埃克尔斯曾广泛论述大脑与思想的差异。在《人类个体如何控制大脑》（*How the Self Controls Its Brain*）一书中，埃克尔斯将基础控制力描述为"我"，即自我感知，它不是由能量组成的，但是可以影响能量和物质。谢灵顿的另一位同事——世界知名神经生理学家怀尔德·潘菲尔德博士曾以寻找人类灵魂为目的，深入研究大脑的运作机制，最终得出结论："大脑如一台计算机，但其编程者却身在其

① 摘自《人的本性：爱丁堡吉福德讲座演讲稿》。
② 摘自《神经系统的整合作用》（*The Integrative Action of the Nervous System*），查尔斯·斯科特·谢灵顿著，Forgotten Books出版社，2016年经典再版。

外。"①当代神经生理学家弗朗西斯·马丁·劳斯·沃尔什对这个问题的认知更为透彻，他直言："人类的奇妙之处与庄严神圣远非科学能洞悉。"沃尔什说："迫不得已，他们（医生）把视线聚焦于最为独特的个体——人类自身，仅凭科学尚不足以阐释人的特别之处。"②

谢灵顿博士在世95年，他一生豁达乐观，广受赞誉，在漫长的职业生涯中，谢灵顿共被授予90项荣誉学位及奖学金，研究成果产出无数。

1932年的另一位获奖者是英国神经生理学家埃德加·道格拉斯·艾德里安。他的前任导师基思·卢卡斯在一战飞行训练时遇难，艾德里安随后接管卢卡斯的实验室。他承继了卢卡斯的神经冲动研究课题。神经冲动极其微小——电压大小仅以微伏计算，持续时间只有几毫秒，测量难度极大。为此，艾德里安将单个神经与阴极射线管（与老式电视机中的配置相同）相连，放大神经冲动，再用微型仪器检测电压。他能够将受压力、触碰和温度影响的神经冲动成功放大至5 000倍。艾德里安采用同样的方法测量了经由大脑返回并最终引起肌肉运动的神经冲动。

艾德里安观察到，感觉神经细胞会释放出一系列冲动信号。每条神经纤维中的神经冲动大小恒定不变：刺激越强，

① 引自《思想之谜：关于人脑与意识的批判性研究》（*Mystery of the Mind: A Critical Study of Consciousness and the Human Brain*），怀尔德·潘菲尔德（Wilder Penfield）著，普林斯顿大学出版社，1975年版。

② 出自《关于思想等同于大脑的思考》（*Thoughts Upon the Equation of Mind With Brain*），弗朗西斯·马丁·劳斯·沃尔什（F.M.R. Walshe）发表于《大脑》期刊，1953年3月1日第76卷第1期。

其释放的神经冲动起始频率越高。艾德里安证明，一旦皮肤接收到固定强度的刺激，神经冲动随即产生，且神经冲动的频率（以秒为单位进行计算）会随着刺激的增强而提高。举例而言，假设手指遭到挤压时的神经冲动频率为10次每秒，大脑接收到频率信息后判定其为"疼痛"；而当挤压强度升级，神经冲动的频率上升为50次每秒，则大脑会因神经冲动的频率升高而将此信息判定为"强烈疼痛"。艾德里安发现，传递感觉的神经冲动初始强度是固定不变的，但随着神经冲动持续发生，其频率开始下降并导致大脑的感觉开始减弱。

荣获诺贝尔奖后，艾德里安开始重点研究绘制精确的脑电活动图。他的脑电活动图使小矮人（源于拉丁语，字面意义为身材短小之人）的概念得以推广。在绘制大脑中感知不同感觉信息的分区时，艾德里安创造了一个卡通形象的小人，他身形扭曲，姿态怪异，置身于大脑的不同感知区域。小人的双脚指向大脑中部，手臂在边缘处与脚相连，头部呈倒转之态，还有厚重的嘴唇、手、脚和生殖器对应存在于身体各部位的感觉纤维。艾德里安对新知识的精细刻画，为患者选择安全系数更高的局部脑外科手术创造了可能性条件。

1958年，艾德里安的实验室设备在一场漏水事故中尽数被毁，他的研究戛然而止。他坚持教学工作、举办讲座，最终，艾德里安荣升为剑桥大学的校长，其后又出任莱斯特大学的校长。

谢灵顿和艾德里安的发现成果为人类理解神经系统奠定了长远的基础。其后数十年间，至少有30余位科学家在谢灵顿和艾德里安的理论基础上进行研究并荣获诺贝尔奖。

第25章
美国人的起源论
——遗传定律

1933年，托马斯·亨特·摩尔根（Thomas Hunt Morgan）凭借其遗传学研究荣获诺贝尔生理学或医学奖。他是诺贝尔生理学或医学奖得主中的第一位美国人，这也是遗传学研究领域的首例奖项。

1866年，摩尔根出生于肯塔基州。19世纪80年代，摩尔根从医学院毕业后，他对遗传学的兴趣渐增。摩尔根开始研究科学界前辈查尔斯·达尔文和格雷戈尔·孟德尔的成果。

1859年，英国人达尔文提出适者生存论，他认为外部环境的挑战导致最利于生存的特征得以传承，而具有无用或有碍于生存的特征的生物会逐渐灭亡。

德国修道士格雷戈尔·孟德尔通过种植豌豆观察植物特征的遗传方式。1866年，孟德尔发表重要论文，同年，摩尔根降生于世。孟德尔提出，遗传物质对植物特征的影响既可为显性也可为隐性：高茎植物与矮茎植物杂交的第一代植株均为高茎，即高茎为显性特征，矮茎为隐性特征。孟德尔还证明：在下一代植株中，显性特征与隐性特征会杂糅出现，高茎植物与矮茎植物的产出比例为3：1。

无论是达尔文还是孟德尔，二者都不了解承载遗传特征并使之代代相传的细胞物质是为何物。但在19世纪早期，1840年左右，已有生物学家在细胞核内发现了可被染色的物质。这些物质被命名为"染色体"（英文名：chromosomes，字面意义为"被染色的主体"，其中chromo意为"颜色"，soma意为"主体"），但人们对染色体的功能一无所知。约莫在摩尔根于医学院毕业之际，人类才提出假设，认为染色体中承载着神秘的遗传因素，该因素后被称为"基因"。

为了提高研究遗传方式的效率，摩尔根弃用植物或动物，转而选择果蝇作为研究对象。果蝇物种（又称"香蕉蝇"）的生命周期短，繁殖能力强。最初，摩尔根等人在实验室内用香蕉块培养果蝇，但他们很快发现，果蝇在盛有糖类营养基的实验盘内繁殖速度更快。不仅如此，果蝇体内只含有4对染色体，相对于拥有23对染色体的人类而言，果蝇的研究难度更低。摩尔根和三位实验室助理在哥伦比亚大学培养了上千只果蝇用以研究其翅膀、眼睛颜色及体长等特征。某日，他们有幸培养出一只突变的白眼果蝇，如此明显的特征使其更易与其他果蝇进行交配，其遗传方式更易于追踪。

两位研究生——斯特蒂文特和布里奇斯在摩尔根实验室担任助理，二人承担了大多数烦琐的记录和计算工作。从斯特蒂文斯的数据表格中可以发现，白眼特征始终与决定性别的遗传基因相伴而存，这表明：某些特征与另一些特征空间上相近，并且它们总是一起被遗传。在分析遗传方式的具体数据时，研究小组提出：基因如项链中的串珠一般，总是围绕染色体有序排列，间距均匀，每个基因都有固定的位置。摩尔根的发现成果成为现代基因研究的开端。时隔多年，人们用电子显微镜拍下的染色体照片使摩尔根等人的理论终得验证。

摩尔根凭借这一开创性成果荣获诺贝尔奖，此时距离他最初在实验室内培养果蝇进行研究已有二十余年的光景。他在获奖感言中对助理斯特蒂文特和布里奇斯表示肯定，并与两位助理分享了奖金。第三位助理——赫尔曼·约瑟夫·穆勒日后收获了属于自己的诺贝尔奖，1946年，穆勒因研究X射线对基因突变的影响而获奖。

与很多同时代的基因学家一样，摩尔根曾一度加入优生学档案室（ERO）。1910年，哈佛大学生物学家查尔斯·本尼迪克特·达文波特于美国纽约市冷泉港设立优生学档案室，普林斯顿大学的研究生哈里·汉密尔顿·劳克林负责档案室的管理运营。最初，该组织由铁路公司的女继承人玛丽·威廉森·哈里曼①、洛克菲勒家族和约翰·哈维·家乐博士（因"家乐牌麦片"而家喻户晓）共同资助。后期，优生学档案室主要依赖于卡内基基金会的资助。

优生学档案室利用新兴的基因学作为其种族优越主义政策的理论支撑。他们挨家挨户地调查访问并提出伪结论：生活在美国的绝大多数俄国人、匈牙利人和犹太人都是"意志薄弱分子"，又以此为由，提倡对不宜繁衍后代的社会人士进行强制绝育。他们提倡通过法律禁止跨种族联姻，提出苛刻的移民限制条件，唯恐白人的种族优越性难以为继。在他们看来，癫痫患者、酗酒者、精神异常者和任何非雅利安族人皆为低等公

---

① 美国金融家和铁路大王爱德华·亨利·哈里曼的夫人。——译注

民，这些人群应接受强制节育。

1915年左右，摩尔根不再支持美国的优生运动，他并未公开发声，只是暗中怂恿其他科学家与他一道退出，直到1925年，他才在自己的教科书《进化论与遗传学》（*Evolution and Genetics*）中公开阐述自己的立场。摩尔根在书中批判优生运动只是为了政治宣传而非真正着眼于科学。纵观20世纪30年代，希特勒纳粹党在欧洲借鉴了优生学档案室的多项研究，又将美国优生学家的论述作为其暴行的伪科学支撑。1939年，卡内基基金会开始察觉到对档案室资助的压力，对其进行调查后，基金会深感"震惊"，优生学的科学理论竟漏洞百出。卡内基基金会撤资后，优生学档案室随即倒闭。直至1945年二战结束，摩尔根方才离世，他亲眼见证了纳粹主义政权如何利用伪科学颠倒黑白的过程。

第26章
食用肝脏
——特殊型贫血的治疗

1934年，美国人包揽了诺贝尔生理学或医学奖。乔治·惠普尔（George Whipple）、乔治·迈诺特（George Minot）和威廉·莫菲（William Murphy）因在治疗特殊型贫血方面成就突出而被共同授奖。

乔治·霍伊特·惠普尔出生于美国新罕布什尔州的一个古老家族，其族谱在新大陆的历史可追溯至17世纪，族亲威廉·惠普尔曾签署过美国《独立宣言》。乔治·惠普尔家族三代从医，但与治病救人相比，乔治·惠普尔更热衷于生理学研究。功成名就之时，乔治·惠普尔既是美国巴尔的摩市约翰·霍普金斯医院的世界顶级科学家，又任加利福尼亚大学医学院院长，他还受邀出任纽约州罗切斯特市新成立的医学院（后为罗切斯特大学）院长。惠普尔在罗切斯特大学进行的研究终为他赢得诺贝尔奖。

惠普尔曾系统研究不同饮食对患有贫血的实验室动物的影响。但不同物种、不同品种之间的结果差异巨大。常年追随惠普尔的研究助理——弗丽达·洛布歇特-罗宾斯为实验室提供英国斗牛犬与大麦町犬的混种狗作为研究对象，从而保证了饮食变化对比结果的一致性。自1925年起，两位研究者以"重度贫血的血液再生"为题发表系列论文，文中记载了不同种类的食物对动物实验对象的不同影响。惠普尔和洛布歇特-罗宾斯认为：不良饮食可导致贫血发生，某些食物可有效治疗贫血。

贫血，即血液中的红细胞含量低。多数人对以下两种常见的贫血很熟悉：其一，失血性贫血（如枪伤或体内肿瘤等因素造成的流血），可通过输血治疗；其二，缺铁性贫血（如孕妇可能会出现这种情况），可通过食用富含铁元素的食物、口服或注射铁剂治疗。惠普尔重点研究恶性贫血。英语中的"恶性"（pernicious）一词源于拉丁语中的"毁灭"（pernicies），其中词根nec意为"死亡"，后延伸为"毁灭"之意。[①]血红细胞的功能是向身体组织输送氧气，氧气在人体中至关重要，如果血红细胞数量下降（贫血），则人体内会出现氧气输送不足的情况。恶性贫血患者体内的血红细胞数量不断缓慢下降，久而久之，患者身体会严重受损。20世纪20年代中期，在惠普尔的研究开始前，恶性贫血乃是不治之症，患者死亡的情况时有发生。

贫血患者会出现疲劳、呼吸短促和眩晕的症状，但如果发病过程极为缓慢，那么患者或许不会表现出任何症状。贫血还会导致患者头痛、手脚冰凉、心悸、心脏增大或心肌衰竭。恶性贫血并非由人体缺乏铁元素所致，而是因为患者饮食中缺乏其他元素，但在20世纪30年代，人类尚未破解其成因之谜。除上述常见的贫血症状外，恶性贫血还会造成患者神经受损，

---

① pernicious的词根nicious来自拉丁语necis，意为"死亡"。此处nec应为作者笔误。——编者注

出现手足麻木并伴有刺痛感、肌肉乏力和反射消失等症状。患者步态不稳，极易失去平衡，同时骨骼也会变得脆弱，髋部骨折的情况偶有发生。病情严重者会出现脑部受损，表现出神志不清、抑郁、痴呆和记忆减退的症状。患者时常感到恶心并呕吐，食欲减退，体重下降。恶性贫血患者的舌头红肿、平滑，缺少正常的纹路沟壑。新生儿恶性贫血患者焦躁易怒，常出现面部震颤并伴有唇舌运动障碍，进而导致其进食困难。如不加以矫正恢复，会导致新生儿出现永久性生长困难。

惠普尔发现，实验室内以肉为食的狗和以蔬菜、水果为食的狗相比，其恶性贫血的症状多有改善，但只有一种食物例外：杏，与食用牛心和牛瘦肉相比，食用杏可更快改善实验室狗的贫血症状。但最为有效的疗法当属食用生牛肝——截至目前，此法对血红细胞数量的影响最为明显，恶性贫血患者最短可在10天内痊愈。生牛肝中富含铁元素，但单独服用铁元素对恶性贫血无效。惠普尔和罗布谢特-罗宾斯尝试将牛肝煮熟、碾成粉末，再向实验室内的狗投喂这种富铁物质，结果证明，这种物质无法完全治愈恶性贫血。富含维生素B的食物同样可治愈恶性贫血，于是二位研究者再次尝试向狗投喂当时已经问世的多种维生素B制剂，但这也只是起到部分作用。

最终，惠普尔及其实验室助理为礼来制药公司研制出一种肝制剂，可用于注射，也可用于口服。二人未能准确找出牛肝中的关键成分，也无法完全复刻直接食用生牛肝的治疗效果。惠普尔和洛布歇特-罗宾斯二人就此课题共发表论文21篇，其中最具意义的论文中明确提出肝脏疗法的优势所在，该论文的第一作者为洛布歇特-罗宾斯。通常来说，第一作者在研究中的贡献值最大，然而，洛布歇特-罗宾斯却未获诺贝尔奖提名——事实上，截至此时，诺贝尔委员会从未提名任何女性科学家。惠普尔领奖时，他在获奖感言中极力肯定洛布歇特-罗宾斯的贡献，并将自己奖金的三分之一分给她。

惠普尔长达95年的一生为人类深入了解肝脏做出了巨大贡献。他发现肝脏可产生纤维蛋白原（一种凝血物质），饮食也可影响人体内的纤维蛋白原含量。纤维蛋白原可促进人体内的正常凝血，但当其含量超高时，会导致动脉过早硬化，从而导致心脏病发作、中风。高铁、高糖和高咖啡因饮食可提升人体内的纤维蛋白原含量。惠普尔还首次描述了一种常见于中年男子的神秘病症，患者常出现腹泻、体重减退和神经功能衰退等症状，如今，这种病被命名为"惠普尔病"。1907年，惠普尔在进行医学传教时发现了第一例患者。惠普尔对患者进行尸检并准确推断出其病因在于细菌，但他未能分辨出具体的细菌种类，直至1922年，惠普尔对其他患者的身体组织进行研究后方才得出结论。2003年，几位研究者有幸得到惠普尔于1907年进行尸检的首例患者的身体组织。经研究证明，1907年的患者体内确实存在与后续其他惠普尔病患者相同的感染细菌。

惠普尔发现，肝脏具备惊人的再生能力，无论是受到意外伤害、因手术受损还是化学损害，肝脏都能迅速再生恢复。现代人了解到，即使人体内被移除或受损的肝脏占比达75%，肝脏仍有可能恢复如初。

惠普尔观察到，如果向体内蛋白质不足的狗正常注射麻醉剂进行手术会导致其肝脏受损，而如果令狗保持高蛋白饮食或在麻醉前注射氨基酸（L-蛋氨酸或L-胱氨酸，二选一即可），

则狗的肝脏不会因麻醉剂而受损。惠普尔证明，通过静脉滴注
氨基酸等基础营养物可维系狗的生命，且能完全跳过进食与消
化的过程。后来，这些研究被应用于人体，最终发展成静脉
营养法，适用于接受手术治疗或需休养肠道的患者。时至今
日，此法依然适用患有肠道疾病、严重营养不良或体重过轻的
患者。

20世纪20年代，新发明的X射线在医学界广为应用，但人们
尚不明晰其使用的安全上限。惠普尔与同事以狗为实验对象进
行研究并记录了一次性使用致死剂量辐射对狗的影响，结果与
人体反应基本相同：机体肿胀、泛红、消化道发炎进而导致呕
吐、腹泻，不出4日，机体死亡。惠普尔极具超前意识。现代医
学建议对个人终生接受的医学辐射剂量进行记录，尤其是人体
接受的CT（电子计算机断层扫描）检查。2011年，美国医学研
究院出具的报告显示，人体所受的过量辐射中半数来自于医疗
X射线——CT检查尤甚，与其他器官相比，过量辐射更易致使乳
腺、肺部和脑部出现癌症。据估计，近三成CT检查并非必需的
医疗手段。人类起码可规避此类致癌风险。

惠普尔博士不赞同将学术研究与个人隐私或社交生活混为
一谈，因此史料中只存有同辈人对其专业领域的评价。在罗切
斯特大学担任校长期间，惠普尔主张医学院学生应远离风花雪
月，甚至不应步入婚姻的殿堂，以免男女之事分散学生研究的
注意力。他希望自己以教师的身份被载入史册。

乔治·惠普尔与弗丽达·洛布歇特-罗宾斯共同发表论文之
时，乔治·迈诺特和威廉·莫菲正在苦苦钻研恶性贫血的治疗
方法。得知惠普尔的研究成果后，二人令患者尝试生食牛肝，

生牛肝的味道有些令人难以下咽。随后，二人将牛肝煮熟，熟牛肝的疗效极佳，恶性贫血患者很快痊愈。迈诺特与莫菲详细记录了患者的治疗过程。随后，此疗法在全世界推广开来，一夜之间，恶性贫血不再是不治顽症。

虽然迈诺特因恶性贫血疗法而被提名诺贝尔奖，但他在其他不相干领域的成果同样引人注目。一战时期，乔治·迈诺特博士在美军营地担任军医，他对血液研究情有独钟。1918年，他被调往新泽西州的一个军工厂，研究工厂工人生病的原因，这些工人负责手工将熔化的三硝基甲苯（TNT）晶体填充进弹壳。三硝基甲苯是一种爆炸物，与阿尔弗雷德·诺贝尔的炸药相比，其稳定性更强、更难引爆且爆炸威力更弱。产线上的几位工人出现了双手、双唇及牙龈变蓝的症状，眼球呈黄色，皮肤上存在紫色点状瘀伤，体重骤降，其中好几位工人已死亡。如出现症状后第一时间撤离产线，则工人有望痊愈，但若置之不理、继续工作，则工人可能会在发病一周内死亡。在此项目中，与迈诺特共事的正是艾丽斯·汉密尔顿博士，她善于发现工作场所的毒素，致力于提高工厂环境的安全性，被后人誉为"职业医学之母"。军工厂工人的症状与贫血和肝衰竭类似，因此工厂特召经验丰富的迈诺特前往实地考察。汉密尔顿推断，工人中毒的根源在于与三硝基甲苯的直接皮肤接触。

后来，迈诺特与汉密尔顿双双成为哈佛大学教授（汉密尔顿是哈佛大学的第一位女性教授）。1921年，迈诺特35岁之际，他被诊断出患有糖尿病。尽管当年胰岛素已被发现，但其在实验室以外尚未被广泛应用，因此，当时的糖尿病疗法主要依靠严控卡路里的摄入。大多数糖尿病患者会在患病一到两年内死于并发症。迈诺特的主治医生限制他每日仅摄入530卡路里的热量。身高六英尺一英寸（约1.84米）高的迈诺特，体重竟跌至135磅。1922年，胰岛素上市，迈诺特因此得救。最终，因长期遭受糖尿病并发症的折磨加之中风发作，迈诺特于1950年逝世，享年64岁。

共同获奖者中的第三位是威廉·帕里·莫菲。他对医学兴趣浓厚并考取了位于美国波特兰市的俄勒冈大学医学院，但因经济拮据，莫菲只得在高中教学为自己筹集学费。莫菲还兼职担任实验室助理，但即使如此，第一学年结束时，他已身无分文，被迫辍学。一战的最后两年，莫菲应征入伍，他随后发现，哈佛大学医学院设有一项奖学金，出资人是与莫菲同姓的哈佛校友威廉·斯坦尼斯洛斯·莫菲，该奖学金专为"名为'莫菲'者"提供助学金。

莫菲在哈佛大学成绩优异，毕业后留在波士顿市彼得·本特·布莱根医院进行医学研究并给病人看病。他完善了人类摄入肝脏提取物的方式，发明了肌肉注射法，其疗效远胜于口服肝脏提取物或食用整只肝脏。

1935年，18岁的约翰·菲茨杰拉德·肯尼迪曾接受为期两个月的住院治疗，在此期间，约翰·肯尼迪的主治医师正是威廉·莫菲。肯尼迪一生疾病缠身、多次出现健康危机，他被诊断出患有结肠炎、胃溃疡，还出现精神紧张、严重的关节炎、甲状腺素减退、肾上腺素不足、血细胞计数偏低、脓肿、尿路感染以及前列腺类疾病。在为年轻的肯尼迪治愈血细胞计数降低时，莫菲医生为他注射过一系列肝脏提取物针剂，但都不见起色。肯尼迪的血细胞不足肯定不是由于恶性贫血，至今仍是未解之谜。

　　三位获奖者中，竟无一人挖掘出肝脏中治愈贫血的关键物质，但三位科学家推断，这种物质应是素食者饮食中缺乏的某种B类维生素。该推论准确无误，唯有动物体内才能产生维生素B_{12}，它对植物毫无功用，1948年，人类终于提取出维生素B_{12}。八年之后，多萝西·霍奇金于1956年明确了维生素B_{12}的结构并因此荣获1964年度诺贝尔化学奖。

　　如今，人体缺乏维生素B_{12}的情况依然常见，但其对人体的影响极为缓慢，以致常被误诊为精神状态异常或是年龄增长型疾病。人体的维生素B_{12}含量可通过血液测试进行判断，缺乏维生素B_{12}可导致脊椎退化及脑萎缩。据估计，严重缺乏者人数高达全球人口的6%，尤其是各类严格控制饮食的人，如素食主义者、极端节食者以及老年人群。有些医生认为，即便人体轻微缺乏维生素B_{12}，也可能引发不良症状，不同程度的维生素B_{12}不足者在全球人口中占比估计可达四成。

第27章

克隆的阴影

——胚胎发育过程

1935年，汉斯·斯佩曼（Hans Spemann）因发现胚胎发育过程而获得诺贝尔生理学或医学奖。斯佩曼出生于1869年。1895年，斯佩曼取得动物学、植物学及物理学专业学位。1896年，斯佩曼感染肺结核，时称"白色瘟疫"，其死亡率高达千分之四。在长期卧床休养期间，斯佩曼拜读了进化生物学家奥古斯特·魏斯曼的一本著作，而后大受启发，开始研究胚胎学。

卵子受精后，新生物在发展的最初阶段即为胚胎。早期胚胎细胞是通用细胞，不具备发育成熟的体细胞的任何特征。斯佩曼的研究旨在挖掘出促使通用胚胎细胞转化为各类特定细胞并形成器官、四肢和其他身体部位的催化物质。他以两栖动物的卵子为对象进行各类实验，两栖动物的初期胚胎仅含有二三百个细胞，与人类胚胎的胚泡数量大致相等。斯佩曼提出猜想，他认为这些细胞中存在某块区域集中控制细胞的分化。

实验初期，斯佩曼用小女儿玛格丽特的细胞毛套住显微镜下的蝾螈胚胎细胞球，将其一分为二，他试图观测出主导胚胎生长发展的组织细胞具体位于哪一侧。结果出人意料，细胞两侧均生长出脑和脊髓的前体细胞，该胚胎最终发育成一只双头蝾螈。这一结果促使斯佩曼将不同部分的胚胎细胞群压缩分隔，进行了一系列实验。由于实验的精细操作急需新设备，所以德国弗莱堡大学斯佩曼学院的实验室同事研制出极细玻璃针、玻璃容器和玻璃架桥，为斯佩曼处理细微的胚胎组织提供了可能性条件。

这项实验由斯佩曼实验室的多位助理和师从斯佩曼的研究生们共同操作完成，其中一位名为希尔德·曼戈尔德，她不仅是博士候选人，同时也是斯佩曼实验室首席助理的妻子。在斯佩曼的指导下，曼戈尔德准确地完成了关键性实验，为斯佩曼荣获诺贝尔奖奠定了基石。她将透明蝾螈胚胎上边缘的某些细胞成功移植至染色的蝾螈胚胎中。受体胚胎发育成两个彼此相连且功能健全的胚胎，其中一个胚胎中既包含移植的胚胎细胞又包含受体的胚胎细胞。曼戈尔德和斯佩曼得出结论：被移植的细胞对周围细胞具有组织功能，可指令周围细胞移动到特定位置，发育成特定形态。二人将位于蝾螈胚胎上边缘的胚胎细胞命名为"组织者"。1923年，曼戈尔德以此为题撰写博士论文。1924年，同样的数据被发表在另一篇论文中，论文的第一作者是斯佩曼，曼戈尔德位居其后。令人遗憾的是，曼戈尔德在共同发表论文的当年，因家中燃气加热器爆炸而严重烧伤，最终不幸离世，她没有机会目睹论文的发表。

在斯佩曼与曼戈尔德的实验启发下，世界各国学者开始研究其他物种细胞中"组织者"的具体位置。斯佩曼实验室中的一位研究员——约翰内斯·霍尔特弗雷特向蝾螈体内移植角蜥的胚胎"组织者"细胞，致使蝾螈生长出角。霍尔特弗雷特还是首位质疑斯佩曼的"组织细胞群"概念的研究者。霍尔特弗雷特的实验证明：即使是失去活性的组织也可发挥指导细胞移动并分化成特定细胞类型的作用。他得出结论：一定存在某种不受活细胞支配的化学物质发挥组织功能。经过数十年的研究，人们发现胚胎中存在大量不同的分子，这些分子可作为胚胎指引者促进细胞分化。如今，人们广为接受的理论是：化学物质与组织细胞在胚胎中相辅相成，共同发挥作用。

1935年，斯佩曼领取诺贝尔奖后不久便正式退休，成为名誉教授，但他仍坚持讲课，也没有放弃自己的实验。既已明确组织者的位置，他开始设法找出使组织者发挥作用的关键所在。某次实验中，为证明细胞核是否存在组织作用，斯佩曼将胚胎细胞核移植至另一个无细胞核的胚胎细胞中。现代人所谓的"克隆"正是以此操作为基础而进行的。

在那个年代，所有的德国科学家都或多或少地受到新兴纳粹党政权的影响，尤其是在纳粹领导人时刻不忘为其意识形态搜刮科学依据的环境下，斯佩曼难逃一劫。动物学家、纳粹党成员奥托·克勒和康拉德·洛伦茨公开引用斯佩曼的胚胎组织者理论，将其对标纳粹党的领袖原则，作为纳粹党政权的生物学依据。纳粹党的领袖原则认为有些人是天选之子，他们必然成为领袖，领袖之言，即为律法。根据领袖原则，在理想的政治组织中，每个低级分支都由一个领导人统治，领导人手握下属的生杀大权。按照此等阴谋诡计，终极领袖希特勒即相当于整个世界的"组织者"。

斯佩曼的政治思想保守，颇有民族情怀，但他并未加入纳粹党。他的犹太族学生与研究同事纷纷逃往英国、美国，而斯佩曼仍坚守在弗莱堡大学。斯佩曼的小儿子因与匈牙利籍犹太科学家成婚，不得不逃离德国。1937年，斯佩曼获得诺贝尔奖两年后，他公开发表言论，认为"科学是国际化的成就，国家不应过度限制科学"。此言一出，纳粹政权随即剥夺了斯佩曼在弗莱堡大学执教的权利。斯佩曼至死未离开德国，1941年，他因心力衰竭逝世。

第28章
脑化学101
——神经递质

19世纪与20世纪之交，1906年度诺贝尔生理学或医学奖得主拉蒙-卡哈尔对神经的精准描绘证实：不同神经之间存在微小间隙。为了攻克神经冲动在不同神经间的传递方式问题，科学家们兢兢业业地研究探索。1936年，亨利·哈利特·戴尔爵士（Sir Henry Hallett Dale）和奥托·勒维（Otto Loewi）因首次发现神经递质——协助神经信号传递至其他神经的化学物质——而被共同授予诺贝尔生理学或医学奖。

学生时期，戴尔成绩不错，相对于自然科学而言，戴尔对人文科学的兴趣更浓。约莫14岁时，戴尔在包含英语写作、法语、拉丁语和经文学习等科目的学校考试中，成绩在全英格兰位列第二。当时，他的未来无外乎两种选择：要么从事文书工作，要么跟随父亲做陶器买卖。戴尔的家境无力支撑他就读大学预科学校，更别说供他读完大学。

实际上，戴尔就读的中学为了一己私利，迫切希望利用成绩好的学生拿下全英第一的荣誉：他们说服戴尔的父亲，让年少的戴尔重读一年，再度参加毕业考试，此举实在有失公允。次年，戴尔参考的科目为：经济学、财务记账和科学，年终考试时，复考的戴尔果然不负众望，荣登全英榜首。这一成绩为他赢得了众多奖项，其中包含巴克莱银行提供的50英镑奖金，当时，巴克莱银行正有意向招募初级职员。

一次偶然的机会，戴尔陪同父亲参加教会会议时，与《圣经》学者威廉·菲迪恩·莫尔顿博士不期而遇，他的学业方向随之骤变。莫尔顿时任新近成立的寄宿制预科学校——剑桥雷斯中学的校长。当时，入学考试时间早已过了，但莫尔顿却将考卷单独寄至戴尔家中。不出所料，戴尔顺利过关并荣获奖学金。就读于雷斯中学时，戴尔在自然科学方面成绩优异，他在老师的安排下开始学习其他科目，力求获取剑桥大学的奖学金。六年之后，戴尔自剑桥大学获得生理学与医学学位。他原本想继续留在剑桥大学实验室进行研究，却与有偿研究的职位失之交臂。

1900年，走投无路的戴尔只得返乡，他在当地医院入职，成为一名医生。在他看来，两年的临床实践经历不过是在浪费时间而已，因为大多数疾病缠身的患者无法得到有效的治疗，尤其是肺炎与肺结核患者。他对自己的医生同行颇有微词，这些同行分为两派，其中一派截然不顾最新的医学成果，仅凭迂腐陈旧的无效疗法茫然行医；另一派则骄傲自满，声称其无用药剂皆以科学为依据。

戴尔辞去临床医生的工作，在伦敦大学学院谋得一个次要职位，开始了为期两年的工作。他在伦敦大学学院结识了来自德国的访问研究学者奥托·勒维。两人自此成为毕生挚友，并在三十余年后携手共获诺贝尔奖。在伦敦的短暂停留期间，戴尔还因"棕狗事件"而为人所知。

所谓"棕狗事件"，是一场关于能否使用活体动物进行实验手术的争议，实验过程被称为"活体解剖"（英文名：vivisection，源于拉丁语，其中vivus义为"鲜活的"）。当时，身在英格兰的动物权利提倡者人数甚微，但他们广泛发动国外势力和不满于现状的其他不相关群体，包括激进社会主义者、工会成员、妇女参政论者和以国际反活体解剖委员会为后盾的英国反活体解剖协会。

该事件始于1903年，两名瑞典籍动物权利提倡者以伦敦女子医学院学生的身份混入观众席，特意临场观摩活体解剖演示。二人来到演示大厅，大厅内是典型的剧院设置：正中心为演示台，演示台外围分层设置座位，以便于医学生观察演示细节，在那个年代，高校内的大厅均是如此。戴尔的实验室负责人威廉·贝利斯主导本次激素研究实验并面向学生进行展示，他的实验对象是一只体重约15磅（约7千克——编者注）的棕色杂交小猎犬。贝利斯已事先通过手术夹紧了通向小狗胰腺的导管。在小棕狗接受麻醉后，贝利斯切开其颈部，几根神经跃入眼帘。贝利斯借此示范：当狗的颈部神经受到电流刺激后，其胰腺会分泌产生一种当时新发现的物质，即"促胰液素"，促胰液素是人类命名的第一种激素。演示结束后，身为研究组初级职员的亨利·戴尔负责处死小棕狗。他轻车熟路地刺穿小棕狗的心脏，一刀毙命。

两位瑞典籍女子向国际反活体解剖委员会递交了观看笔录，她们声称小棕狗未经麻醉、垂死挣扎并从实验桌上掉落。委员会秘书斯蒂芬·柯勒律治律师在会议上宣读了这份笔录。素爱哗众取宠的《每日邮报》刊载了这则故事。报道中引用了柯勒律治的陈词，他宣称贝利斯对未经麻醉的动物进行手术，后又谴责活体解剖行为是不合法的残暴行为。贝利斯以侮辱诽谤罪为名，将其告上法庭。在诉讼过程中，戴尔出庭做证，他表示自己以常见的外科手法结束了实验动物对象的生命，其举动完全遵照安乐死的要求。法官判决贝利斯方胜诉，且由被告方承担贝利斯的诉讼费并向其支付赔偿金。

判决书一出，动物权利提倡者们义愤填膺，1906年，他们筹款为小棕狗在公园内立了一座青铜雕像，雕像前的牌匾题词为："试问英格兰民众，这般惨剧，尚有几时？"因常有医学生前来破坏，最终，警方开始对雕像实施保护。1907年11月，伦敦大学学院的百位医学生在此集结，试图摧毁雕像，却遭到警方拦截。接下来数周内，所谓的动物活体解剖支持者在伦敦各地肆意发起游行示威，其他学生群体和一些甚至不知道具体情况的煽动者纷纷加入。1907年12月，杂乱的游行队伍在特拉法尔加广场引发暴乱，出现打斗现象，家具杂物漫天横飞，还有人投掷烟幕弹。每隔一段时间，棕狗雕像问题就会引发游行示威活动和暴力事件。1910年，地方政府下令，派遣数名作业人员连夜秘密移走棕狗雕像并将其熔化，且加派警力保证任务顺利完成，才使得"棕狗事件"告一段落。

在此期间，戴尔有意成婚，但他手头拮据、前途未卜。最终，他选择在报酬丰厚的维康基金会制药公司实验室入职，独立主导生理学实验，当然，他也希望自己的某些研究发现可促使维康公司研发出新药物。戴尔与表亲结婚，此举当时在英国可行，但在美国多数地方均不合法，理由是：表亲通婚将会使生育的后代出现先天性畸形的概率从3%～4%提高到4%～7%。所幸，戴尔的三个孩子身体正常：其中一位女儿荣获生理学博士学位，另一位女儿取得了科学学士学位，儿子则是医生。戴尔夫妇的婚姻长达63年，夫妻二人均活至九十多岁。

戴尔在维康工作的六年间，对传递神经冲动的递质萌生出研究兴趣，但他随即调整方向，开始研究能使维康公司即刻获利的产品。他发现了组胺，并确定组胺能引起血管扩张、平滑肌收缩。戴尔发现，组胺是受损细胞的警报信号，可致细胞周边毛细血管破裂，并引起血管膨胀。他认为上述症状类似过敏反应，后世证明，戴尔的主张准确无误，但他当时并未将这些知识用于药物研制。20年后，达尼埃尔·博韦发现了组胺抑制药，即"抗组胺剂"，1957年，博韦因此荣获诺贝尔奖。

在维康的最后时光，戴尔才开始进行自己的诺贝尔获奖实验。1914年，他指导实验室内的药剂师研制出名为"乙酰胆碱"的化学药物。研究人员进行动物测试后发现，乙酰胆碱具有刺激、提高、延缓、阻碍神经传导等不同功效，其影响范围包括心脏、大脑、双肺、皮肤、胃肠道、肌肉和汗腺等处的神经。戴尔得出结论：不同神经之间的神经冲动传递有赖于化学递质完成。直至1921年，奥托·勒维进行实验，证明乙酰胆碱是人体内天然存在的物质，同时也是天然的神经递质。

奥托·勒维出生于德国酒商之家，家境殷实。他曾学习古典语言，其个人志愿是进入大学研习艺术史，但他的父亲强烈要求他进入医学院就读。在最后一学年中，为了参加人文讲座，勒维多次缺席科学课，因此他不得不留级一年，1896年，勒维取得医学学位。毕业后，他成为奥地利格拉茨大学的一名生理学家和研究员。

　　勒维曾研究迷走神经（英文名：vagus，源于拉丁语，意为"漫步"）。迷走神经从下丘脑两侧延展而出，直通心脏、双肺和消化道。当迷走神经分支受到电脉冲刺激时，人的心脏搏动随之变缓。但具体过程如何呢？勒维早在1903年就提出假设，认为其中存在神经递质，此后他一直潜心钻研，力图证明假设的真实性。1920年，勒维在梦中完成了验证假说的实验，第二天早上醒来时，他感到自己尚未理清其中一个关键点，但他再难忆起自己在梦中草草写下的内容。当天晚上，勒维的灵感在梦中再度出现，这一次，他从床上一跃而起，直奔实验室，将实验一气呵成，生怕待到翌日清晨时，自己便把灵感忘掉。

　　在这个著名的实验中，其实验对象是两颗跳动的青蛙心脏，两颗心脏没有血液供应，分别浸泡在人造溶液中以维系"生命"。其中一颗心脏中的迷走神经已被摘除，而另一颗心脏则保留了完整的迷走神经。勒维对保留迷走神经的心脏进行电击刺激后发现，心脏的搏动有所减缓。他将这颗心脏的溶液换给第二颗心脏后，第二颗心脏的搏动同样开始减缓。勒维还进行了补充实验：他对使心脏加速的神经分支进行刺激后，再将该心脏的溶液换给第二颗心脏，第二颗心脏随之出现心跳加速。勒维得出结论：心率的变化是由接受刺激的神经所分泌的某种化学物质所致。他初步怀疑这种物质是乙酰胆碱，但为证明这一点，还需进行更多的实验。勒维的研究成果证明，神经冲动的主要传递方式在于化学传递，而非电传递。

　　戴尔与勒维是坚定的"化学突触派"学者，他们坚信"神经递质为化学物质"的理论。与之相对的还有"电突触派"学者，戴尔与勒维的同期学者约翰·卡鲁·埃克尔斯即认同电突触派理念，他认为神经递质的终极方式是电传递。1963年，埃克尔斯因研究神经末端细胞膜上钠、钾、氯离子的转运而荣获诺贝尔奖（与其他两位科学家共同获奖）。他描述了离子形成"电化学梯度"实现电子流动的过程。后人发现，多数突触信号是由化学神经递质传递的，但某些神经连接处完全依赖于电传递。埃克尔斯的研究证明，神经递质传递的信号终会导致离子的电子流动变化。因此，化学突触派和电突触派均无错误。

1938年，纳粹德国吞并了奥地利后实现了"德奥合并"。合并前数周，政治异议人士，包括所有犹太人、共产党人和社会民主党成员均遭到大规模政治迫害。约有7万名奥地利人被关押入狱或被遣往纳粹集中营。纳粹党卫军对勒维实行了为期两周的关押，但由于对此事关切的科学家们在国际上掀起轩然大波，勒维被准予有条件释放：将其诺贝尔奖奖金汇入德国境内的纳粹党指定银行后，勒维即可离开奥地利。勒维的奖金共计5 000瑞典克朗，相当于今日的630美元，不过当时630美元的购买力相当于现在的11 000美元。最终，美国对勒维伸出援手，他在纽约大学医学院得以继续从事研究工作。

在勒维与戴尔获得诺贝尔奖的同一年，德国化学家格哈德·施拉德在测试不同化合物的杀虫效力时，偶然发现一种化学物质可作用于神经冲动的传递，并可抑制乙酰胆碱的分解。这种药物作用持久，可激发神经大量产生过度刺激，数分钟内便可致人死亡。人们将这种药物发展成名为"沙林"的细菌战神经毒气，德国、美国和苏联都持有沙林，他们是否曾经使用，人们不得而知。2013年，叙利亚大马士革郊区的袭击事件中使用的化学武器被认为是沙林；1988年，伊拉克独裁者萨达姆·侯赛因在攻击库尔德人时，疑似使用沙林；还有1995年的东京地铁袭击事件中，恐怖分子所用的正是沙林。

乙酰胆碱在人体中的作用的发现推动了药物治疗的发展。在白内障手术过程中，医生将乙酰胆碱滴入患者眼内，促使患者瞳孔收缩。促生或模拟乙酰胆碱作用的药物包括：尼古丁、伐尼克兰[①]和抗阿尔茨海默病药物。抑制或阻断乙酰胆碱类药物包括：抗恶心药物东莨菪碱、治疗帕金森病的苯扎托品和比哌立登、抗皱纹的肉毒杆菌注射剂以及降压药美加明。

[①] 戒烟药。——译注

第29章
开头欠佳
——维生素C

    1937年，匈牙利人阿尔伯特·圣捷尔吉（Albert Szent-Györgyi）凭借维生素C的有关成果荣获诺贝尔生理学或医学奖。圣捷尔吉自认曾是愚钝少年，他家境贫寒，又厌恶读书，在家庭教师的帮助下才勉强通过考试。但他也提到，自幼家人便教导他：唯有创造新知识和美好事物方值得人付诸努力。16岁时，圣捷尔吉整日待在叔叔米哈伊·伦霍谢克处，米哈伊是远近闻名的生理学家。在叔叔的指导下，年轻的圣捷尔吉突然对学习萌生出浓厚的兴趣。圣捷尔吉考入医学院，但好景不长，他便感到了无生趣，比起读书，他更愿意待在叔叔的实验室里工作。米哈伊叔叔表示，如果圣捷尔吉能把肛门与直肠当作初始的研究重点，那么他可以把圣捷尔吉留在实验室。米哈伊患有痔疮，他希望能在研究中有所突破，找到治愈之法。日后，圣捷尔吉调侃自己的"科学之路开头不良"。

    一战爆发后，圣捷尔吉的医学研究被迫中断，他在奥匈帝国军队（与德国结盟）入伍成为医护兵。他被授予勇气勋章，但三年过后，圣捷尔吉迫切希望逃离惨不忍睹的战场。他运用解剖学知识，对准自己的上臂开枪射击，如此一来，他便失去了在前线战斗的资格，同时又不至于落下残疾。他自导自演的负伤戏码没有被上级军官识破，圣捷尔吉因此逃脱了军事法庭的制裁和被判死刑的命运。回到匈牙利后，圣捷尔吉已具备从医学院毕业的资格，他被调入军方细菌学实验室工作。他因拒绝对意大利战俘进行高危医学实验而惹祸上身。作为惩罚，他被发配至疟疾盛行的意大利北部沼泽地，当地士兵死于疟疾者远超死于枪伤者。所幸，不出数周，战争告终，圣捷尔吉得以重返祖国。

此后，圣捷尔吉四处打探研究实验室的消息，终就职于波索尼的一家药理实验室。不出数月，按照《凡尔赛条约》的规定，波索尼被划为捷克斯洛伐克领地。面对突如其来的转变，圣捷尔吉只得佯装成工人，从戒备森严的大学校园内秘密取出自己的实验装备。在德国各城市的实验室之间辗转工作了一段时间后，圣捷尔吉动身前往荷兰，研究细胞内的电子转移（生物氧化）和细胞将碳水化合物转化为能量的方式（细胞内呼吸）。圣捷尔吉借此获取洛克菲勒基金会的专项奖学金，前往英国剑桥大学成为一名带薪研究员。自剑桥大学取得博士学位后，圣捷尔吉开启了为期15年的细胞能量获取方式的研究。

植物从阳光中获取能量并储存于体内，再将能量与二氧化碳和水相结合形成碳水化合物，该反应过程中的残留物为氧气。而以植物为食的动物则恰恰相反：动物系将碳水化合物与氧气相结合，释放出体内储存的能量，其残留物为二氧化碳。圣捷尔吉准确研究出动植物获取能量的过程，他发现，细胞将碳水化合物分子转化成能量的过程并非一步到位，而是循序渐进地分步完成，圣捷尔吉将此过程形容为"化整钞为零钱"。

其间，细胞借助氢分子转移的形式实现电子转移，每次转移反应即消耗少量能量。对此，圣捷尔吉如是说："细胞的口粮——碳水化合物——本质上是一个氢气包，是细胞的氢气供应者和捐赠者，其主要氧化过程就是剥离氢气的过程。"

在每次反应过程中，既有加速反应的催化物质（酶），又有辅助反应的分子捐赠物质（辅因子）。当时人们已经发现，一些B族维生素在反应过程中可充当辅酶因子。圣捷尔吉在剑桥大学发现了一种新型辅酶因子，因此，他必须为新物质命名。最初，他选送的名字是ignose，由英语单词ignorant（忽略）和词根ose（糖）组成，但生物化学期刊的编辑无法理解圣捷尔吉的诙谐幽默，于是，圣捷尔吉又将其修改为Godnose——与God knows（天知道）谐音，这个名字再度被驳回。最终，圣捷尔吉只得选用暂定名：hexuronic acid（己糖醛酸）。

随后，美国明尼苏达州梅奥医学中心向圣捷尔吉抛出橄榄枝，邀请他出任临时研究员，其间，圣捷尔吉从动物的肾上腺中提取出己糖醛酸。此后，他返回英国，但因当地屠宰场不足，圣捷尔吉无法获得研究所需的动物腺体。他转而研究植物中的己糖醛酸来源。他发现，氧化后不易变棕的水果中含有己糖醛酸。接下来，圣捷尔吉再度返回匈牙利，他在素有"辣椒粉之都"美名的塞格德市内一所大学任教授职位。辣椒粉是由干制红灯笼椒研磨而成。圣捷尔吉留意到，辣椒是一种氧化后不易变棕的果实，他又准确推断出"红辣椒粉中富含己糖醛酸"的结论。他以红辣椒粉为原料，提取出大量的己糖醛酸并继续深入研究。他发现，鲜果中的具有预防坏血症效果的活性成分正是己糖醛酸，于是他将其重新命名为"抗坏血酸"

（英文名：ascorbic acid，其中a源于"抵抗（against）"，scrobic义为"坏血症"）。事实证明，抗坏血酸与人类在1912年左右发现的神秘辅酶因子——当时被命名为"维生素C"——完全相同，但当时无人知晓此为何物。1928年，圣捷尔吉掌握了维生素C的提取之术。他从红辣椒粉中提取出数千克维生素C，并将维生素C样本发往世界各地，赠予所有研究维生素和细胞能量产出的科学家们。他提出一种维生素的简单定义："所谓维生素，就是一种人类不吃便会生病的物质。"

一位同事向圣捷尔吉索要纯维生素C，既为研究之用，又为私人所需。这位同事恰巧患有一种名为"紫癜"的疾病，身体极易出血。此时已是植物生长末季，红辣椒粉库存不足，无法制出大量维生素C，因此圣捷尔吉便直接将辣椒（整只干辣椒）寄给同事。同事用干辣椒治好了出血症。事后，二人尝试用纯维生素C验证其是否具有同等治疗效果，结果无效。这件事使圣捷尔吉燃起斗志，他深入研究后发现：使维生素C起效的成分另有他物，即被称为"黄酮"的化合物群，别名"生物黄酮素"。人们发现，很多植物中含有生物黄酮素，尤其是欧芹、蓝莓、红茶茶叶、柑橘类水果、花生和可可豆中含量极高。因可治愈紫癜（purpura），圣捷尔吉将这类物质命名为维生素P。

许多维生素制造商试图重制自然界中已有的物质，他们将抗坏血酸与生物黄酮素混合，包装成蔷薇果、松树皮萃取物、槲皮素等形式。人们发现，生物黄酮素本身具有神奇特性，可对抗氧化、细菌和炎症，对于癌症和动脉硬化亦有疗效。生物黄酮素可降低人体内的胆固醇，改善血糖，同时还可延缓衰老。到1933年，抗坏血酸已实现大规模生产，但多数维生素制造商却忽略了关键步骤：添加生物黄酮素使维生素生效。圣捷尔吉周游各国，大力推广维生素C与生物黄酮素的结合使用法。

在诺贝尔演讲中，圣捷尔吉用诗一般的语言表达了对同僚贡献的认可，他说自己永远与辽阔地球上的同行心灵相依。获得诺贝尔奖时，圣捷尔吉已44岁，他从未见过如此巨额的财富。他在《疯狂的猿》一书中描述道："要解决这个烫手的山芋，最便捷的途径即为投资，用它去买股票。我心知二次世界大战将至，如果我选的股票因战事高涨，我担心自己会期盼发生战争。因此，我令代理人买入战时将会呈走低之势的股票。代理人服从了我的意志。我虽失了钱财，却拯救了自己的灵魂。"至于圣捷尔吉那块熔炼后价值近6 000美元的诺贝尔奖金牌，在苏联政府对芬兰宣战后，他便将金牌捐赠予芬兰。

此后49年间，圣捷尔吉坚持研究。纳粹当政时期，他在匈牙利留守，热衷于参与地下反抗运动。他曾协助多位犹太友人逃往政治环境更为友好的其他国家。参观政府设施时，他向工作人员询问：存储的抗坏血酸粗制剂将做何用途？得到的答案是：用于防止长期水下作战的德国潜水艇士兵身患坏血症。他开始不断地提出质疑，如果自己的劳动成果只能为战争所用，那么科学研究又有什么价值呢？

表面上，匈牙利与德国结盟，但匈牙利总理却暗地里与西方同盟国谈判，希望同盟国协助匈牙利脱离纳粹控制。圣捷尔吉主动请缨，以谈判使者的身份前往伊斯坦布尔，以参加科学会议为名，与英国特工进行秘密会晤。此次会晤事迹败露，圣捷尔吉不得不撤回匈牙利藏匿。起初，他藏身于瑞典驻匈牙利使馆大楼内，纳粹党对使馆大楼进行搜查前数小时，圣捷尔吉被置于汽车后备厢中偷运出去。他与家人还有另外两个藏身点，他前脚刚刚转移，后脚藏身点即遭到轰炸。瑞典国王为圣捷尔吉及其家人秘密授予瑞典合法公民身份，并以斯文森夫妇之名为其办理瑞典护照。但他们并未能前往瑞典。1944年，纳粹党占领匈牙利并下令逮捕圣捷尔吉及其所有家庭成员，连他的小女儿也不放过。战争结束前的最后两年内，圣捷尔吉四处躲避盖世太保的围追堵截。

二战结束后，匈牙利被划入苏联阵营。圣捷尔吉在匈牙利逗留数年，寄希望于新政权可以为科学自由保驾护航。他甚至前往莫斯科参加文化交流大会，但他很快发现，其领导国苏联与西方国家已全方面断绝关系，包括科学往来。圣捷尔吉向美国申请临时签证，打算到麻省理工学院停留数月，最后终于获批。与此同时，在家乡匈牙利，圣捷尔吉被批判为"人民的叛徒"。1947年，他再度向美国递交移民申请，美国方面因详细核查圣捷尔吉与苏联的关系而再次延迟申请通过。在美期间，美国联邦调查局（FBI）和众议院非美活动调查委员会连续数年对圣捷尔吉进行跟踪调查，却从未发现任何可指控的罪证。

圣捷尔吉将实验室设在美国马萨诸塞州伍兹霍尔海洋生物学实验室，其初始资金来源于一位富人捐赠者，后改为由洛克菲勒研究所与美国国立卫生研究院共同资助。圣捷尔吉主攻肌肉收缩方式的研究。在阿莫尔公司（肉类加工企业）的额外资助下，圣捷尔吉发现，肌动蛋白和肌球蛋白这两种蛋白质可促进肌肉实现高速收缩。

圣捷尔吉在细胞呼吸研究的基础上转而进行癌症研究。早在1941年,圣捷尔吉提出假说,认为癌症问题的关键在于组织间的电子转移方式。在正常细胞中,电子以缓慢、标准的方式分步完成转移,借助大分子从碳水化合物分子中逐渐转移电荷,从而转换为一点点的能量。圣捷尔吉认为,癌细胞的电子转移方式与之相反,其转换途径无规律可循。他提出,在地球上具备可供使用的氧气之前,初基原胞的生长毫不受控,即所谓的"阿尔法"生长状态。随着地球的条件成熟,可用氧气逐渐增多,复杂的有机体随之发展起来,此时有机体需要抑制失控生长的"贝塔"状态。圣捷尔吉认为,如果细胞的电荷转移过程遭到破坏,则细胞回归至阿尔法生长状态并演化为癌症。有机体处于阿尔法状态时,自由基对细胞的影响无法减轻,从而意味着未成对电子四处活跃。当时,多位科学家已证明,自由基对细胞具有破坏性,可加速肿瘤生长,促使人体产生心血管疾病和年龄相关型疾病。圣捷尔吉认为维生素C的盐形式——抗坏血酸钠可保护有机物的贝塔状态并辅助清理自由基。与抗坏血酸不同的是,抗坏血酸钠为碱性,生物可利用性更高,对人体胃部无副作用。

1970年,圣捷尔吉的经费耗尽。他拒不申请津贴,因为申请津贴总要面临研究周期和研究用途的询问。圣捷尔吉反驳道,如果能提前得知研究成果和研究方式,那么他大可不必在这种初级研究上耗费心力。而且,他的癌症研究涉及量子物理学领域(关于活跃电子的描述),对于一般资助机构而言,该研究过于激进,难以接受。圣捷尔吉认为:"研究事关四个方面:用脑思考,用眼观察,用机器测度,以及第四点——

钱。"1971年，一名律师在报纸上读到圣捷尔吉在美国国家科学院发表的演讲稿后，向圣捷尔吉汇出25美元的捐款。令捐赠者始料未及的是，圣捷尔吉回之以感谢信，郑重致谢；于是捐赠者着手设立非营利私募基金——国家癌症研究基金会。基金会不仅仅资助圣捷尔吉一人，还向很多其他希望在开放实验室追求自由科研项目的研究者个人提供资金，圣捷尔吉在基金会中担任学术领袖。

圣捷尔吉借助电子显微镜技术证明：蛋白质组织的功能类似于半导体（具有部分导电性的材料）。日后，研究者证实了圣捷尔吉的预判理论：癌症肿瘤细胞的电传导性不同于正常细胞。1986年，圣捷尔吉辞世。时至今日，圣捷尔吉在世界范围内依然享有盛誉。他曾用充满智慧的言语鼓励科学领域的学生们：

"大胆设想，不惧犯错，细致入微，密切观察，不矜不伐，坚守目标。"[①]

"所谓发现，即从人人可见之事中思考出无人可及之处。"[②]

圣捷尔吉一生始终持有国际人道主义视角的社会觉悟。他相信，科学的精神在于心存善念、互相尊重以及全人类团结一致。他公开发声反对越南战争，反对核武器扩张，反对以战争为目的的军工联盟。他在自己的哲学著作《疯狂的猿》（*The*

[①] 摘自《疯狂的猿：一位生物学家致青年人的忠告》（*The Crazy Ape: Written by a Biologist for the Young*），圣捷尔吉·阿尔伯特著，Philosophical Library 2007年版。

[②] 圣捷尔吉·阿尔伯特引自《科学家推测》（*The Scientist Speculates*），欧文·约翰·古德（I. J. Good）著，纽约Basic Books出版社1962年版。

Crazy Ape）等书中发问："'人类行事宛如痴傻'是为何故？"他还写道，人类唯一的希望，是在切实理解真善美和精神价值的基础上，建立新的教育体制。圣捷尔吉提倡：唯有心怀善念与同理心，方能实现世界和平。

第30章
心脏之事
——神经对心率、血压和呼吸的控制作用

1938年，比利时生理学家柯奈尔·吉恩·弗朗索瓦·海门斯（Corneille Jean FranGois Heymans）因发现神经对心率、血压和呼吸的控制作用而荣获诺贝尔生理学或医学奖。柯奈尔跟随父亲学习，其父吉恩·弗朗索瓦·海门斯是一名药理学家，曾任比利时根特大学校长。海门斯父子在多项研究中互为搭档，父子二人本可能共同获奖，但老海门斯却在颁奖前数年去世。

人类很早便发现，当人体血压升高时，呼吸随之变缓，而当血压下降时，则会出现呼吸急促，但无人知晓其具体作用方式。人体的呼吸中枢存在脑干之中，但该区域只在基础层面控制呼吸需求，无法影响呼吸与血压的实时调整。

1926年，西班牙神经解剖学家费尔南多·德·卡斯特罗详细绘制出神经系统的细微结构，他的成果引起了海门斯父子的注意。德·卡斯特罗是1906年度诺贝尔生理学或医学奖得主拉蒙-卡哈尔的门生，德·卡斯特罗发现并描绘出人体颈总动脉分叉处存在微小细胞丛，他将其命名为"颈动脉体"。德·卡斯特罗提出，颈动脉体可测量出途经血流中的二氧化碳及其他分

子的含量变化，并反作用于周围神经，最终改变血压和呼吸。此后三年，为了证实假说的正确性，德·卡斯特罗发表论文描述了几场粗略的实验，但这些实验均不足以有效证实其观点。

海门斯曾到西班牙拜访德·卡斯特罗，德·卡斯特罗也曾造访海门斯父子在比利时的实验室，双方互通有无。海门斯父子设计了一场特殊的实验：他们令两只被麻醉的狗仰面朝天，其中第一只狗的头部与身体几近分离，只留下连接心脏和头部的神经尚未断裂；再将第二只狗的血管与第一只狗的头部相连，为其供血。当海门斯父子人为令第一只狗的血压下降时，它的呼吸开始加速；而当其血压被人为升高时，第一只狗的呼吸开始减缓。借此操作，二人证实：调节血压与呼吸之间的相互作用的并非脑干中的呼吸中枢，而是周围神经，德·卡斯特罗的假说由此得到验证。

与此同时，这项研究还涉及另外两处部位：主动脉体——藏于心脏发出的主动脉弓区域的细胞丛，以及颈动脉窦——位于颈内动脉（向大脑输血的颈动脉分支）基部的神经末梢群。现代人已发现：上述中心区对于心率、血压和呼吸同样具有控制作用，只是影响程度较轻。

其他科学家深入探索海门斯父子的研究后发现，颈动脉体实为小型化学感受器群，不仅可探测血液化学的变化（尤其是二氧化碳含量），而且可释放化学物质，促使血管壁膨胀。

柯奈尔·海门斯获得诺贝尔奖的时间线是二战影响科学领域的又一个例子。在瑞典诺贝尔委员会中，卡罗林斯卡学院负责定夺获奖人选。1938年度的获奖人选始终悬而未决，直至1939年秋，卡罗林斯卡学院才推选出海门斯，并决定将1938年的奖项追授于海门斯；同时，卡罗林斯卡学院已开始研讨1939年度的奖项得主。但在1939年时，二战即将拉开帷幕。德国自20世纪30年代开始启用集中营，被判为"异党"者和犹太人被集中关押甚至遭到处决。许多科学家潜逃至英国或美国。1939年，仅有一位诺贝尔奖得主前往斯德哥尔摩领奖（来自芬兰的文学奖得主）。1940年，海门斯于家乡比利时根特接受奖项，直到1945年才得以前往斯德哥尔摩发表获奖感言。在演讲中，海门斯将德·卡斯特罗的贡献一带而过，丝毫未提德·卡斯特罗的初期假说及精确绘图为海门斯的研究成果所奠定的基础。

德·卡斯特罗虽未获提名，但事实证明，他至少应与海门斯具备同等获奖资格。从50年后公布的诺贝尔委员会记录来看，委员会中曾有成员提及德·卡斯特罗，并询问德·卡斯特罗是否尚在人间。1936年，西班牙爆发了一场血腥内战，国家分裂成两派：一派为苏联支持下的保皇党（共和军），另一派是法西斯意大利与纳粹德国支持下的国民军。两派暴行横生，甚至对国家分裂后居住在敌对社区的无辜市民格杀勿论。西班牙科学家中仅有一人问鼎诺贝尔生理学或医学奖，即与德·卡斯特罗同为拉蒙-卡哈尔门生的塞韦罗·奥乔亚，但在西班牙内战爆发之初，奥乔亚已逃离西班牙，1959年荣获诺贝尔奖之时，奥乔亚已成为美国国民。

第31章
硫
—— 抗菌药 "百浪多息"

　　1937年，纳粹德国元帅赫尔曼·戈林颁布法令，禁止德国人继续接受诺贝尔奖。纳粹政权无视国际谴责之声，残酷虐待1935年度诺贝尔和平奖得主卡尔·冯·奥西茨基（其于1936年接受颁奖）。奥西茨基因向协约国阵营披露德国违背一战终结时签订的《凡尔赛条约》、积极重组武装力量的消息而被定为叛国罪，后被押入集中营中忍饥挨饿、遭受毒刑拷打。但瑞典诺贝尔委员会并未因此却步，继续向德国人颁授奖项。纳粹政权严令禁止后续获奖的三位得主领取诺贝尔奖，其中包括：1938年因维生素研究而荣获化学奖的里夏德·库恩，1939年因研究性激素而荣获化学奖的阿道夫·布特南特以及1939年因发现抗生素而荣获生理学或医学奖的格哈德·多马克（Gerhard Domagk）。

　　19世纪晚期，格哈德·约翰内斯·保罗·多马克出生于德国勃兰登堡州瓦古夫。青少年时期，多马克立志从医，但他在医学院就读的第一学期因一战爆发而被迫中断。19岁时，多马克志愿加入德军，但他不久负伤并被转移至医护营。他曾被调往各处战地医院，为德国士兵护理疗伤，在俄国时，他目睹了由新型快速连发步枪和新型手榴弹造成的恐怖创伤。然而，最为常见的是霍乱患者。霍乱的病原是污水中的霍乱弧菌，感染患者会出现严重腹泻，造成体内电解质流失，进而演变为严重脱水、休克，如未及时输液补充体内的液体流失，则患者会在数小时内死亡。20世纪前25年，俄国境内约有逾50万人死于霍乱，战地医生对此束手无策。

一战结束后，多马克获得医学学位并以助理药剂师的身份进入研究领域。他以"免疫系统在对抗感染中的作用"为题发表的论文成功吸引了法本公司的分公司拜耳公司的招聘人员的注意力。法本公司全称为"染料工业利益集团"①，是一家由一战时合作的多家化工公司于1924年组成的大型公司。

合并后的各家染料企业目标一致，支持化学战争并同意为德国提供产品支持。拜耳分公司负责染料制造及制药，并已在1900年成功合成阿司匹林。1914年，一战伊始，拜耳公司执行总裁卡尔·杜伊斯贝格支持军方使用氯气作为武器。此举公然违背了德国与其他22个国家于1899年海牙和平会议所签订的公约，其中规定：禁止将有毒气体用于战争。杜伊斯贝格在见证了第一次试验结果后宣称："喷洒（氯气）后，敌军会在毫无察觉的情况下，悄无声息地走向灭亡。"

拜耳公司随后研发出磷酸原，杜伊斯贝格对此尤为热情："据我所知，这种磷酸原是世上最为凶猛的武器，我强烈建议军方不要错失良机，定要在战场上验证毒气弹的威力。"后来，拜耳公司研制出芥子气，其母公司法本公司则研究制成毒

---

① 德语名：Interessen-Gemeinschaft Farbenindustrie AktienGesellschaft。——译注

害集中营囚犯的齐克隆B。

德国拜耳公司脱离美国支部后，继续沿用拜耳之名，多年来，双方互为对手，争夺阿司匹林的国际市场。（20世纪90年代，两国拜耳公司再度合二为一。）

人们似乎难以了解到：化学染料制造公司同样具备涉足药物研发的能力，但事实上，世界上第一款合成染料是由年轻的英国药剂师在尝试制造疟疾治疗药物奎宁时，从煤焦油中偶然提取而出的。自此以后，化工染料业与制药业开始携手共进。20世纪30年代，德意志民族社会主义工人党（纳粹党）开始接管法本集团。

让我们回归到抗生素的历史上。1909年，保罗·埃尔利希实验室的研究者发现了世上首款合成抗生素：代号为606的染料，后被命名为"砷凡纳明"。研究者在系统测试上百种化学染料的抗梅毒效果时发现了这种物质。砷凡纳明是第一款"灵丹妙药"——用于治疗感染的人造药物（详见本书第8章节）。

继砷凡纳明之后，拜耳公司在化学疗法领域再无进展，直至多马克的到来。当时，拜耳公司聘请多马克系统测试其染料的抗菌性。多马克对偶氮染料情有独钟，偶氮染料在通常由氢原子占据的位置上有一个含硫基团。多马克发现，此类磺胺染料紧紧附着于动物表皮的蛋白质内。他提出，硫胺染料的这一特性使其可附着于细菌中的蛋白质上并杀死细菌。

多马克重点研究一种名为"百浪多息"的橘红色染料。他将百浪多息用于培养皿中的细菌进行实验，结果不著见效；接下来，多马克将实验对象改为受感染的老鼠，结果，百浪多息不仅使感染的老鼠得以痊愈，而且没有留下严重的副作用。

直到完成人体试验后，多马克才公开发表成果，证明百浪多息可有效治疗人类感染。多马克的小女儿希尔德加德亦作为人体试验对象接受了药物测试，她曾在父亲的实验室中偶然被针刺伤，患上了严重的链球菌感染。最终，希尔德加德恢复如初。

1935年，多马克发表研究成果，但直至1936年，该疗法才获得英美医学界的认可，几家医疗中心表示愿意尝试。一个著名的案例推动了百浪多息的普及使用。1936年，美国总统罗斯福的儿子小富兰克林·德拉诺·罗斯福因严重的鼻窦感染入院治疗，感染部位已由面部皮肤延伸至喉部——患者出现了严重的链球菌性咽喉炎。当时的人认为链球菌性咽喉炎是一种致命性疾病。医生向患者父母建议使用百浪多息进行治疗，同时承认这种药物仍处于临床试验阶段。罗斯福夫妇同意接受百浪多息疗法，小富兰克林·德拉诺·罗斯福的病情逐渐好转。《纽约时报》和其他报纸随即在头条中大力推广磺胺类药物的使用。

虽然拜耳公司手握百浪多息的专利权，但纳粹德国却未曾从中获利一分一毫。巴斯德研究所的学者迅速挖掘出百浪多息无法作用于培养皿中的细菌、却对老鼠及人体有效的原因：百浪多息实为前药。其完整化合物对细菌毫不起效。只有在经过消耗后，百浪多息出现部分脱落时，药物有效成分才得以作用于细菌。百浪多息的有效成分是一种染料，早在1908年，一位奥地利药剂师已将其合成，但因从未使用，这种成分被人随之抛诸脑后。其初始专利早已逾期失效，所以任何人都有权制造并将之改良为新型专利药物。

全球化工企业奋起而为，研发效果更加强效的变异磺胺化合物，包括用于治疗链球菌感染（链球菌性咽喉炎）的百浪多息，可治疗肺炎的变异磺胺化合物，还有用于治疗葡萄球菌感染（常见于皮肤感染）的变异磺胺化合物，以及用于治疗细菌性腹泻的变异磺胺化合物。起初，磺胺类药物多数用于军中预防各类疾病。磺胺粉成为战地士兵的必备药物，任何伤口都会使用磺胺粉进行治疗。截至1942年，仅在美国的磺胺类抗生素产量就已超过1 000万磅。

1943年，英国首相温斯顿·丘吉尔在北非驻军期间，在突尼斯迦太基感染肺炎。经谨慎考量，医生使用代号为"M&B 693"[①]的药物为丘吉尔治疗肺炎，该药物生产于1938年，是一种磺胺衍生物。病情持续恶化一周后，丘吉尔完全康复。尽管盘尼西林的发现时间早于百浪多息，但其生产销售时间较晚，直至二战尾声，盘尼西林才被用于治疗战时感染。

磺胺类抗生素间接推进了美国药物监管的发展。在此之前，美国消费者仅能借助1906年《纯净食品和药品法》保障部分权益，其中规定，食品药品标签上应标注成分，禁止掺假或贴错产品标签。经历过一场由磺胺类抗生素引发的灾难后，美国才通过立法成立人们今日所熟知的美国食品药品监督管理局。

1937年，就职于美国田纳西州麦森吉尔制药公司的一名药剂师哈罗德·沃特金斯，按照自己的配方制成一种磺胺抗生素——他使用二甘醇取代先前配方中的乙醇，又在药物中添加覆盆子增味剂。当时有关二甘醇毒性的知识尚未普及，虽然已

---

① 即磺胺吡啶，是一种由英国M&B公司研制而出的磺胺类药物，今已被逐渐淘汰。——译注

有两篇专业论文公开发表出来谈及此事，但沃特金斯并不知晓。这款产品通过了外观、香味和口感测试，唯独没有进行安全性测试。然而，至少有一份报告显示，麦森吉尔公司曾以老鼠为对象进行测试，测试记录显示，该产品导致老鼠出现肾衰竭。

这种液体制剂被命名为"磺胺酏剂"并销往美国15个州。数周之内，美国医学会收到一份关于使用磺胺酏剂导致多起死亡案例的文字报告。人们随即大规模追踪并召回所有酏剂产品，但截至此时，磺胺酏剂至少已造成107例患者死亡，其中多数死者为儿童。

人们义愤填膺，通过新闻报道呼吁政府采取行动，但依照当时的法律，麦森吉尔公司的罪名仅限于标签错误：药品以"酏剂"为名，即它是以乙醇为溶剂制成的，麦森吉尔公司因此被处以最高限额的民事罚款16800美元。公司所有者兼创始人塞缪尔·埃文斯·麦森吉尔博士声称："本人与我司药剂师为逝去的生命深表遗憾，但该产品在制造过程中并无过错。我司严格按照法律与专业要求进行制药活动，出现这种结果，实属始料未及。个人认为，本次事故的责任不在我方。"报纸将这款产品称为"致命酏剂"。

麦森吉尔事故直接导致美国国会通过了1938年《联邦食品、药品和化妆品法案》，法案规定，新型药物必须由制药公司自费进行动物安全性测试，测试结果经美国食品药品监督管理局审查通过后才得以批准上市。1939年，麦森吉尔公司的药剂师哈罗德·沃特金斯将枪口对准自己的心脏，自杀谢世。

1939年，多马克因发现磺胺类抗生素被授予诺贝尔生理学或医学奖，但纳粹党明令禁止多马克接受奖项。在被盖世太保拘禁一周后，多马克向诺贝尔委员会回复，表示自己拒绝领奖。二战期间直至战后，多马克始终留在法本公司任职。

第二次世界大战落下帷幕后，三巨头——美国总统杜鲁门、英国首相温斯顿·丘吉尔与苏联领导人约瑟夫·斯大林在波茨坦会议上瓜分战利品。一夜之间，多马克的故乡瓦古夫被划为波兰领土。多马克的母亲常年居住于边境小镇索末菲尔德①，此地亦被划入波兰疆界。许多滞留在新波兰边境的德国人形如阶下囚，被发配至强制劳动营或是拥挤不堪的难民营。多马克的母亲在难民营中食不果腹，不幸离世。

最终，多马克于1947年领取了诺贝尔奖章，但因时过境迁，多马克未能领取属于自己的诺贝尔奖奖金。此后，他开始研究肺结核与癌症药物，但均未取得成果。

---

① 索末菲尔德划入波兰以后，更名为卢布斯科。——译注

第32章
流血的小鸡
——维生素K

1940年、1941年与1942年，全球战事频繁，诺贝尔生理学或医学奖停发奖项，1943年，诺贝尔委员会全面恢复运作。卡罗林斯卡学院的诺贝尔委员会在医学奖得主的归属问题上无法达成一致，直至1944年，委员会方选定两位获奖者，并将二人追授为1943年度诺贝尔生理学或医学奖得主。亨利克·达姆（Henrik Dam）与爱德华·多伊西（Edward Doisy）因各自在发现维生素K的相关研究方面贡献突出而被共同授予奖项。

丹麦科学家卡尔·皮特·亨利克·达姆在动物研究中发现一些有趣的现象，研究显示，食用脱脂饲料的小鸡容易出现流血症状。达姆认为，该症状是由缺乏胆固醇所致，因此他在脱脂饲料中加入胆固醇，再度进行实验。但他发现，小鸡自身具备制造胆固醇的能力，在饮食中添加胆固醇的做法不能改善小鸡的流血现象。达姆猜测，或许小鸡只是需要摄入更多的普通脂肪，他再度添加其他油脂进行实验，但小鸡的流血症状依然没有好转。

达姆推断，被除去的脂肪中应存在其他的必要营养成分。众所周知，流血是坏血病的症状之一，坏血症的起因在于机体缺乏维生素C。达姆在参考其他学者的过往研究时发现一份报道中记录道：以普通鱼类为食的小鸡身体健康，但改为食用特制脱脂鱼饲料时，小鸡易出现流血症状；若在饲料中添加卷心菜，则小鸡的流血症状随之改善。这些学者提出假说，认为卷心菜可为小鸡补充维生素C，因此再无深入研究。问题的关键在于，小鸡不会罹患坏血病（禽类与人类不同，一些鸟禽自身可产出维生素C，无须从饮食中额外摄入）。虽然如此，达姆依然尝试在小鸡的饮食中加入柠檬汁（一种维生素C来源），不出所料，流血的小鸡依然不见起色。

接下来，达姆系统地尝试了多种植物及动物成分的食物，他发现其中几类可有效改善流血症状，尤其是绿叶蔬菜和猪肝。麻仁、番茄籽、卷心菜、大豆和苜蓿也有一定的疗效。他将小鸡体内缺乏的物质称为"凝血维生素"，或可简称为"维生素K"，之所以选择字母"K"进行命名，是因为此时尚未有其他维生素以字母"K"代指，而且，字母"K"也是德语与斯堪的纳维亚语中"凝血"（Koagulation）一词的首字母。1934年，达姆宣布发现维生素K。

随后，美国学者赫尔曼·詹姆斯·阿尔姆奎斯特在研究动物饲料的最佳配比时发现维生素K可由肠道内的细菌生成。多数动物可随即将其吸收进入血液。但小鸡体内难以实现这个过程，原因在于小鸡肠道过短，无法完成吸收。

1939年，达姆和同事从苜蓿中离析出维生素K并发现其自身呈黄色油状，但研究者此时对其结构一无所知，同年晚期，爱德华·多伊西研究得出维生素K的化学结构。多伊西从肝脏中提取出维生素K，它在室温下呈晶体形态。科学家一致同意：将来源于植物的维生素K称为K_1，来源于动物的维生素K因分子结构略有不同，被称为K_2；同年晚期，适用于动物疾病治疗的合成维生素原被命名为维生素K_3。

1940年，达姆在美国做巡回讲座，与此同时，德军的铁蹄踏上了丹麦的疆土。这场战役仅持续了六个小时，双方伤亡人数皆不过数十人。战争期间，丹麦被德国占领，因此达姆在美国滞留。当他接到诺贝尔奖获奖通知时，他已在美国纽约州罗切斯特大学获得高级助理研究员的身份。最终，他回到哥本哈根，留在当地大学，继续自己的研究。

爱德华·阿德尔伯特·多伊西出生于美国伊利诺伊州，在伊利诺伊大学取得学士与硕士学位后，他转入哈佛大学深造并取得生物化学博士学位。他的职业生涯多在美国密苏里州圣路易斯大学中度过。在深入探究维生素K之前，他已发现三种形式的雌性激素：雌酮（E_1）、雌二醇（E_2）和雌三醇（E_3）。仅凭雌性激素的单项研究，多伊西已具备荣获诺贝尔奖的资格；事实上，20世纪30年代，多伊西曾两度获得诺贝尔奖提名。

另一位研究者——德国科学家阿道夫·布特南特几乎与多伊西同时发现雌酮并因此荣获1939年度诺贝尔化学奖。多伊西和圣路易斯大学的研究同事将其发现的雌性激素离析专利赠予学校，为圣路易斯大学留下一笔源源不断的财政收入。此后不久，多伊西对离析过程进行完善并从马尿中提取出更纯的激素。这种激素适用于人体，最终多伊西与三家大制药公司签订商业协定，允许制药公司进行投产营销。

1939年，多伊西离析获得维生素K后，又实现了维生素K的合成（于实验室内制成）。提出"肠道内细菌可生成维生素K"

的美国学者赫尔曼·詹姆斯·阿尔姆奎斯特几乎也在同时离析获得维生素K，1941年，阿尔姆奎斯特获得一次诺贝尔奖提名。阿尔姆奎斯特在维生素K研究中贡献突出，但他之所以无法获得委员会的官方认可，原因或许在于他只是一名讲师（而非教授），且其就职的加利福尼亚大学农学院禽类饲养系远不如其他诺贝尔奖候选人任职的学术机构那样声名显赫。

多伊西长期就职于圣路易斯大学医学院，他在此有效改进了胰岛素的分离与鉴定技术。他还研究抗生素与胆酸。

人们逐渐发现，维生素K的用途远超发现者的预期。它可用于预防和治疗发病率低于2%的新生儿出血障碍。患儿可发生颅内出血，但只要新生儿服用维生素K即可预防此病发生。所有新生儿均须按规定服用维生素K，事实上，98%的新生儿无须补充维生素K，但若能使2%的新生儿免遭流血之痛，似乎此举也值得推行。维生素K适用于无法从食物中吸收营养或肠道菌群失调的慢性肠道疾病患者。维生素K还可帮助肝衰竭患者改善流血症状，患者无法依靠自身肝脏产生足量依赖维生素K的凝血因子。

维生素K是促进骨骼正常生长、保证骨骼健康的基础物质。它可以促进胶原蛋白的积累，帮助骨骼吸收矿物质并防止其流失，还可协助人体形成骨细胞，并指导骨细胞形成特定形态。维生素K有助于人体产生骨钙蛋白，骨钙蛋白可阻止骨骼中的钙流失。缺乏维生素K可致人罹患骨质疏松症且易发生骨折。

维生素K不仅可促进骨骼的健康矿化，还对合成防止软组织异常矿化的蛋白质至关重要。它可阻止钙元素在体内异常集结，出现如血管钙化、软骨钙化、皮肤钙化以及眼球钙化等症状。防止动脉钙化对于人体心脑健康具有重要意义。维生素K

还可抑制炎症蛋白，防止人体因自由基、缺氧或血流量低而受伤。研究证明，维生素K可帮助类风湿性关节炎患者与复杂性局部疼痛综合征患者减缓疼痛。涂抹维生素K乳液有助于皮肤伤口修复。

富含维生素K的食物有：绿叶蔬菜、纳豆（发酵大豆）、大葱、抱子甘蓝、卷心菜、西兰花、发酵乳制品、西梅、黄瓜以及干制罗勒。维生素K主要有三种形式：其一为产生于植物的维生素K_1（又名叶绿醌、植物甲萘醌，英文名分别为phylloquinone、phytonadione）。其二为来自于动物的维生素K_2（甲基萘醌，英文名为menaquinone）。以上两种维生素K安全无毒，适于服用。其三为人工合成的变体维生素K_3（甲萘醌，英文名为menadione），多用于兽药，不建议用于人体。目前为止，人类尚未研发出检测体内维生素K含量的方法。但是，天然形式的维生素K安全可食用，可用于治疗及预防特定病症。

第33章
触碰神经
——单一神经纤维的功能

1944年，美国生理学家约瑟夫·厄尔兰格（Joseph Erlanger）与赫伯特·加塞（Herbert Gasser）凭借对单一神经纤维的功能研究而共同荣获诺贝尔生理学或医学奖。

人类对神经冲动的电传导研究始于18世纪末期，当时，路易吉·伽伐尼（Luigi Galvani）证实：失去生命特征的青蛙腿部在接受电击时会出现抽搐。数十年后，世界上第一台检流计问世，检流计的英文名（galvanometer）正是以伽伐尼之名命名。1803年，伽伐尼的侄子乔瓦尼·阿尔迪尼使用死刑犯的遗体进行实验，观察尸体是否对电流有所反应。溺死妻儿的囚犯乔治·福斯特不仅被判死刑且死后尸体须接受电击，乔治·福斯特被处极刑后，阿尔迪尼即刻开始实验，实验记录如下：

"最初对囚犯尸体面部进行电击时，其下巴开始抽搐，口周围肌肉严重扭曲，一只眼睛睁开了。随后，死刑犯在电击过程中握紧右手并举起手臂，双腿开始出现抖动。"[1]

---

[1] 摘自《纽盖特日志》（*The Newgate Calendar*）："1803年1月18日，因将妻儿溺死于帕丁顿运河而被判谋杀罪的死刑犯乔治·福斯特于纽盖特监狱内被处决，人们在他身上做了一个奇怪的电流实验。"

据称，玛丽·雪莱从阿尔迪尼的实验中获得灵感，创作出《弗兰肯斯坦》一书。多年以来，人们热衷于在室内游戏中使用电击活跃氛围、营造惊悚感。阿尔迪尼是通过电击大脑治疗精神病患者的首批医生，很多人纷纷仿效，但治疗结果令人悚然。与此同时，主流科学家开始研究人体如何通过传递神经脉冲引起肌肉收缩，并向大脑传递痛苦、愉悦等感觉信息。在此之前，1932年与1936年的诺贝尔生理学或医学奖均与神经领域相关。厄尔兰格与加塞通过开发更加精密的探测、放大、记录设备，从而深入探索神经领域。

1874年，约瑟夫·厄尔兰格出生于美国加利福尼亚州的开拓者家庭。年少时，厄尔兰格对医学萌生出兴趣，高中只读了两年，厄尔兰格就被加利福尼亚大学录取，毕业后进入约翰斯·霍普金斯大学医学院。在约翰斯·霍普金斯大学留教数年后，厄尔兰格转至威斯康星大学麦迪逊校区任教，后移居至密苏里州圣路易斯市的华盛顿大学。

厄尔兰格是一名狂热的登山爱好者，他曾跟随前重量级拳击冠军吉姆·科贝特学习拳击，也曾在业余管弦乐队演奏长笛。他有一条工作准则是：晚上及周日绝不在实验室内加班。他将其归因于宗教人文主义的信条，这是一种对传统伦理价值观的非神论方法。他在个人背景调查问卷中用"Mugwump（不支持任何政党的游离者）"一词回答政治问题，意思是"与你无关"。厄尔兰格从未为任何特定的议程公开活动，但当被问及美国的种族隔离政策时，他回复道："除非各种族之间打破界限、实现通婚，否则种族主义会一直存在。"此番言论在当时十分引人注目。

在进行神经研究之前，厄尔兰格对"心跳如何借助心内特定纤维实现电传导"的研究成果极大地提高了人类的认知。一战期间，他用阿拉伯胶与糖水混合制成血液替代品，协助研发出治疗失血过多导致休克的新方法。阿拉伯胶有助于扩大人体血液循环中的血容量。厄尔兰格还提出一条增强战斗力的实用建议：他建议将战斗机的仪表盘调至与人眼齐平的高度，从而使飞行员更易实现盲飞（无须外界视觉提示）。

一战期间，厄尔兰格在威斯康星大学工作时期的学生赫伯特·斯潘塞·加塞加入厄尔兰格实验室。师徒二人在研究循环休克的影响方面贡献突出，循环休克是一种可致命的紧急医疗事件，也是导致危重症患者或受伤患者死亡的最常见的原因之一。

1888年，加塞出生于威斯康星州的一座小镇，他在威斯康星大学取得学士及硕士学位后，进入约翰斯·霍普金斯大学取得博士学位，毕业后，加塞返回威斯康星大学任教。加塞患有激素缺乏症，因此他外貌稚嫩且声音尖细。他以第三人称撰写自传，令人感到不可思议。

在厄尔兰格为治疗战场创伤性休克研制血液替代品时，加塞正在华盛顿特区的美国大学研制一种大规模杀伤性化学武器——路易斯毒气。路易斯毒气是一种含砷化合物，它可轻易穿过皮肤与橡胶手套，造成直接刺激。路易斯毒气可对人体造成化学灼伤，使人双眼、皮肤及呼吸道内出现水疱。中毒者会出现双眼浮肿、鼻子流血、呼吸困难、呕吐腹泻、血压降低并最终因休克而亡。美国、德国、苏联和日本都曾制造、贮存路易斯毒气，但没有任何国家承认使用过路易斯毒气。明面上，美国储备的路易斯毒气已于2012年尽数销毁。

1921年，厄尔兰格将加塞调入华盛顿（州立）大学生理学系。二人于1922年开始进行关键性实验。当时市面上可用的神经研究仪器既不快捷，也不灵敏，更难以实现准确记录。美国西方电气公司引进了阴极射线管的新技术，用于制造商用电视机。阴极射线管（CRT）使电子可在近似无干扰的真空管中运动，为探测单一神经纤维中的微小脉冲提供了理想条件。

将阴极射线管与示波器相连后，神经传输轨迹可被放大和记录。厄尔兰格向西方电气公司求取用于实验的阴极射线管，却遭到对方拒绝。于是，厄尔兰格和加塞按照阴极射线管的工作原理，制造出他们自己的设备。尽管不够精巧，但二人所造的阴极射线示波器完全可以实现对单条神经电流进行精准探测、放大和记录的功能。二人将神经冲动信号成功放大至200万倍，并用滚动的图表纸记录下便于读取的位移。

厄尔兰格与加塞发现，不同直径的神经纤维具备不同的传导速度。直径最大的神经纤维电流信号传导速度可达到每秒5～100米，最高速度接近每分13 000英里。直径最小的神经纤维脉冲速度每秒不足2米。介于二者之间的中等直径的神经纤维传导速度为每秒3～14米。二人还证明，疼痛信号多由慢速传导纤维进行传递，而肌肉运动和触觉感知信号多由快速传导纤维进行传递。

自1935年起，加塞共获18次诺贝尔奖提名，厄尔兰格则被提名17次。为加塞提交最终获奖提名的是华盛顿大学外科学领头人——格雷厄姆教授，他与加塞的生理学实验室并无瓜葛。人们怀疑，格雷厄姆教授是在妻子海伦的建议下才提名加塞的。海伦·格雷厄姆是圣路易斯大学药理学系的神经生理学家，她与加塞曾是亲密的工作伙伴。当时，加塞不顾传统的性别偏见，破格提拔海伦在圣路易斯大学任职。以职位而言，海伦尚不具备提名诺贝尔奖候选人的资格，但她的丈夫有资格。1938年，加塞与厄尔兰格首获提名时，厄尔兰格让加塞向卡罗林斯卡学院的诺贝尔委员会递交其研究成果的补充说明。但考虑到诺贝尔奖不以毛遂自荐为荣，加塞断然拒绝。

1944年，加塞接到获奖通知时，因年代久远，他已将这项研究抛诸脑后，为了准备诺贝尔演讲，他迫不得已开始重温自己以单条神经纤维为课题发表的早期论文。

20世纪30年代，加塞任职于康奈尔大学；1935～1953年间，加塞于洛克菲勒研究所任医学研究部领头人。在洛克菲勒研究所任职期间，加塞负责管理与美国科学研究和开发办公室（简称"OSRD"，负责为战争寻求科研支持的美国政府办公室）的大量合同往来。科学研究和开发办公室的经费与资源可谓取之不尽、用之不竭。该部门不仅研发化学武器，而且致力于制造威力更强的常规炸弹及手持武器，还一手制造了向日本长崎市与广岛市投放氢弹的"曼哈顿计划"。二战期间，美国政府设立公民公共服务项目，为出于良心拒服兵役者提供其他为国效力的方式。1943～1946年，科学研究和开发办公室将参与公民公共服务的良心拒服兵役者作为对象进行人体试验，试验程度不得而知。

厄尔兰格始终执教于华盛顿大学，他教学有道、善于沟通，许多优秀学者慕名而来，使华盛顿大学在国际上声名鹊起。

　　原应于斯德哥尔摩举行的1944年诺贝尔颁奖典礼因持续的战事被迫取消。美国斯堪的纳维亚基金会在纽约沃尔多夫阿斯托里亚酒店为庆祝获奖举办午宴。包括赫伯特·加塞在内，只有1943年与1944年的几位诺贝尔奖得主具备参加宴会的资格。宴会之上，瑞典驻美国华盛顿州的首席外交官为各位获奖者颁发奖项。

第34章
重新发现盘尼西林
——抗菌素盘尼西林

1945年，亚历山大·弗莱明（Alexander Fleming）、霍华德·沃尔特·弗洛里（Howard Walter Florey）和恩斯特·伯利斯·柴恩（Ernst Boris Chain）凭借对盘尼西林的相关发现共同荣获诺贝尔生理学或医学奖；然而，在三位获奖者进行研究前，盘尼西林的历史由来已久。

1897年，医学博士候选人欧内斯特·杜彻斯尼正着力攻取法国巴斯德研究所的博士学位。他开始研究人类早已观察到的现象：某些细菌与霉菌势不两立、无法共存。杜彻斯尼发现，大量案例证明细菌可消灭霉菌，但他试图找到霉菌消灭细菌的例证，解答"霉菌能否抑制细菌的生长"的问题。

杜彻斯尼培养出灰绿青霉，它正是戈贡佐拉奶酪、斯蒂尔顿奶酪等其他蓝纹奶酪中独特臭味的源头所在。他发现，灰绿青霉的确可将测试盘中的某些细菌尽数消灭。接下来，杜彻斯尼把测试的对象转向感染细菌的豚鼠，他将灰绿青霉液体注入豚鼠体内后发现，被感染的豚鼠恢复了健康。杜彻斯尼发表了一篇论文，提出青霉菌具有抗细菌特性。但杜彻斯尼的理论没有得到巴斯德研究所的认可，他的论文也随之被尘封了20年。

杜彻斯尼在求学中途应征入伍，退役后，他继续攻读医学博士学位。最终，杜彻斯尼罹患肺结核，于37岁时在疗养院中悄然离世。

杜彻斯尼撰写论文时，哥斯达黎加科学家克洛多米罗·皮卡多·特维特年仅10岁。特维特是一个聪明的学生，他获得了前往法国留学的奖学金。不知他是否曾挖掘出杜彻斯尼的早期论文。获得理学博士学位后，特维特在中美洲殖民地的巴斯德研究所任研究员。他现存的论文包括1923年的一篇文章，文中记载了青霉菌的杀菌效果，以及1927年的一篇论文，其中记录了使用青霉菌对抗感染的真实案例。特维特的后期研究主要聚焦于毒蛇咬伤和抗蛇毒素的研发。

特维特还因其激进的种族主义观念而让人印象深刻，他警醒国人：非裔美国人正在"玷污"他们的纯欧洲血统。这种"玷污"趋势令他感慨万千，他在一封信中写道："国民血统正呈黑化之态！长此以往，我们将化为炉中黑炭，而不再是熠熠生辉的纯金。"

不知亚历山大·弗莱明是否拜读过杜彻斯尼和特维特的论文，但他发现青霉素的过程似乎纯属意外。弗莱明就职于伦敦圣玛丽医院，他是一位德高望重的微生物学家，但他凌乱不堪的实验室同样被人诟病。1928年8月，弗莱明正在研究葡萄球菌，时值暑假，他将所有的葡萄球菌培养皿信手堆叠在角落的长凳上，便动身去度假。9月份归来时，弗莱明发现，其中一个培养板上霉菌横生。他的实验室下一层是一位正在培养点青霉的霉菌专家的实验室，因此，空气中可能飘浮着无数个霉菌孢子。在这块培养皿中，霉菌的外圈区域干干净净，不见任何葡萄球菌菌落在此生长，弗莱明准确得出结论：污染葡萄球菌培养皿的青霉菌具有抗菌特性。他在报告中提到，他的第一个念头是"真有意思"，这也成了弗莱明的一件逸事。

随后，弗莱明有意培养青霉菌，并用多种致病菌测试其抗菌性。青霉菌可有效对抗猩红热、肺炎、白喉、淋病和脑膜炎的致病菌。1929年，弗莱明在一本名不见经传的期刊上发表这些令人瞩目的发现，结果反响冷淡。他继续研究霉菌，这种霉菌在无污染的纯培养基中难以生长，从中提取其抗菌性成分更是难上加难。圣玛丽医院实验室的条件不足以支撑大量的研究工作，弗莱明既无法更有效地培养霉菌，也无法通过实验提取出活性成分，此外，弗莱明未能请到技术纯熟的药剂师，制药公司也无意参与这项工作。几日之内，霉菌液的杀菌速度似乎很缓慢，因此，弗莱明认为，青霉菌在人体内无法实现长效对抗感染的效果。1940年，弗莱明放弃了霉菌研究项目。

霍华德·弗洛里是一位澳大利亚籍药理学家。与法国学者杜彻斯尼一样，他从"自然界中存在着一场竞赛：部分霉菌可杀死细菌，同样某些细菌也可对抗霉菌"的观点中得到启迪，在英国牛津大学期间，弗洛里对青霉素的研究产生了兴趣。1938年，弗洛里的下属研究员恩斯特·柴恩偶然间发现了弗莱明10年前发表的文章。弗洛里立即召集研究小组，着手解决青霉素的生长问题，并尝试提取霉菌液体中特效药物成分。

恩斯特·柴恩博士是一位出生于柏林的德国生物化学家，但因他兼具俄国与犹太血统，同时又支持左派政治原则，柴恩在希特勒的纳粹德国处境很危险。1933年，在许多人意识到他们的自由将受到威胁前，柴恩早已逃离德国，移民至英国。

但他未能成功解救出母亲与姐妹，她们在德国纳粹大屠杀中殒命。

弗洛里在牛津大学的研究小组制出了一种盘尼西林粗制剂，1940年，他们将粗制剂用于治疗实验室内被感染的老鼠。注射过盘尼西林的老鼠痊愈，而未经治疗的老鼠则全部死于感染。据弗洛里和柴恩估计，仅治疗一例人类患者，就须消耗500加仑霉菌培养液以获得充足的纯盘尼西林。

牛津研究小组中的第三位成员是生物化学家诺曼·希特利博士。希特利设计出一种更为高效的青霉菌培养法：他用医院的陶瓷便盆种植青霉，随后，他又让一家瓷器店制出更大的瓷缸用来种植霉菌，进一步提高了霉菌产量。但无论如何，盘尼西林的产量始终供不应求。

第一位使用盘尼西林的患者是一名当地警官，他在打理花园时划伤面部并发展成重症感染，伤势蔓延至眼部、肩部和双肺。他在医院接受磺胺类抗生素治疗长达数周，但感染持续恶化。在紧急使用青霉素提取物的许可获得批准后，患者接受了五天的注射治疗，情况有所改善。不幸的是，盘尼西林产量不足，治疗无以为继。弗洛里等人甚至从患者的尿液提取盘尼西林，对其进行纯化后，再度用于患者的治疗。一个月后，这位警官最终死于感染。

1941年，英国与德国正处于交战状态，希特利与弗洛里秘密乘机前往美国的一个实验室。二人抵达美国伊利诺伊州皮奥里亚市农业局，与安德鲁·J.莫耶博士共同研发大规模工业化生产青霉素的方法。他们用乳糖（奶糖）代替葡萄糖培养霉菌，再加上莫耶提出的培养方法：持续不断地摇晃烧瓶，从而进一步促进了霉菌生长，提高了霉菌产量。

三人提出了将玉米浆加入液体培养基中为霉菌提供养料的培养方法。在美国伊利诺伊州和周边的中西部各州，玉米浆是大型的粮食工业副产品。在玉米成为牲畜饲料前，当地人会浸泡玉米，令其软化，从而便于研磨，浸泡玉米后留下来的黏稠液体就是玉米浆。

经过数周的紧密合作，希特利发现莫耶对三人的共同实验结果有所保留。原来，莫耶提前为自己做了打算，他在发表一篇关于青霉菌大规模生产的论文时，抹去了希特利的功劳，一人独占研究专利。

此时，弗洛里和希特利正在寻找能产出更多有价值的抗菌液的青霉菌株。玛丽·亨特是美国农业局的一名实验室助理，因主要负责收购发霉的面包、水果蔬菜等物品，人送外号"发霉玛丽"。某日，玛丽将一颗覆满金黄色霉菌的哈密瓜带回实验室，这种金黄色霉菌后被称为"产黄青霉菌"，其盘尼西林产出量是点青霉的盘尼西林产出量的200倍。为了进一步提高其盘尼西林产量，研究员试尽各种方法后偶然发现，以X射线照射产黄青霉菌并将其过滤，可使产黄青霉菌的盘尼西林产量达到弗莱明的初代点青霉菌的盘尼西林产量的1000倍。

突然之间，生产销售盘尼西林开始变得有利可图。新制造法的出现，再加上美军成为第一个大客户，诱使20家大制药商开始生产盘尼西林。1942年上半年，盘尼西林产量达4 000亿单位；1945年，仅美国制药商的单月盘尼西林产量即达到6 000亿单位。日本、苏联与德国也在全速生产盘尼西林。

盘尼西林的实际成分究竟是什么？研究者始终一头雾水。

1945年，牛津大学的另一位研究员多萝西·霍奇金明确了盘尼西林的化学结构，并最终借此成为1964年的诺贝尔化学奖得主。随后，人们发现，盘尼西林可抑制细菌构建细胞壁的必要反应活动，从而达到杀菌效果。

1938年，盘尼西林投入使用后不久，抗生素耐药性的迹象便随之出现。早在1940年，人们发现某些细菌产生的酶可使盘尼西林失去活性。1945年，即弗莱明获奖那年，某些患者体内感染的细菌对盘尼西林具有完全耐药性。弗莱明在获奖感言中警告世人，如果不负责任地一味滥用，盘尼西林会完全失效。

为了对抗细菌的耐药性，制药商将半合成青霉素（阿莫西林）与化学物克拉维酸相结合，诱使灭活盘尼西林的酶与克拉维酸结合，而不是与盘尼西林结合。在克拉维酸中和酶的过程中，阿莫西林可自由活动杀灭细菌。但即使用克拉维酸也无法完全解决细菌的耐药性问题。耐药菌常见于病情复杂、在医院长期使用抗生素的重症患者身上。短短数十年内，对青霉素衍生物的耐药性现象已变得普遍，过去的简单病情逐渐演化为不可控的感染，可致人毁容和死亡，常规药物对其完全无效。自2013年起，世界卫生组织（WHO）将全球抗生素耐药性列为公共卫生紧急事件。

弗莱明、弗洛里和柴恩被授予诺贝尔奖，而希特利、莫耶、特维特和"发霉玛丽"却无缘奖项。1990年，牛津大学向79岁的生物化学家希特利授予荣誉医学博士学位，以表彰其贡献，在牛津大学的历史上，希特利是以非医师身份获此殊荣的第一人。

尽管阿尔弗雷德·诺贝尔在遗嘱中明确规定，奖项应被授予"为人类谋取最大利益之人"，但弗洛里毫无人道主义观念。他曾直言：

"有时，世人以为，我和其他学者之所以研究盘尼西林，是因为心系受苦受难的普罗大众。我认为我们从来没有想过那些受苦受难的人。这是一次有趣的科学实践，而且能将它应用于医学，让我感到无比满足。但我们研究盘尼西林的初衷并不在此。"①

事实上，弗洛里担心其科学研究成果会间接促成更大的威胁：因医疗改善而造成人口过剩。他为这个问题所困扰并始终担任皇家学会人口研究小组领导人，直至1968年逝世。

20世纪50年代晚期，恩斯特·柴恩开始对麦角酸二乙基酰胺进行研究。麦角酸二乙基酰胺是一种强烈的致幻剂，俗称LSD，是从一种霉菌中提取的合成物，该霉菌能将黑麦作物变成发芽的有毒谷粒。食用发霉谷物可致人出现严重的临床综合征，即麦角中毒，患者可出现幻觉、癫痫、昏迷等症状，甚至死亡。1938年，瑞士桑多兹制药公司的阿尔伯特·霍夫曼博士首次合成了LSD。柴恩在牛津大学研究LSD的改良制造法，他不断发表研究成果直至1970年。在1964年的一篇文章中，柴恩夸口称其极大地改进了LSD生产与提取技术，以至于"可与盘尼西林的微生物产量相媲美"。此外，柴恩还研发出新型LSD合成

---

① 摘自《霍华德·弗洛里爵士——一个有进取心的人》（Sir Howard Florey—a driven spirit），丹尼丝·萨瑟兰（Denise Sutherland）著，刊登于《澳大拉西亚科学》（*Australasian Science*）1998年2月刊，原文出自1967年4月5日的《霍华德·弗洛里爵士采访录音记录》（Transcript of taped interview with Lord Howard Florey），黑兹尔德伯格（Hazel De Berg）著，澳大利亚堪培拉国立图书馆收录，第9页，共15页。

菌株。

　　1967年，柴恩在一个臭名昭著的案件中，为两名英国LSD贩卖商约翰·埃萨姆和罗素·佩奇辩护。柴恩做证说，LSD不满足当时英国对毒品的定义。控方是LSD的最早创造者阿尔伯特·霍夫曼博士。霍夫曼认为LSD绝对是一种毒药。陪审团最终判定被告人无罪。

　　1940年后，弗莱明基本不再涉足盘尼西林的研究，尽管他获得了多个荣誉学位，在学术界享有极高的地位。美国印第安基奥瓦部落甚至尊称他为"伟大的药师"。1955年，弗莱明与世长辞。

第35章
哥斯拉正在形成
——X射线辐射与基因突变

1946年，赫尔曼·约瑟夫·穆勒（Hermann Joseph Muller）因发现X射线辐射可引起基因突变而被授予诺贝尔生理学或医学奖。更令人瞩目的是，诺贝尔委员会不顾穆勒身后错综复杂的个人、职业和政治背景争议，认可其非凡的科研成就，提名并颁奖于穆勒。

1890年，穆勒出生于美国纽约市。大学前，穆勒就读于公立学校，他很早就对科学极度着迷，与几名高中同学一起组建了科学俱乐部。16岁时，穆勒在大学入学考试中取得优异成绩，为此他获得了自己选择的一所大学的奖学金。翌年，穆勒进入纽约市哥伦比亚大学学习。

在哥伦比亚大学就读研究生期间，穆勒进入托马斯·摩尔根实验室研究果蝇的基因突变。穆勒与摩尔根合著了一本关于基因突变的书，书中描述了染色体在卵细胞与精子细胞发育期间随机交换基因信息的方式。这一现象后被称为"染色体互换"，即遗传物质从一条染色体上被交换到另一条染色体上，而原始染色体可能得到遗传物质的一个片段作为交换。此过程不仅会产生新的基因突变，且常有害于机体，有些基因突变会对机体产生致命影响。穆勒凭借染色体互换论文顺利取得博士学位，托马斯·摩尔根则因在本基因研究中的主导作用而荣获1933年度的诺贝尔生理学或医学奖。

1916年，穆勒带着他的果蝇前往得克萨斯州休斯敦市新成立的莱斯学院任职，在此继续进行基因研究。（1960年，莱斯学院更名为莱斯大学）1920年，穆勒带着果蝇再度搬迁至得克萨斯大学奥斯汀分校。在他的影响下，得克萨斯大学的诸位同事不再使用犰狳与蜘蛛进行研究，转而选择更易研究的果蝇作为活体实验室研究对象。同行间的竞争应运而生，他们对果蝇的基因实验令穆勒研究X射线对基因影响的项目黯然失色。

穆勒让果蝇交配并追踪其遗传过程中的基因突变，他获得了大量的数据，在分析这些数据时，穆勒遭遇瓶颈。他向数学系讲师杰西·雅各布斯博士发起求助。杰西为穆勒的基因研究建立数学模型，又与穆勒共同发表论文描述基因突变的数学预测。二人迅速结为伉俪，但穆勒却为此再遭重创：得克萨斯大学奥斯汀分校禁止同事间发生私人关系。20世纪20年代，大学里盛行的观念是：做母亲与做学术不可得兼，为此，当杰西怀孕时，便遭到革职。

穆勒在得克萨斯大学奥斯汀分校进行的"X射线对遗传物质的影响"的实验项目为他赢得了诺贝尔生理学或医学奖。接受辐射的果蝇后代发生的基因突变明显多于未经辐射的果蝇。穆勒发现，与未经辐射的生殖细胞相比，经X光照射的生殖细胞（可分化成精子与卵细胞）染色体互换突变的频率较之高出150倍。穆勒提出，由X射线产生的超显微级别的热量导致分子随机移动，从而意外造成染色体互换，基因随之发生本质改变，有时，这种基因变化会对机体产生致命影响。1927年，穆勒将研究成果发表了出来。其他研究人员对此结论提出反驳，他们认为X射线不会引起特定的基因突变，只会造成染色体重组。

穆勒不仅在学术方面与校内外的同行为敌，私生活方面与校内职员通婚，就连其政治追求也令得克萨斯大学奥斯汀分校身处尴尬境地。他在全国学生联盟（NSL）中担任顾问，该组织被美国联邦调查局（FBI）列为共产主义组织——这或许开始于穆勒成为NSL的"利益相关者"。具体情况无从知晓，但穆勒的传记作者在书中提到，FBI曾在某个时间段频频骚扰穆勒。穆勒曾任校内报纸《星火报》的编辑，而《星火报》宣传共产主义事业。尽管穆勒本人从未入党，但奥斯汀市当地报纸却将穆勒斥为共产党成员。

身陷争议的穆勒与妻子之间的关系剑拔弩张。1932年某夜，穆勒服下过量的巴比妥酸盐，翌日，课堂上始终不见他的身影。穆勒的妻子组织起一支搜救小队，最终在奥斯汀市郊区发现了他，只见他衣冠不整、意识不清、漫无目的地游走在森林之中。次日，穆勒重返课堂，关于后事如何，史料再无记载。

时隔不久，穆勒在当年纽约市举办的第三届国际优生学家大会上发表的论文演说使他再遭业界鄙视。他公开抨击与德国优生学原则有很多共同之处的美国基因运动。穆勒认为，所谓基因中自带贫穷、意志薄弱、惯性犯罪等因素的说法毫无科学根据可言，他还呼吁停止阶级、性别及种族歧视。穆勒同时表示，所谓的消极优生学提倡的对具有不良特征的人进行绝育或谋杀的做法难以令人苟同。他提倡在真正平等的社会（如穆勒认为的苏联）中推行"积极优生学"，支持社会选择遗传特质最适合的人群实现最佳繁衍。

同年晚些时候，穆勒在古根海姆奖学金的资助下，向得克萨斯大学告假，以客座教授的身份前往柏林威廉皇帝学会下属的大脑研究所。然而，希特勒在这一年当选为民族社会主义德国首领。纳粹党针对共产党嫌疑分子系统地开展破坏计划，穆勒实验室被肆意推毁。穆勒没有留在德国，他一路向东，受邀前往苏联列宁格勒建立基因实验室，之后又转移至莫斯科。在苏联期间，他于1935年和妻子离婚。

穆勒始终坚信，共产主义社会是实现其优生学乌托邦的理想环境，1936年，他在《走出黑夜：一位生物学家眼中的未来》（*Out of the Night: A Biologist's View of the Future*）一书中详细阐述了自己的理念。他提倡科学控制人类生育，并使生育完全脱离传统意义上的爱情、性与婚姻。在穆勒描绘的社会中，女性可自由选择接受授精的对象，这些被选中的对象精力充沛、身体健康、智力超群并具备优秀的社会品质。列宁、马克思、普希金、牛顿、达·芬奇、巴斯德和贝多芬都是穆勒所述的理想男性。其中不乏非白人种族人士，如中国民族主义者孙中山和波斯数学家欧玛尔·海亚姆等。穆勒让人将该书译成俄文，另附长信寄予苏联领导人斯大林。穆勒此举严重失策，因为斯大林当时推崇的基因学理论来自于一位名不见经传的苏联农作物科学家李森科。

"李森科学说"认为，遗传因素可在环境压力的影响下发生改变。举例而言，如将夏小麦置于寒冷环境中，可促使其如冬小麦一般生长。李森科诱导无知大众相信：环境因素甚至可以迫使小麦变成黑麦或燕麦。1936年，穆勒与李森科公开辩论，他将李森科斥为骗子并称其成果为"萨满主义"。但李森科及其追随者获得了国家的支持，公开反对其学说的人都面临着政治危机。

穆勒三缄其口，不仅是为自保，同时也考虑到其苏联实验室内的同事安全。他必须谋划出一条符合政治要求的道路。他的方案是：自愿参加国际纵队，在西班牙内战中支持共和军，联合共产党与无政府主义者共同对抗佛朗哥领导的法西斯主义阵营。穆勒借此获准离开苏联本土。在西班牙期间，穆勒坚守马德里，当共和军面临土崩瓦解之际，穆勒动用人脉，为自己在苏格兰爱丁堡大学谋得一处临时职位。

在爱丁堡大学期间，穆勒通过实验证明：一次性接受30分钟的X射线辐射与在30天内缓慢接受同等剂量的X射线辐射所引起的基因突变率增幅相同。穆勒得出结论，X射线不存在安全剂量的说法，他在医学界鸣起警钟，呼吁技术人员与医生在操作X射线时佩戴铅防护罩，同时极力主张内科医生尽量避免使患者反复接触X射线照射。但穆勒的建议并未受到医生们的欢迎，他们激烈地抨击穆勒，声称他不过是从未接触病人的客座专家而已。多年之后，人们的辐射防御意识才有所提升，医院开始实行重要的辐射接触监测措施。直至近期，人们才开始留意对患者进行防护。据文献记载，用于乳房肿瘤监测的常规乳房X检查存在致人罹患乳腺癌的可能性，虽然概率极小，但绝对高于乳腺癌的自然发病率。现代人认为，童年时期过度使用电子计算机断层扫描（CT）的患者罹患白血病与脑癌的概率是常人的三倍。

第二次世界大战爆发后，纳粹德国空军于1940年9月轰炸伦敦，致使穆勒在爱丁堡大学的工作被迫中断。有人力劝穆勒归国。此时，FBI还未停止对穆勒的调查，各方势力都不接纳穆勒。苏联指控他为美国间谍，而FBI则怀疑他为苏联效力，法西斯分子也因他在西班牙内战时的立场对他发起攻击。得克萨斯大学奥斯汀分校告知穆勒，如果他想重返学校，那么他首先要为自己违反校规——未经授权，教职人员不得擅自编撰报纸——的行为接受大学评议会的审判。

最终，穆勒在马萨诸塞州的阿默斯特学院暂时谋得一席之地。暂留阿默斯特学院期间，穆勒开始研究随人体老化而出现的、与X射线辐射无关的基因突变。他与未来的诺贝尔奖得主芭芭拉·麦克林托克一致认为：染色体老化后会出现末端缺失的趋势，从而使染色体失去稳定性。二人认为，染色体末端有助于染色体维稳，一旦末端缺失，染色体就更加容易受损。穆勒将染色体末端命名为"端粒"。

直至20世纪70年代晚期，其他三位科学家才完成确切研究，证实端粒对染色体的保护作用，三人因此荣获2009年度的诺贝尔生理学或医学奖。时至今日，人们对端粒有了细致入微的了解。端粒缩短可影响人体寿限并出现年龄相关的退化性疾病。在阿默斯特学院期间，美国政府就秘密制造原子弹的曼哈顿计划向穆勒征询意见，穆勒劝告美国政府：放射物存在风险，可诱使人体出现基因突变。

在阿默斯特学院的逗留期限将至，穆勒迫切希望寻得稳定的研究职位。他在信中向朋友和同事抒发他的绝望之情。1945年，穆勒终于受邀前往印第安纳大学布卢明顿校区的动物学院工作，他对此心存感激。往后的职业生涯中，穆勒始终留在印第安纳大学，但有关他的争议之声从未停息。

1946年，穆勒荣获诺贝尔奖，此时距离美国向日本广岛、长崎投放原子弹仅有一年之隔，距离美国军方在比基尼环礁试验威力更大的原子弹的十字路口行动亦不过数月。在十字路口行动中，服役军人、观察人员、岛上居民和清理人员全部遭到辐射污染。事实上，由于辐射污染范围过于广泛，军方不得不放弃原定的清理计划，因为即使清理也无济于事。事后，岛屿居民被迫迁移，比基尼环礁自此不再适居。

上述事件令人如梦方醒，普罗大众开始关注辐射对基因突变的影响，而穆勒多年之前就已发出警世之言。穆勒与相关领域的其他科学家在科学会议和非专业媒体上的发声日渐增多。诸位科学家的反核理念虽各有不同，但中心思想一致落脚于"任何企图使用核武器的行为，都会对全球造成不可避免的破坏"。

1953年，两名FBI特工传唤穆勒至众议院非美活动调查委员会受审。他亲口承认，他已经改变想法，但FBI仍不放弃对他的监视。

1954年，美国军方在比基尼环礁再度实施臭名昭著的核试验，史称"比基尼事件"。本次爆炸的威力是预期的2.5倍，使用的氢弹当量为15兆吨，相当于美国在日本广岛投放的原子弹威力的1 000倍。大量的放射性微尘迫使居住在爆炸地点以东偏远岛屿上的当地人不得不进行又一轮迟到的疏散，很多居民在疏散小组抵达前已出现急性辐射病症状，痛不欲生。放射性微尘向世界各地蔓延。

比基尼事件的核爆炸辐射使"福龙丸号"日本渔船上的船员遭到牵连，爆炸发生时，该渔船恰在试验场以东约80英里（约合128千米——编者注）处。23名船员全体出现急性放射病症状，船长首先离世。逾40万日本国民出席了船长的葬礼，这是日本全国性的反核武器抗议活动的一部分。同年，首部《哥斯拉》电影反映了现实中辐射导致基因突变的现象。日本的初版《哥斯拉》电影描绘了人类因研发核弹而遭受大自然复仇的恐怖画面。电影开场时，渔船甲板上风平浪静，转瞬之间，一阵狂轰滥炸打破了平静，海中巨浪滔天，人们四处逃窜，惊惧万分。影片中的怪兽是由原子弹爆炸造成的基因异变的畸形物种。影片落幕时，哥斯拉终被打败，一位睿智的年长古生物学家说道："如果人类继续开展核试验，世界某处终会出现新的哥斯拉。"

1955年，穆勒受邀出席联合国会议并就"和平利用原子能"主题发表论述。美国原子能委员会禁止穆勒与会，取消了他的计划演讲——《辐射造成的基因损伤》。原子能委员会之所以如此决定，是因为FBI向其出示了有关穆勒的大量调查文件。穆勒和其他反核积极分子一律被贴上共产党支持者的标签，他为警示原子能技术的危害所做出的努力也被判定为诱使美国退出冷战的诡诈伎俩，因为当时的苏联也在秘密开展核项目。

同年，穆勒和波兰物理学家利奥波德·英费尔德一道联合其他九位诺贝尔奖得主共同签署了《罗素–爱因斯坦宣言》。宣言最初由阿尔伯特·爱因斯坦与伯特兰·罗素起草，他们呼吁召开一次非政治性的世界科学家会议，讨论大规模杀伤性武器的危害。宣言中有一句名言："牢记人性，忘却杂念。"[①]1958年，未来的诺贝尔奖得主莱纳斯·鲍林上书联合国，呼吁终止核武器试验，穆勒与众多知名科学家联名签署了请愿书。

诺贝尔奖得主的身份令得克萨斯大学奥斯汀分校对穆勒刮目相看。1954年，得克萨斯大学的前任系主任请求穆勒回寄一张精美照片，以便置于得克萨斯大学名人堂内。穆勒回复道："我很高兴知道我终于被挂在了得克萨斯州，而不是'挂'在那里。"1967年4月，穆勒因心脏病于印第安纳州印第安纳波利斯逝世，享年76岁。

---

① 出自《罗素-爱因斯坦宣言》(The Russell Einstein Manifesto)。

第36章
糖代谢
——垂体在糖代谢中的作用与"可立氏循环"

1947年，三位科学家凭借糖（葡萄糖）代谢的相关研究被共同授予诺贝尔生理学或医学奖：其中，阿根廷生理学家贝尔纳多·奥赛（Bernardo Houssay）荣获半数奖金，另外一半奖金则由加入美国国籍的卡尔·科里与格蒂·科里（Carl and Gerty Cori）夫妇平分。贝尔纳多·奥赛是史上首位荣获诺贝尔生理学或医学奖的南美科学家，格蒂·科里是首位女性诺贝尔生理学或医学奖得主，科里夫妇则是第一对被授予诺贝尔生理学或医学奖的美国夫妇。

1887年，贝尔纳多·阿尔韦托·奥赛出生于阿根廷布宜诺斯艾利斯，小学时，奥赛就读于英属英语学校，他是个很了不起的学生，7岁时已完成小学全部课程。年仅14岁，奥赛就被布宜诺斯艾利斯大学药学院录取，17岁转入医学院并在毕业前一年晋升为生理学院正教授。奥赛此时已是世界级的激素专家，他的研究几乎涉及生理学的每个领域，包括人体血液循环、呼吸系统、消化系统、免疫系统等，他对蛇毒和蜘蛛毒研究也有所涉猎，但奥赛尤为关注垂体（英语名：hypophysis或pituitary gland）的研究。

　　垂体是一种豌豆大小的腺体，位于大脑下方。垂体外围的小块颅骨被称为"蝶鞍"，蝶鞍形成的类似于土耳其微型马鞍状的下凹结构对垂体具有保护作用。垂体分泌的多种激素可控制人体的基本功能，包括调节血糖、缓解疼痛、调节体温、生长、血压、水平衡、血液含盐量、甲状腺功能、性器官功能、分娩期间的宫缩和母乳分泌等。

　　奥赛重点研究垂体对人体内碳水化合物代谢的调节方式。人类此时已发现，胃后方的器官——胰腺是胰岛素的来源。而胰岛素可促使血糖进入细胞。同时，肝脏可制造或储存葡萄糖以满足人体对能量的需求。奥赛发现，垂体可通过分泌激素对上述器官内的活动产生重要影响，它对血糖的影响程度甚至高于胰脏或肝脏。

　　奥赛一生共发表科研论文五百余篇，其产出能力令人叹为观止。他在阿根廷创办了世界一流的研究中心，各国顶尖科学家纷纷慕名前来。自1931年起，奥赛共获诺贝尔奖提名46次，1947年，奥赛终于问鼎诺贝尔生理学或医学奖。

　　1943年，阿根廷在一场军事政变后成为独裁专制国家，奥赛因持民主观念而被革去生理学院院长一职。他仿照洛克菲勒基金会与巴斯德研究所，重新组建了私募研究实验室——实验医学与生物学研究所。1946年，奥赛的处境依然艰难，或许是因为他坚持反对法西斯主义，继任掌权者胡安·多明戈·庇隆再度剥夺了奥赛在大学内的职位。国外大学屡屡向他抛出橄榄枝，邀请奥赛在国外建立研究实验室，奥赛一一回绝，他决意留在自己的祖国。奥赛始终坚守在自己的私募实验室，直至1955年庇隆下台，他才得以在布宜诺斯艾利斯大学恢复职位。

奥赛在布宜诺斯艾利斯大学结束了职业生涯，直至1971年逝世，终年84岁。

卡尔·科里与格蒂·科里二人同在1896年出生于布拉格，当时的布拉格隶属奥匈帝国（现在属于捷克斯洛伐克）。中学时期，格蒂就读于女子学校，此前，她始终在家接受教育。16岁时，格蒂决意从医，但她尚未完成医学院的基础先修科目。在接下来的一年内，格蒂完成了相当于五年学时的数学和科学课程以及相当于八年学时的拉丁语课程。

18岁时，卡尔·科里与格蒂·拉德尼茨相识，当时两人同被医学院录取。1920年，二人毕业后结为伉俪并在当年首次联名发表论文。格蒂曾在儿科病房工作数年，其间，格蒂研究血液病以及甲状腺对体温的调节。因战后食物供应严重不足，格蒂与卡尔每日须长时间工作方能换取一餐食物。格蒂患上了干眼症，该病会导致患者出现严重的眼睛干涩症状。这种病的成因在于营养不良，尤其是饮食中缺乏脂肪和维生素A。如人体持续数月营养不良，就会出现干眼症，并会进一步发展成眼球溃疡甚至失明。如今，干眼症依然常见于世界上的饥荒地区。

科里夫妇希望可以凭借二人的学术资历移民至经济、政治状态更为优越的其他国家。经他人推荐，卡尔前往美国纽约州布法罗市国立恶性疾病研究所参加面试，事后，他认为此事不会有什么结果。卡尔没有继续等待面试结果，1921年，他加入奥地利格拉茨大学任研究员。一战过后，奥地利国内种族主义情绪高涨，影响了社会各领域，卡尔·科里若想入职格拉茨大学，则必须证明自己是雅利安人的后代。

令人感到讽刺的是，卡尔在格拉茨大学被分配至奥托·勒维实验室。彼时，勒维正在进行一项著名的实验：以青蛙心脏为实验对象证明神经递质的存在，1936年，勒维凭借该实验荣获诺贝尔生理学或医学奖。但勒维出身于犹太家庭，时至1922年，他在奥地利前景堪忧。格蒂也有犹太血统，尽管为了与卡尔成婚，她已转为天主教徒。政治环境使然，二人离开奥地利之事迫在眉睫。就在此时，卡尔意外收到了美国纽约州的职位邀约并获得了美国签证，而格蒂直到半年后才收到工作邀请。虽然格蒂有资历（已发表医学研究论文），但她却因自己的女性身份而遭到轻视。最终，格蒂在纽约研究所内得到了一个初级职位，使她得以赴美与丈夫团聚。

在纽约期间，卡尔开始研究细胞内的能量生成机制，并聚焦于碳水化合物代谢。格蒂则研究X射线对人体的影响。业余时间，格蒂会来到卡尔的实验室，共同研究卡尔的项目，他们因此被批判造成让人难以忍受的干扰。研究所所长威胁卡尔，如格蒂继续参与，则卡尔将被免职。

但格蒂仍然在坚持，且卡尔坚决支持她。夫妻二人接连不断地发表重要著述，这很快证明：格蒂与卡尔是旗鼓相当的合作者，双方的贡献对研究的发展都是至关重要的。格蒂被认为是更具创造力与进取心的实验室专家，她追求更高的标准；而卡尔更善于反思，能挖掘出新的理论指导研究项目。

科里夫妇对人体肌肉与肝脏内的葡萄糖代谢研究成果得到了国际认可。但此项目不符合研究所重点关注癌症研究的宗旨——该研究所是世界上首家集癌症研究与治疗为一体的综合研究中心，后被称为"罗斯维尔·帕克癌症研究所"。夫妻二人另谋生计，其间，卡尔回绝了康奈尔大学与多伦多大学的邀约，理由是这两所高校不接受同时录用格蒂的条件。

位于密苏里州圣路易斯市的华盛顿大学医学院对卡尔发起的邀约最具吸引力。这一次，格蒂仍面临性别歧视。事实上，华盛顿大学医学院也不得不在"禁止裙带关系"的原则上做出妥协，以卡尔薪酬的十分之一为条件给格蒂一份低微的研究助理工作。1931年，科里夫妇迁至圣路易斯市，医学院对格蒂与卡尔一道参与研究的行为表示不满。医学院对二人发出警告，认为格蒂的行为有损卡尔的前程。科里夫妇依然置世俗偏见于不顾，深夜来临，格蒂就在实验室隔壁房间里的小床上歇息。

科里夫妇准确发现了碳水化合物在促进人体产生能量时发生的生化变化并因此获奖。二人发现，肌肉中的葡萄糖通过几个步骤的反应转化为乳酸，从而释放能量。乳酸离开肌肉，通过血液进入肝脏，在肝脏中被吸收并重新转化为葡萄糖，这些葡萄糖可以在肌肉需要的时候回到肌肉中。此过程被称为"可立氏循环"[①]。

1943年，格蒂晋升至副教授职位。1946年，卡尔当选生物化学系主任后，他将格蒂升职为正教授。许多优秀学子慕名加入科里夫妇实验室，最终，科里夫妇实验室走出了六位未来的诺贝尔奖得主，其中五位荣获诺贝尔生理学或医学奖，还有一位被授予诺贝尔化学奖。

1947年，格蒂被诊断出患有早期骨髓性白血病时，科里夫妇正在山区度假。骨髓硬化症（又称骨髓纤维化）是一种因骨髓纤维组织增生而造成的骨髓增殖性肿瘤，过度增生的骨髓

[①] "可立氏循环"以科里夫妇的姓氏命名，汉语中"可立"与"科里"同音不同字，英文同为"Cori"。——译注

纤维组织阻碍了正常的造血细胞的产生。格蒂患病的原因或许在于其短暂的早期工作经历：在纽约州国立恶性疾病研究所期间，格蒂因研究X射线的影响可能接触了过量辐射，而现代人普遍认为，过量辐射是诱发此类癌症的因素之一。诺贝尔奖史上前两位女性得主也因在研究X射线时受到辐射而患有同类疾病。玛丽·居里死于类似症状的再生障碍性贫血（系一种无法产生红细胞的疾病），终年66岁。同为诺贝尔奖得主的伊雷娜·约里奥-居里——玛丽·居里的女儿——死于白血病，终年58岁。

格蒂确诊数月后，科里夫妇接到了诺贝尔奖的获奖通知。当时，骨髓硬化症无药可医，但患者可通过按需输血改善症状、延长生命。卡尔定期在实验室内为格蒂抽血进行常规测验，然后再为格蒂输血。格蒂继续工作了10年后，于61岁时去世。

1960年，卡尔·科里再婚。他以客座教授的身份迁至哈佛大学继续从事研究事业，直至逝世的前一年。1984年，卡尔·科里离世，终年87岁。

第37章
《寂静的春天》之由来
——DDT杀虫剂

　　阿尔弗雷德·诺贝尔在遗嘱中规定：诺贝尔奖应授予"上一年度为人类谋取最大利益之人"。其中，最直接的体现方式是挽救生命，降低死亡率。如此说来，保罗·赫尔曼·穆勒（Paul H.Müller）因DDT（双对氯苯基三氯乙烷）杀虫剂的相关研究而被授予1948年年度诺贝尔生理学或医学奖实乃顺理成章。在DDT杀虫剂推广使用初期，各国的致命流行病很快得到了控制，其中包括由虱子传播的斑疹伤寒以及由蚊子传播的疟疾和黄热病。此前，人工药剂从未有如此迅猛之奇效。

　　1899年，保罗·穆勒出生于瑞士，他一生多居于巴塞尔。大学时期，穆勒因工作数年而中断了教育，但他后来重返校园并取得了化学博士学位，以优异成绩毕业。毕业后，穆勒在嘉基染料工厂入职，工作初期，穆勒主要研究天然染料、合成染料和植物鞣剂。

　　1934年，穆勒受命研制杀虫剂。他概述了自己对理想杀虫剂的具体要求：它通过接触昆虫而将其消灭，能快速有效制伏多种害虫，还要保证对植物及哺乳动物无害，价格低廉，并可长期保持高度化学稳定。当时，市面上流通的杀虫剂主要是毒性相对较低的植物萃取型杀虫剂, 如除虫菊和鱼藤酮。其他杀虫剂则由汞、砷或铅制成, 因此毒性较强。

穆勒深受当时瑞士面临的食物短缺问题影响, 强调保护农作物。不仅如此, 1918—1922年间, 俄国暴发了史上最大规模的斑疹伤寒症。这种以虱子为传播媒介的疾病最早见于俄国中部省份及人口密集城市, 后经乌拉尔山脉蔓延至西伯利亚和中亚地区, 1920年, 斑疹伤寒症席卷了整个俄国。俄国内战结束后, 疫情传播进入了短暂的平静期, 但俄国随后出现饥荒, 使斑疹伤寒症卷土重来且势头更劲, 感染了无数人, 估计死亡人数超过100万。一战时期, 死于疟疾或斑疹伤寒症的士兵人数甚至超过了战死沙场的士兵人数。

穆勒对具有一定杀虫特性的化学物质进行研究后得出结论: 有效杀虫成分中含有一个氯分子和一个六碳环 (称为碳氢化合物)。事实上, 嘉基首席化学药剂师亨利·马丁曾制成一款含氯化碳氢化合物成分的杀虫剂, 它可有效杀灭特定种类的飞蛾。穆勒对此基础配方的变体物质进行了系统的测试。1939年, 穆勒将350号化合物置于玻璃实验器皿后观察到: 活蝇进入后很快死亡。喷洒过350号化合物的器皿可持续数周杀灭飞蝇, 对于飞蛾、甲虫和其他类飞虫同样有效。1940年, 瑞士政府对350号化合物进行农田试验后发现它对破坏农作物的甲虫具有强大威力。

DDT杀虫剂的特点是"缓慢出击"但"绝对致命"。穆勒把化学稳定性视为理想杀虫剂的必备条件之一。DDT长期有效的关键在于其不具备水溶性。人们发现, DDT杀虫剂接触到虫类后, 会率先破坏其外部的防水脂肪层, 随后直击神经, 诱发昆虫兴奋，使其身体不受控，出现仰面朝天并抽搐的症状，最终使虫类神经中枢瘫痪。

在1946年发表的一篇论文中，穆勒直言，长效杀虫剂将为大自然埋下祸患，其原文如下：

"所有天然杀虫剂——包括除虫菊和鱼藤酮均可在短时间内通过光照和氧化作用进行分解，与之相反，人工合成的杀虫剂却非常稳定。长期存在于大自然中的杀虫剂毒素定会破坏环境，而大自然终将反击。大自然是生命的摇篮，灭绝绝非自然之道！"①

穆勒深知，长效杀虫剂定会给自然环境带来灾难。

除虫菊等植物萃取型杀虫剂效力短暂，数小时后药效就会减弱，一到两天后即完全失效。DDT杀虫剂效力更为持久，但在使用初期，人类对其毒性持续时间毫无概念。最终，科学家发现，在实验室的无尘环境下，喷洒过DDT杀虫剂的器皿表面毒性可持续有效达七年之久。1944—1945年，科学家以狗为对象进行试验后发现，DDT杀虫剂可囤积于动物的脂肪组织内。关于DDT杀虫剂有效期的更多信息逐渐浮出水面。

当时，市面上的除虫菊杀虫剂价格低廉，很容易买到，但二战爆发后，除虫菊的主要产出国——日本停止向同盟国国家运送除虫菊杀虫剂。同盟国国家对合成杀虫剂的需求随之激增。1944年，穆勒发表了一篇具有划时代意义的论文，阐述了DDT的合成及其杀虫效果。但人们很快发现穆勒不是制出DDT

① 出自《诺贝尔奖编年史——1948年：保罗·赫尔曼·穆勒（1899—1965）》［The Nobel chronicles. 1948: Paul Hermann Müller（1899—1965）］，拉朱（TN Raju）著，刊登于《柳叶刀》（Lancet）1999年4月3日刊，第353（9159）期，第1196页。

杀虫剂的第一人。德国化学家奥特马尔·赛德勒早在1874年就合成了相同的化合物，只是赛德勒认为它百无一用，便将其束之高阁。但这并未阻止穆勒在各个大洲注册获得了DDT杀虫剂专利。

战争期间，瑞士保持中立的政治立场，无论同盟国还是轴心国，均可使用DDT杀虫剂。1943年，美国政府经试验后，即与杜邦公司和嘉基公司签约，在美国国内生产DDT杀虫剂。穆勒又在英国与澳大利亚申请了专利，同时向德国提供杀虫剂配方。后来，人们发现，DDT杀虫剂不仅可消灭传播斑疹伤寒症和疟疾的害虫，还可有效消灭跳蚤（黑死病的传播媒介）、蚊子（携带寄生虫，可传播黄热病、登革热、恰加斯病、象皮病和病毒性脑炎）、舌蝇（非洲昏睡病的传播媒介）和沙蝇（携带寄生虫，可传播利什曼病）。

1944年，在意大利那不勒斯，意大利解放盟军使用DDT杀虫剂消灭了当时盛行的斑疹伤寒症。盟军令士兵站成长排，列队前行接受喷洒消杀，又对布满灰尘的避难所和公共建筑进行喷洒消杀，在一月之内结束了那不勒斯疫情。解放盟军又对集中营的幸存者、战俘、难民和整个军营进行了全面杀虫。随后，希腊与太平洋战区的疟疾几乎消失。在1948年的颁奖典礼上，诺贝尔委员会发言："毋庸置疑，这种物质保障了成千上万人的生命和健康。"自此，DDT杀虫剂被誉为有史以来最具疾病预防价值的化学合成物。

DDT的归属问题一直存在争议。在1944年发表的DDT杀虫剂论文上，第一作者是嘉基研究组的主管保罗·劳赫尔，第二作者是嘉基公司的首席化学药剂师亨利·马丁，穆勒的名字位列最末。虽然穆勒合成DDT并完成其测试是毋庸置疑的事实，但劳赫尔坚称，穆勒是在他的指导下才完成了实验，也是他为穆勒选定了具体的测试物质种类，引导穆勒走上正确的研究方向。获得DDT的专利权意味着持有者可获得丰厚的收益，因此争论演变成一场争斗。1946年，嘉基公司出手干预，将劳赫尔解雇。

1946年和1947年，劳赫尔曾两度获得诺贝尔奖提名。诺贝尔委员会对双方的贡献进行评估后认为穆勒在发现DDT的过程中贡献值更大，然而，两年之间，穆勒未获任何提名。直至1948年，六位土耳其医师联名提名穆勒。穆勒是第一位在纯商业环境下而非医院或学术环境中完成研究的获奖者，同时也是第一位非医师身份的诺贝尔生理学或医学奖得主。

获得诺贝尔奖之后，穆勒向雇主抱怨自己分得的专利利润份额过小。他聘请了一名律师并扬言要起诉。嘉基公司随即将穆勒晋升为公司副主管，与穆勒就利润分成问题达成一致并签署协议。

早在1945年，美国农业部实验室便针对DDT杀虫剂培养出具备一定耐受力的家蝇品种。科学家早有预测，大自然对DDT杀虫剂的耐受力会日益增强，预言很快成真。DDT杀虫剂的使用剂量随之大幅增加，同时，人们希望能衍生出效力更强的化学杀虫剂。人们很快发现，某些虫类体内生成了阻止DDT杀虫剂生效的新型蛋白质。同年，美国农业部在宾夕法尼亚州的森林内进行实验：为了对抗入侵的舞毒蛾，实验人员按照每英亩（约为4050平方米——编者注）地5磅（约2.27升——编者注）的浓度喷洒DDT油剂。蛾子全军覆灭，但森林中的鸟类（4000余只）也未能幸存，同样遭殃的还有瓢虫。但蚜虫却毫发无伤，且因为在森林中再无天敌（瓢虫），蚜虫很快便开始蚕食森林。幸而，一场突如其来的狂风暴雨终止了蚜虫的破坏行为。

在另一项实验中，DDT杀虫剂的五分之一浓度（每英亩1加仑）使蛾子被消灭，鸟类得以存活，但对水生生物来说，这依然是致命的。人们向桃树喷洒DDT杀虫剂的本意是为消灭蛾子幼虫，结果发现，DDT对攻击蛾子幼虫的寄生虫的杀伤力比对蛾子幼虫的杀伤力更大。还有报告称，在DDT杀虫剂喷洒后的果树上，出现了红蜘蛛的天敌尽数死亡而使红蜘蛛的繁衍更为肆虐的情况。美国农业部在报告中将DDT杀虫剂称为"双刃剑"——既能带来希望同时也可能招致灾难。

尽管存在上述隐患，1945年晚些时候，DDT杀虫剂的使用权限对公众开放。这一年，《内布拉斯加州农民》杂志的头条上赫然写道："因战成名的虫类杀手——DDT杀虫剂""奇效药物""杀虫剂中的乔·路易斯[①]"。

人们将DDT杀虫剂喷洒于牲畜、花园、谷仓和农作物上，以消灭蚱蜢、苍蝇、飞蛾和蚊子。在果园和森林中也不乏DDT杀虫剂的踪影。人们还将杀虫剂喷洒于家中内墙之上，施药后的墙壁对苍蝇和蚊子的杀伤力可持续三个月。酒窖、地下室、庭院和住宿学校中也利用DDT杀虫剂消灭苍蝇、跳蚤、蟑螂、蚂蚁和臭虫。一张喷洒过DDT杀虫剂的地毯对臭虫的杀伤力长达九个月。即使经过数次清洗甚至干洗过后，这张地毯仍可杀死直接接触的飞蛾。

人们用DDT杀虫剂喷雾器对公园、公共泳池以及儿童就餐的

---

① 美国职业拳击手，战绩辉煌，曾获世界重量级冠军头衔。——译注

学校餐厅消毒。DDT杀虫剂被广泛应用于美国农业中，尤其是棉花、花生和大豆等农作物。保罗·穆勒访问美国时，当地农民向他展示的作物喷洒过程令他大为震惊，人们无视说明书中的剂量要求和标签上的警告标识，过度使用DDT杀虫剂。据估计，20世纪40年代至70年代间，全球范围内的DDT杀虫剂使用量高达150万吨。

人们认为，在消除美国南部地区的疟疾传染过程中，DDT杀虫剂功不可没。事实上，人口统计分析显示，更为关键的因素在于人口从疟疾易发地区迁移。早在DDT杀虫剂引入美国前的十余年间，疟疾发病率已呈下降之势。

蕾切尔·卡逊是一名海洋生物学家，在美国渔业局担任自然文学作家。到了20世纪50年代中期，她已经成为自然类畅销书作家，在经济上取得了成功。卡逊开始追踪考察杀虫剂对野生动物的有害影响，她发现了美国农业部早期的有关DDT杀虫剂的研究报告，并深入挖掘出有关DDT杀虫剂毒性的后续科研文献。卡逊亲自对多起DDT杀虫剂引起的灾难案例进行调查，并掌握了鸟类学家和蜂农在20世纪50年代起诉DDT杀虫剂毒害野生动物的案件相关细节。她向多位专家咨询，其中不乏美国国立卫生研究院科学家以及一流的癌症研究学者。

1962年，卡逊发表《寂静的春天》一书，她以生动的笔触将关于DDT杀虫剂的事实编纂成书，全书300页。卡逊警示人类：正如舞毒蛾消灭计划导致林中之鸟随之消亡一般，终有一日，地球上的春天将鸟鸣不再、寂静无比。她在书中详细阐述了DDT杀虫剂及其代谢产物DDE和DDI在鱼类、鸟类及所有哺乳类动物体内的脂肪组织中的囤积方式，大到北极熊，小到老鼠，无一幸免。且有研究证明，DDE和DDI对动物也有毒。《寂静的春天》详细说明了DDT杀虫剂如何令鸟类蛋壳变薄，又如何令雏鸡及禽卵存活率下降。卡逊还在书中提及，人类在接触杀虫剂的动物肝脏内发现了肿瘤，且有证据显示，对DDT杀虫剂及其化学衍生物具有耐药性的超级害虫已经问世。

《寂静的春天》被认为是美国环保运动的导火索。1963年，美国哥伦比亚广播公司（CBS）电视新闻特别栏目多次提及《寂静的春天》并对卡逊进行访谈。在本书的直接影响下，美国参议院于1963年就DDT杀虫剂禁令问题举行听证会，并通过立法控制杀虫剂的使用。在本书上架前，《纽约时报》已摘录过书中三段内容，又提前数周刊登了头条新闻。该书在畅销书排行榜上长达31个月。

在卡逊的警示之后，相关支持证据不断涌入人们的视野。《寂静的春天》发行一年后，美国国家癌症研究所的威廉·卡尔·休珀博士证实了DDT杀虫剂的致癌性。他在报告中写道，"现存证据表明，DDT杀虫剂确可诱发癌症"，休珀博士还将DDT杀虫剂斥为"引发良性及恶性肝脏肿瘤、肺癌及白血病"的罪魁祸首。生物学家连续数年发表DDT杀虫剂的毒性研究报告。举例而言，1966—1967年间，科学家在研究美国蒙大拿州红尾鹰和大雕鸮的报告中指出，所有鸟蛋及鸟类组织样本中均含有大量的DDT杀虫剂及其代谢物DDE、最新衍生杀虫剂DDD和狄氏剂。有文献表明，在大量使用DDT杀虫剂的地区，雏鸡存活率呈下降之势。后续研究表明，DDT杀虫剂及其代谢物可扰乱人体激素并最终诱发激素敏感性癌症。有研究显示，孕期接触过DDT杀虫剂的女性后代罹患乳腺癌的风险更高。1967年，一些科学家向法院提起诉讼要求禁用DDT杀虫剂，并联合成立了环境保护基金。

1968年，自然环境中的DDT杀虫剂及其毒性代谢物据预计约为10亿磅（约4.5亿千克——编者注）。1969年，美国多数地区禁用DDT杀虫剂；其他多数发达国家均对其有所限制，至少在农业领域全面禁用。在发展中国家，DDT杀虫剂仍被用于消灭虫类传播型疾病。尽管各国已发布禁令，但据2010年的一项计算机模拟模型研究报告，世界海洋中仍存有大量的DDT杀虫剂。德国马克斯-普朗克化学研究所的研究人员报告称，在经过循环周期实现二次溶解前，海洋中的DDT会持续不断地返回大气层中。DDT正在向地球北部方向移动，北极地区的DDT浓度预计在2030年达到峰值。

与此同时，虫类的DDT耐药性不断提升。2008年，科学家发现，具有耐药性的蚊子体内会不断产生一种特殊蛋白，帮助它们将DDT杀虫剂代谢成无毒形式。

人们在低等细菌中发现了毒性杀虫剂的安全替代品。以色列人在1976年发现的细菌物种——苏云金芽孢杆菌可产生有毒物质，消灭蚊子及某些种类的毛毛虫、小蠓虫、苍蝇，同时对包括人类在内的哺乳类动物不具备毒性。且苏云金芽孢杆菌不会像DDT杀虫剂一样长久存留于自然环境之中。

自1960年起，蕾切尔·卡逊一直患有转移性乳癌，1964年，她因癌症并发症逝世，享年56岁，此时距离《寂静的春天》发行之日不过两年而已。翌年，保罗·穆勒因病猝然离世，终年66岁。

第38章
被搅乱的大脑
——间脑对内脏的调节功能与脑白质切断术

1949年，瓦尔特·鲁道夫·赫斯（Walter Rudolph Hess）和安东尼奥·埃加斯·莫尼兹（Antonio Egas Moniz）凭借各自的脑部实验荣获诺贝尔生理学或医学奖。

1881年，瓦尔特·赫斯出生于瑞士。幼年时期，赫斯染上了当时还没有疗法的肺结核。赫斯很快恢复如初。他之所以决意投身于医学研究，很大程度上取决于当时为他进行治疗的家庭医生。1906年，赫斯从医学院毕业。在进行脑部研究前，赫斯在其他方面已有科学建树。他研发出能准确测量血液黏度的仪器，从而可判断人体是否患有炎症。当时，这款测试仪在各国医院内得到广泛使用，直至数十年后，人类才研发出更为严密的现代测试法。然而，当时的大多数医学期刊拒绝刊载赫斯关于血液黏度测量仪的研究原稿，其理由是：他没有一位著名的科学导师为其发明增加威信。

赫斯主张，腿部骨折患者应借助石膏起身走动，因为骨骼在承重压力的刺激下更易愈合。但当时医学界的主流观念是：骨折患者应休息数周，不宜走动。于是，赫斯的主张再遭冷遇。如今，医学界对这一问题仍存在争议。一些研究证明，如果患者骨骼已借助钢管及螺丝钉固定完好，则患者可以在骨折愈合前接受承重；但如果骨折处涉及关节，则患者应静待骨骼再生，在关节稳固后方可接受承重。

此后，赫斯开始从事眼科研究，他发明了可测量眼睛斜视程度的装置——黑氏屏，黑氏屏被沿用至今。赫斯精通于眼部工作机制，他借此研发出用棱镜头拍摄三维立体照片的方法，但迫于一战的爆发，赫斯未能对此申请专利。他在苏黎世大学及下设两处从属办公室的眼科学实践风生水起，之后他离开办公室，回到解剖学、血液循环和呼吸的研究。

当时，苏黎世大学的生理学系主任一职正值空缺，赫斯暂时接任。而待正式评选之际，赫斯却因非德国籍的身份而在初选时被取消候选资格。德国科学家在医学界成绩斐然，使德国在世界范围内享有盛誉。欧洲大学为了自身的地位，总是想方设法地聘请德国科学家。赫斯的学生和实习生为此感到义愤填膺，最终，苏黎世大学只得正式聘请赫斯担任生理学系主任。赫斯上任后的第一项举措是以电影为教具、针对活体动物进行生理学研究。

20世纪30年代，赫斯利用活猫进行了一系列实验，正是这套实验为他赢得了日后的诺贝尔奖。他设计出一种极细的电线，以便于将其准确置于脑部特定位置。赫斯所研究的大脑部位是间脑（英文名：interbrain或diencephalon）。实验时，他先令猫自由走动，再通过电线向猫的脑部定量传输微电流，在观察过程中，赫斯会改变电线与脑部连接的具体位置，电流的强度、频率和持续时间也会有所变化。在赫斯的刺激下，实验中的猫可表现出攻击、逃离、恐惧、警戒、兴奋、冷漠、饥饿、排便、排尿、入睡等行为，甚至会陷入昏迷。

间脑中的丘脑与下丘脑被认为是地球上的动物祖先在进化过程中最早出现的脑部结构。赫斯借助电流刺激，可激发出动物本能的机体功能，动物随之释放出一些低级情绪。赫斯通过观察发现，当对下丘脑侧面区域进行电击时，动物会出现冷漠、嗜睡及昏迷等症状；而对下丘脑背部区域进行电击可使动物出现激动情绪、慌乱逃窜或攻击在场的实验人员等行为；当动物的下丘脑前部受到电击时，动物会逐渐进入平静状态，血压随之下降，呼吸渐缓，瞳孔收缩，心率减慢。

赫斯因"发现间脑对内脏活动的调节功能"而被授予诺贝尔生理学或医学奖。此后数十年间，人们发现，猫脑中的这些位置及功能与人类大致相同。

赫斯对未经麻醉的动物进行活体实验的行为遭到当地及全球活体动物实验反对者的一致声讨。事实上，赫斯的行为违背了苏黎世科学委员会制定的规则。1895年，苏黎世科学委员会与活体动物实验反对者经过协商后，同意限制动物实验。其中包括禁止使用未经麻醉的动物作为实验对象，以及禁止对同一动物进行反复实验。赫斯为自己的行为进行公开辩护，此后，他并未停止活体动物实验。

有关动物实验的争议至今尚无定论。瑞士实行的动物保护法在世界范围内最为严格。1992年，瑞士成为世界上第一个将动物保护列入宪法的国家。按照瑞士法律的规定，进行动物实验的首要条件是判断是否有必要进行动物实验：如果动物所受的伤害程度大于所获知识的重要性，则不允许进行动物实验。其次，实验者的动物实验计划必须基于安全的设计和操作。此规定要求实验者无差别对待实验动物。瑞士当局会对使用动物进行研究的实验设计进行评估，以判断实验者是否采取了无差别措施，如盲选（实验者无法得知实验动物的服药情况，如是否服用活性药物或安慰剂等）、随机分配（实验组与对照组应随机分配获得实验动物，不允许实验组专门挑选动物进行实验）以及计算样本量（样本量过小说明实验结果存疑，而样本量过大则说明对动物存在不必要的过度使用）等。

2016年，有学者针对瑞士国内的1 277例获批准的动物实验进行研究后发现，无论是在提出实验计划阶段还是在发表科研成果阶段，实验者都鲜有使用无差别措施。研究者得出结论，认为瑞士政府并未履行其制定的动物保护原则、减少非必要的动物实验。

在赫斯进行研究的时代，科学家对脑部的探索发现日新月异，研究成果层出不穷，很多科学家力图证实人的性格、思想及意识形态与大脑结构之间存在相互关系。赫斯强调，科学永远不应否认科学发现的局限性。事实上，赫斯认为应当接受不可知力存在并产生影响的可能性，毕竟，这是一种很好的科学方法。赫斯虽不是教徒，但他无条件地尊重人的宗教信仰。

与赫斯一道被授予诺贝尔奖的安东尼奥·埃加斯·莫尼兹则相反。尽管人类尚无法证明除本能行为外，其他行为与大脑物理结构的相关性，莫尼兹却进行精神外科实验，试图通过破坏人类的脑组织以消除人类的不良情绪、负面思想及恶劣行径。1874年，安东尼奥·卡埃塔诺·德阿布雷乌·弗雷勒·埃加斯·莫尼兹出生于葡萄牙贵族之家，自法国医学院毕业后，莫尼兹回到葡萄牙，供职于神经学学院。莫尼兹在1901年发表的系列论文《两性生活》（*A Vida Sexual*，英文名*The Sexual Life*）使他声名鹊起。莫尼兹认为，消极优生学可以改善种族，"病态遗传者"即拥有不良遗传特质的人群应被禁止繁衍后代。

莫尼兹提倡，对所有罹患精神疾病、经济拮据、未受良好教育、不能对自己的性行为负责以及社会公认为道德败坏的女性（如妓女）实施节育或绝育手术。与之相反，健康的中产阶级女性则应享有生育自由的权利。莫尼兹认为，同性恋是一种遗传倾向的结果，这种倾向使这个群体极易受到特定生活场景的影响。他以就读于寄宿制男子学校的人群为例，论证了环境是促成同性恋的诱因。他提出，如果这些有特定遗传倾向的人不因环境染上"有辱人格的恶习"，他们就不会沦为同性恋。莫尼兹将同性恋视为疾病，他认为，为了实现个人生存与社会发展，同性恋应接受精神治疗。

《两性生活》系列论文仅能通过官方指定渠道进行阅读，但它很快在黑市上成为畅销书，并于1933年完成第10次再版。莫尼兹曾为一位牧师撰写传记，这位传记主角同时还担任医生兼催眠师，最终，这位主角成为教皇。奇怪的是，莫尼兹还写了一部扑克牌的历史书。

此后数十年间，莫尼兹专注于政治，终因政治势力纷争而三度入狱。他曾连续十余年担任葡萄牙议会议员，在第一次世界大战期间，莫尼兹出任葡萄牙驻西班牙大使。一战期间，西班牙保持中立，葡萄牙为保其非洲殖民地免遭德国侵犯，坚定地站在协约国一方。战后，莫尼兹代表葡萄牙签署《凡尔赛条约》，条约中规定葡萄牙继续持有原有的非洲殖民地归属权；

同时，先前被德国霸占的非洲边境的一些地区也被划归葡萄牙所有。1926年，葡萄牙发生军事政变，莫尼兹退出政治舞台。

在涉足精神外科前，莫尼兹为活体患者发明的脑血管造影术早就使他声名在外。在此之前，维也纳研究者曾以尸体为对象，将含有石灰、硫化汞和石油的混合制剂注入尸体头部，再以X射线照射头部获得脑血管影像，此法取得了一些小小的成果。莫尼兹研发出了毒性更低且适用于活人的造影术。他先从研究溴化物特性入手。溴在常温下呈棕色液体状，未经稀释的溴具有毒性和腐蚀性，其特性介于碘与氯之间。19世纪与20世纪早期，人类开始使用含有稀释的溴成分的药物用作镇静剂，莫尼兹由此推断出，患者脑部的溴积累到一定浓度，经X射线照射即可显现成像。

研究之初，莫尼兹以尸体头颅为研究对象，但他所在的医疗中心尸体数量有限，无法满足研究需求。他与邻镇的陈尸所签订协议，由陈尸所为其提供尸体头颅，他将这些尸体头颅装入自己的轿车后备厢运回实验室。实验过后，这些尸体头颅又被送回陈尸所。在进行活人实验阶段，莫尼兹首先尝试向患者静脉注射溴化物，但经过X射线后，影像上空无一物。随后，莫尼兹依次对六位生存患者进行实验，将溴化物直接注入患者的颈动脉。最终，当第六位患者接受实验时，其脑血管在X射线的照射下产生了微弱的影像，但这位病人在注射后出现了血凝块并随即死亡。

莫尼兹将注射成分替换为碘，其X射线造影的效果更佳。1927年，他借助碘第一次成功完成了脑血管X射线造影。此后数年，莫尼兹写下百余篇论文记录造影过程及其改进措施。时至今日，脑血管造影仍然使用碘化合物进行；不仅如此，人类还研究出使用钡对消化道进行X射线拍摄和使用钆对人体进行核磁共振成像的方法。莫尼兹期望能凭借脑血管造影术一举夺得诺贝尔奖，自1928年起，莫尼兹确曾获18次提名，但最终，他却因与之完全不相干的研究而获奖。

之后，莫尼兹开始专攻精神疾病的治疗。1935年11月，他和助理首次尝试精神外科手术。七位不走运的精神病患者被两位实验者钻孔开颅，还被迫接受无水酒精注射。莫尼兹对七位病人的跟踪文字记录寥寥无几，他们的命运如何，后世再难获悉。为了对人的神经网络进行更为精准的干扰，莫尼兹研制出一款带有伸缩钢圈的针形手术仪，他称之为"脑白质切断器"。莫尼兹将仪器插入钻过的颅骨孔，用力来回移动，搅乱患者的脑组织。莫尼兹将此过程命名为"脑白质切断术"（英文名：leucotomy，源自希腊语，其中leu义为"脑部白色物质"，tome义为"切割"）。

1936年，莫尼兹公布了他对前20例脑白质切断术患者的手术结果，他声称，手术后数日，患者的病情得以"改善"。虽然第一位手术患者不再像之前一般焦虑偏执，但她同时出现了恶心的症状，且精神茫然，更加冷漠，反应也更加迟钝。莫尼兹未对术后患者进行智力与记忆力测试，他只凭空断言，脑白质切除术不会影响患者的智力与记忆力。出现严重术后副作用的患者被莫尼兹划为"未改善"类患者，一些患者虽如行尸走肉般冷漠，但仅因他们的表现比手术前更为平静，莫尼兹便将他们标注为"改善"类患者。从仅存的医疗记录来看，其中很多患者转而患上了紧张症。

随后，莫尼兹因手术文字记录不足、缺乏对患者的定期复查以及严重掩盖手术后的不良反应而备受抨击。1937年，莫尼兹在接受《纽约时报》的采访时承认，脑白质切断术或可切断患者大部分的想象力。一些立场公正的观察员记载了脑白质切断术的受害者严重丧失原本性格的事实。

1948年，一位瑞典法医精神病学教授在报告中引用了接受脑白质切断术的孩子母亲的口述："她虽是我的女儿，却与之前判若两人。她的身体仍与我同在，但她已是一具没有灵魂的躯体。"一位精神科医生曾将自己的一些病人交给莫尼兹进行脑白质切断术试验，他将所谓的病情改善誉为"大脑界的神话"。据1949年的一篇论文记载，术后病人通常会出现迟钝、冷漠、精神萎靡、缺乏动力和主动性、情绪低落、嗜睡的症状。他们平静温顺，对一切漠不关心，消沉被动，没有任何自发之举，更毫无目标可言，如孩童一般依赖于他人。

乔治·华盛顿大学附属医院的神经学家沃尔特·弗里曼和詹姆斯·瓦茨急切地拜读了莫尼兹的初版论文。当时，弗里曼任神经科主任，而瓦茨是神经外科主任。1936年，二人订购了一台脑白质切断器，随即便从精神病院和酒馆中直接挑选活人进行手术。因手术会对额叶产生大规模破坏，二人将其重新命名为"脑叶切断术"。弗里曼认为，人的精神疾病根源在于有害情绪，因此，应当将产生有害情绪的人体部位切除。弗里曼还声称，脑叶切断术仅针对控制情绪的脑部位置，不会对控制思考的脑部位置产生影响。

脑叶切断术的直接死亡率高达14%，手术并发症造成的最终死亡率缺乏准确的数据记录，遭到摧残的人数更是难以计数。

在对80名患者进行手术后，弗里曼与瓦茨于1942年出版了一本关于精神外科的书。二人在书中直言："每位接受手术的患者都有所损失，有些人失去了自主能力，有些人再无生气与热情，还有些人性格发生变化。"①这一年，弗里曼写信给退伍军人医疗系统的负责人，提议向身患精神疾病的退伍军人免费提供脑叶切断术。这一提议很快得到批准，最终，逾2 000名退伍军人接受了脑叶切断术。

没过多久，弗里曼与瓦茨提出，脑白质切断器的钢圈强度过低，无法充分破坏脑组织。二人研发出可从眉脊直通额叶的新手术法，并尝试了各种手术工具，其中包括苹果去核器、黄油刮刀，甚至还有冰锥。他们用这些工具在患者大脑中来回旋转和扫掠，以期能最大限度地搅动大脑组织。1950年，弗里曼与瓦茨将脑叶切断术的手术对象从精神病患者延展至有不良行为的儿童、慢性疼痛患者和患有社会焦虑症的人群。二人亲手为600余名病人进行脑叶切断术后，对之前出版的书进行了内容扩充。

越来越多的精神病医生得到激励，他们甚至敢于在未经训练的情况下，为患者主刀实施脑叶切断术。弗里曼称："脑叶切断术非常简单，医生所需不过一剂局部麻醉剂而已，即使没有麻醉剂，手术也可照常进行。"手术时，弗里曼既不佩戴手套，也不佩戴口罩。1946年，美国有近百位患者接受脑叶切断

① 出自《精神外科手术：针对精神疾病的前额叶切断术对患者智力、情绪和社会行为的影响》（*Psychosurgery: Intelligence, Emotion and Social Behavior Following Prefrontal Lobotomy for Mental Disorders*），沃尔特·弗里曼（Walter Freeman）、詹姆斯·瓦茨（James W Watts）、特尔玛·亨特（Thelma Hunt）著，Charles C Thomas出版社1942年版。

术；1949年，莫尼兹因发明精神外科脑白质切断术而被授予诺贝尔生理学或医学奖，当年，接受脑叶切断术的患者人数激增至500例。

人们开始接受脑叶切断术，甚至有人提议将脑叶切断术运用在社会上不受欢迎的人身上。1946年，《纽约时报》的一篇新闻标题中赫然写道：

"脑部手术改造女性，底特律医生报告特殊手术，该手术或将终结女性犯罪倾向。"这篇报道将脑叶切断术誉为"有望使道德堕落的女性转变为社会有用之人的精细脑部手术"。

美国监狱系统将脑叶切断术用作惩戒措施。

1975年，杰克·尼科尔森在电影《飞越疯人院》中戏剧性地展现了接受脑叶切断术者出现的后遗症，该电影改编自肯·克西于1962年发表的同名小说。脑叶切断术盛行时期，克西曾在加利福尼亚州门洛帕克市的一家退伍军人事务部精神病院轮值夜班。这部影片曾获五项奥斯卡奖：最佳影片奖、最佳男主角奖、最佳女主角奖、最佳导演奖和最佳改编剧本奖。

在遭遇脑叶切断术迫害的政界人士中，最著名的或许是阿根廷独裁者胡安·庇隆之妻——艾薇塔·庇隆，她为人率直、热情洋溢。艾薇塔身患转移性宫颈癌，长期被疼痛折磨，但她秘密接受脑叶切断术的真正原因，可能在于：艾薇塔在未经丈夫同意的情况下采取政治行动，使一场革命险些发展成血腥内战。艾薇塔的手术由波士顿知名神经外科医生詹姆斯·波彭博士主刀，整个手术过程采取了严格的安全措施。

另一位知名脑叶切断术受害者是老约瑟夫·肯尼迪与罗丝·肯尼迪的长女罗斯玛丽·肯尼迪，同时，她还是未来美国总统——约翰·肯尼迪的长姐。罗斯玛丽患有轻微的智力缺陷，但一般情况下不会被人发现，甚至连她的幼年家庭教师都未察觉到异常之处。随着年龄的增长，罗斯玛丽的症状逐渐引起了人们的注意。约莫在小学四年级时，罗斯玛丽在学业上便不再进步；令老肯尼迪夫妇感到雪上加霜的是，她在青春期的叛逆被形容成失控的攻击性。罗斯玛丽的行为举止渐渐使外界得知肯尼迪家族内有异常儿童。

在罗斯玛丽23岁时，老肯尼迪带她求医于美国顶尖医师——乔治·华盛顿大学附属医院的弗里曼和瓦茨。手术的结果惨不忍睹。原本只有轻微智力缺陷的罗斯玛丽彻底失去了行为能力。经过为期数月的大量理疗，罗斯玛丽才勉强得以行走、说话。她被送往威斯康星州一家由天主教修女组成的长期护理机构。罗斯玛丽在那里默默无闻地生活了60个春秋，直至2005年去世。

弗里曼携带"脑叶切除移动手术台"走遍美国各大城镇，疯狂游说人们接受脑叶切除术，一旦患者同意，弗里曼当日即可完成手术。最终，他的足迹遍布美国23个州，共计逾2 500位患者被施以脑叶切除术，其中最小的患者年仅4岁。1950年，安娜·露丝·钱内尔斯因剧烈头痛接受脑叶切除术，手术之后，她出现了典型的术后症状。的确，钱内尔也没有抱怨过头痛之事，但她的心智已退化至无知小儿的水平。她的女儿卡罗尔·诺埃勒说："弗里曼兑现了他的诺言，母亲再无任何忧虑了。"1967年，家庭主妇海伦·莫滕松在接受脑叶切除术时因脑出血死亡，弗里曼的职业生涯戛然而止。

1939年，埃加斯·莫尼兹遭到枪击，枪击者此前曾接受过莫尼兹的治疗，随后，莫尼兹脊椎受损，只能在轮椅上度过余生。莫尼兹未能有幸亲临诺贝尔颁奖典礼。1955年，莫尼兹去世，享年81岁。诺贝尔奖官网上有一篇不寻常的文章，为精神外科手术及莫尼兹的获奖辩解。文中声称：脑白质切断术手法细致、精准，与同时代的其他精神病疗法相比，优势更显著。

第39章
更多激素
——肾上腺激素

1950年，两位化学家与一位医学博士问鼎诺贝尔生理学或医学奖。爱德华·卡尔文·肯德尔（Edward Calvin Kendall）、塔德乌什·赖希施泰（Tadeus Reichstein）和菲利普·肖瓦特·亨奇（Philip Showalter Hench）因肾上腺激素的相关研究被共同授予诺贝尔生理学或医学奖。

1886年，肯德尔出生于美国康涅狄格州，他曾就读于美国哥伦比亚大学化学专业并先后取得了学士学位、硕士学位，最终成为一名化学博士。1910年，肯德尔从帕克-戴维斯制药分公司得到了第一份工作。公司安排肯德尔负责提取甲状腺激素。当时，其他科学家已经发现，接受甲状腺完全移除术的患者会因缺乏甲状腺激素而罹患呆小症。（详见本书第9章）没有甲状腺的患者可通过服用碾碎的猪的甲状腺预防呆小症的发生。肯德尔试图提取出便于制药的纯甲状腺激素。在制药公司实验室工作期间，肯德尔感到孤立无援，沮丧之下，他辞去了帕克-戴维斯公司的职位。离职时，他尚未研发出甲状腺激素的提取技术。他向洛克菲勒研究所递交职位申请，但对方直截了当地表示拒绝。随后，肯德尔在圣卢克医院新设立的实验室继续进行甲状腺激素研究，起初是没有薪水的。实验室内的前辈并不看好肯德尔的甲状腺研究项目，于是，他们指派肯德尔对早餐谷物进行化学分析。听闻此事，肯德尔果断辞职，没过多久，他接受了明尼苏达州梅奥基金会的职位邀请。

一次偶然的事故，使肯德尔成功提取出纯甲状腺激素（甲状腺素）：在用酒精加热融化猪的甲状腺时，肯德尔一不留神，在实验台上睡着了。醒来时，所有的酒精均已耗尽，因为加热时间过长，烧杯底部只余下一片残留的白色硬壳状物质，硬壳外围还有一圈黄色蜡状物。接下来两天多的时间内，肯德尔反复研究残留的白色物质，最终，他在1914年的圣诞节当天成功离析出了纯甲状腺素晶体。

经过化学家们十余年的大量研究，终于在1926年确定了甲状腺素的确切分子结构。肯德尔的提取之术使人类实现了纯甲状腺素补剂的批量投产。因手术而失去甲状腺的患者得到了有效治疗，先天性甲状腺功能低下（甲状腺机能减退）患者也有了治愈之法。如今，美国有4%～5%的人口患有甲状腺功能低下。约有2%的美国人口会日常服用不同形式的甲状腺素类药物。现代人类已得知，甲状腺素结构中含有四个碘分子，故又被称为"T4"。T4可在人体中转化为T3（即含有三个碘分子的"三碘甲状腺原氨酸"）。T3是可为人体细胞所用的活性激素。

含有甲状腺素的合成制剂被称为"左甲状腺素"，它是美国第二大常用处方药，每年药方超过2000万张。然而，即使在服用左甲状腺素的情况下，患者出现甲状腺机能减退症状的概率仍高达40%，原因在于这些患者无法将体内的T4有效转换为T3。若此类患者服用老款的猪甲状腺天然提取物，则治疗效果更佳，该提取物中不仅含有T4和T3，还包含微量的T2和T1。

肯德尔在梅奥基金会一路高升，没过多久，他开始担任生物化学部的负责人。升职之后，肯德尔开始研究谷胱甘肽的化学结构。谷胱甘肽是哺乳动物用来抵御外来物质和日常代谢毒素对细胞造成伤害的主要生化物质。现代人将谷胱甘肽誉为"抗氧化鼻祖""伟大的守护者"。肯德尔及其研究团队发现，谷胱甘肽是由三类氨基酸——半胱氨酸、谷氨酸及甘氨酸——构成的简单化合物。谷胱甘肽可有效预防肿瘤的形成，还可协助免疫系统发挥有效作用。人体内的谷胱甘肽含量提升有助于增强人体抗病能力，从而延长寿命。谷胱甘肽在人体消化道内会被分解成三类氨基酸，因此口服谷胱甘肽制剂对人体无效。脂质体形式的谷胱甘肽可悬浮在微小的脂肪球内，从而免遭消化道的破坏，直接进入人体血液循环。然而，脂质体制剂对人体细胞内的谷胱甘肽含量影响十分有限。西蓝花、卷心菜、花椰菜、芽甘蓝、甜菜、生牛奶、酸樱桃、姜黄根粉、肉桂和豆蔻等食物可为人体提供促进谷胱甘肽生成的酶和氨基酸前体。但人类对这些食物的摄入量难以达到提升体内谷胱甘肽含量的需求量。除了摄入天然食物，还可以选择同时摄入未变性乳清蛋白、酸樱桃浓缩液中的天然褪黑素、α-硫辛酸、水飞蓟和二甲基砜。为促使人体产生足量的谷胱甘肽，人们还应补充维生素C、维生素E、维生素B_1、B_2、B_6、B_9（叶酸）、B_{12}以及硒、镁、锌等矿物质。

谷胱甘肽之后，肯德尔将研究目标转向肾上腺（英文名：adrenals，其中ad义为"上部"，renal义为"肾"）激素的提取。肾上腺状如小而倾斜的三角形囊，覆盖于双肾之上，由两部分组成，外部呈环状，将内部包围其中。内外两部分各司其职。外环（肾上腺皮质）中的激素可维系机体生命，内部（肾上腺髓质）的激素可维持人体水盐平衡。肯德尔重点研究提取肾上腺皮质中的活性成分。该生化项目冗长乏味，梅奥基金会的所有成员均须参与其中。研究期间，肯德尔团队压力巨大：一方面，如果项目一无所获，基金会将切断研究资金；另一方面，哥伦比亚大学团队和苏黎世大学团队也跻身此列，肯德尔团队面临着国际竞争。所有团队一致发现：肾上腺皮质含有多种激素。三个团队各自以字母命名其发现的物质。有时，其中一方命名的物质A正是另一方所发现的物质B，此类情况时有发生。梅奥的肯德尔获得了两种看起来有希望的提取物：化合物A和化合物E。

随着第二次世界大战的爆发，美国政府突然对肯德尔的研究项目产生了浓厚的兴趣。有传言称，德国计划从南美国家全力收购牛肾上腺，用以制造肾上腺提取物供德国空军飞行员使用。使用肾上腺提取物有助于德国飞行员抵抗因长时间飞行任务和低氧等应激源造成的生理反应。确如其实，现代人发现，如果人类或动物的肾上腺缺失或受损，其耐压能力会很差，难以承受物理创伤、感染、手术等，甚至情感压力都可能导致他们死亡。因此，通过补充肾上腺提取物为抗压力正常的人群增强抗压能力的做法符合逻辑。美国科学研究和发展办公室将肯德尔提取化合物A的研究设为最高优先级项目；默克制药公司与梅奥研究团队联手合作，共同完成化合物A的生产。最终，关于德国收购肾上腺的消息被证实为谣传。四年之后，梅奥研究团队发现，服用足量肾上腺提取物的患者始终未见起色，该项目就此搁置。几年之间，肯德尔的个人生活同样艰难，他的一个儿子在医学院就读期间死于癌症，另一个儿子退役后自杀身亡，妻子也变得情绪不稳定。肯德尔本人依然坚持带领团队进行研究，与之前相比，团队人数已大幅减少。此时，他的研究重心已转移至化合物E。肯德尔准确推断出：肾上腺所产生的化合物E是维系机体生命的主要激素。1948年，默克制药公司开始批量生产化合物E。肯德尔建议将化合物E广泛应用于多种疾病进行测试，包括癌症和心理疾病等。

此时此刻，菲利普·亨奇博士正供职于梅奥基金会风湿病学部门。1896年，亨奇出生于美国宾夕法尼亚州，他在当地完成学业并从医学院毕业。随后，亨奇加入梅奥基金会，他曾在德国弗莱堡大学有过一段短暂的工作经历，二战时期，亨奇前往美国阿肯色州军事医院服务，除了这两段插曲以外，他的整个职业生涯全在梅奥基金会中度过。当时，亨奇正在研究类风湿性关节炎引起的关节发炎，他迫切希望找到治疗之法。亨奇观察后发现，类风湿性关节炎患者在孕期、感染黄疸或接受任何手术后，其关节炎症状会得到短期改善。亨奇和其他主流风湿病学家留意到，匈牙利裔加拿大学者汉斯·谢耶曾广泛论述肾上腺在协助人体抗压中的作用。亨奇恍然大悟：在压力源的影响下，人体内肾上腺激素飙升，类风湿性关节炎的症状随之得以短期改善。

亨奇博士要求肯德尔将化合物E在类风湿性关节炎患者中进行测试。二人将化合物E命名为"可的松"。一位女性患者在使用足量可的松进行治疗后，行走状况得到了明显改善，疼痛也随之缓解。随后进行测试的14位类风湿性关节炎患者全都出现了好转。但两位科学家很快发现，患者只有在使用可的松时，病情才有所缓解，一旦停用可的松，便会旧疾复发。亨奇在测试之初就明白，可的松无法根除类风湿性关节炎，只能帮助患者控制病情的恶化。可的松可以抑制任何原因造成的关节组织反应，但无法消除疾病的成因。

此刻，在相隔4 465英里（约7 186千米——编者注）外的瑞士巴塞尔，塔德乌什·赖希施泰也正致力于寻找肾上腺中的主要激素。1897年，赖希施泰出生于波兰，后随家族移民乌克兰，再迁至德国，最终在瑞士定居。他精通四门语言并专注于化学研究。最初，赖希施泰的研究对象是使咖啡豆和菊苣产生独特香气的化合物。随后，他与英国化学家沃尔特·霍沃思同期研发出维生素C的人工合成法。霍沃思于1937年被授予诺贝尔化学奖，而赖希施泰却连一次被提名的机会都未得到。不过，以赖希施泰之名命名的维生素C工业化生产工艺（莱氏法）却被人类沿用至今。

在此之后，赖希施泰开始专心致志地研究肾上腺激素，他逐一提取出27种肾上腺激素，与梅奥研究组并驾齐驱，他曾多次超过肯德尔小组的研究速度，有时也会紧随其后。赖希施泰与肯德尔同时提取出可的松。在诺贝尔演讲中，赖希施泰直言将可的松用于临床试验治疗关节炎是美国科学家们的主意，他本人只是潜心钻研化学，对如何将可的松应用于患者之事没有任何明确的概念。最终，可的松及其衍生药物被用于治疗过敏性疾病、皮肤病、溃疡性结肠炎、关节炎、狼疮、牛皮癣及哮喘等疾病。可的松还可用于缓解患者在化疗中的恶心。

完成所有种类的肾上腺激素提取后，赖希施泰转移研究方向，开始寻找除牛肾上腺以外的其他含有可的松的天然原料。
1947年，赖希施泰进行了一次漫长的非洲之旅，收集含有可的
松类似物质（羊角拗配基）的药用植物种子。当他在1950年站
上诺贝尔领奖台发表感言时，他仍在种植多种植物并逐一进行
测试。从植物种子中提取的羊角拗配基最终成为人工合成可的
松的原材料之一。

在70岁从大学正式退休后，赖希施泰又继续进行了几年
的化学研究。75岁时，赖希施泰宣布，他计划将余生投入蕨类
植物的研究中。他曾就此研究课题写了四十余篇科研论文。在
1985年的采访中，记者向88岁的赖希施泰问及长寿秘诀。他答
道："没有什么秘诀，不过我认为，津津有味地生活、坚持不
懈地工作，可能就是你能为自己做得最好的事情。"[1]1992年，
赖希施泰与其余63位诺贝尔奖得主联名上书世界各国政府，呼
吁终止波斯尼亚和黑塞哥维那之间的战争。赖希施泰直至99岁
高龄方才离世。

如今，人们仍然使用可的松及相关类固醇激素药物治疗类
风湿性关节炎。但此类药物已被限制长期使用，因为它会使患
者出现严重副作用。长期使用肾上腺皮质激素的患者会出现向
心性肥胖、面部肥胖肿胀（又称满月面容）、肌肉乏力、面部
汗毛及体毛增多、高血压、糖尿病、白内障或青光眼、骨质疏
松、精神问题、月经失调、紫色妊娠纹等症状，且患者皮肤易
出现瘀伤。

---

[1] 出自《塔德乌什·赖希施泰——生活与科研》（*Tadeus Reichstein—Life and scientific work*），作者Sterkowicz S.，弗沃茨瓦韦克（位于波兰）：弗沃茨瓦韦克科学社会出版社（Wloclawek Scientific Society Press）1995年出版。

第40章
诺贝尔奖的影响力
——小结

　　在诺贝尔奖历史的前半个世纪，对于奖项得主及其成果而言，获得诺贝尔奖影响重大。

　　早期研究主要聚焦于传染病，因为传染病在当时很常见且死亡率高。有时，诺贝尔奖得主自身也难以幸免，比如，首位诺贝尔生理学或医学奖得主埃米尔·冯·贝林曾感染肺结核；夏尔·拉韦朗和罗纳德·罗斯在研究疟疾时均不慎染病；尼尔斯·芬森疑似死于绦虫感染引起的心力衰竭；拉蒙-卡哈尔不仅感染过疟疾，还曾罹患肺结核；在周游各国、走访传染病高发区期间，罗伯特·科赫的第二任妻子曾感染疟疾；埃黎耶·梅契尼可夫的第一任妻子因结核病离世，第二任妻子死于伤寒症，梅契尼可夫本人曾罹患肺结核，但随后痊愈，他还曾向自己体内注射过回归热病毒；与梅契尼可夫共同获奖的保罗·埃尔利希也曾感染肺结核并在埃及疗养了两年；夏尔·尼科勒因发现虱子是斑疹伤寒症的传播媒介而荣获诺贝尔奖，但他却在后期研究以老鼠为媒介的斑疹伤寒症时染病身亡；在首度前往荷属印度尼西亚地区参军期间，克里斯蒂安·艾克曼感染了疟疾，康复后，他被派回该地区研究脚气病；年少时，瓦尔特·赫斯曾感染肺结核，其家庭医生对他的后期职业道路产生了深远影响；汉斯·斯佩曼也曾罹患肺结核，在漫长的恢复期内，他接触到一位进化生物学家的著作，而这本书对他的后期胚胎学研究和最终推动克隆实现的诺贝尔奖成就具有重要的决定性意义。

战争与政治事件对前半个世纪的许多诺贝尔奖得主影响颇深。诺贝尔奖本身就是战争的产物，其初始基金来自于弹药制造和其他更致命的战争发明。战争不仅会影响获奖者的科研，还会波及其私人生活。

在普鲁士军队当医生时，埃米尔·冯·贝林发现，被白喉夺去生命的士兵人数远远超过死于战火中的士兵人数，他自此萌生出研究白喉的动机。

为了研究疟疾，罗纳德·罗斯专门前往英属印度殖民地军队担任医疗官。

如果拉蒙-卡哈尔不曾被迫入伍担任西班牙驻古巴军团的军医，那么他有可能更早完成获奖研究。在搭乘慢船返回西班牙的途中，拉蒙-卡哈尔差点因感染疟疾而死；他目睹了很多士兵相继离世、尸体从船上滑落的场景；在动荡的沙皇政权统治下，科学家的学术自由遭到剥夺，埃黎耶·梅契尼可夫为此逃离俄国，永久移民至法国。

伊万·巴甫洛夫用他在生理学领域的知识为苏联政府提供服务。

赫尔曼·穆勒深受共产主义影响，他曾在得克萨斯大学开办校内报纸，宣扬共产主义思想。随后，穆勒从美国迁往德国，但他的实验室被纳粹党摧毁殆尽。他前往苏联设立基因研究实验室，憧憬着能在理想的共产主义社会中推进研究。随后，他以支持共产主义阵营为由，在苏联政府的准许下，去参加西班牙内战。最终，西班牙共和军战败，穆勒设法逃至爱丁堡，随后再度返回美国。回国后，穆勒的政治行动有所转变，他开始投身于反核运动中。穆勒本人始终是美国联邦调查局（FBI）的监察对象。

夏尔·拉韦朗如其祖父和父亲一样，也是军医，他发现，疟疾造成的士兵死亡率远远高于战争受伤所致的士兵死亡率，这种情况促使拉韦朗开始研究疟疾的致病因。

罗伯特·巴拉尼被任为军医跟随奥地利军队奔赴俄国前线时，他已经完成了内耳平衡机制的研究。他在战场上研发出可拯救生命的、治疗头部创伤的方法。当巴拉尼接到他因内耳研究而获奖的通知时，他已沦为俄国战俘。最终，在瑞典国王和国际红十字会的调解下，巴拉尼被俄方释放。

一战期间，朱利叶斯·瓦格纳-尧雷格曾在军中行医，他对逃兵百般折磨，又对患有战争疲倦症的老兵施以电击。他用疟疾患者的血液治疗精神病患者的疗法虽被冠以诺贝尔奖之名，但也没体现他多少善心。

1870年，夏尔·里歇特在普法战争时期作为战地医护兵入伍，此时，他尚未涉足今后使他获奖的过敏反应机制的研究。之后，里歇特利用自己的声望推动优生学的发展，并最终成为法国优生协会主席。1935年，里歇特逝世。二战期间，包括里歇特亲生儿子在内的五位亲眷成为种族清洗的受害者，他们或被押入纳粹集中营，或在德国沦为阶下囚。

保罗·埃尔利希曾因研发出梅毒疗法而持续遭到反犹太分

子的攻击。

奥托·迈尔霍夫曾与家人被迫藏匿以躲避纳粹当局，随后在紧急救援委员会美国总部的援助下移民至美国。

一战期间，奥托·瓦尔堡自愿入伍效力于德军，他因战负伤后被授予铁十字勋章，并借此远离战场，开始专心研究细胞的能量获取方式。虽然瓦尔堡有犹太血统，但纳粹德国政府却特许其保留实验室进行研究。有人认为，瓦尔堡之所以有此般待遇，得益于希特勒对癌症的畏惧，因此，他愿意支持瓦尔堡的癌症研究。在瓦尔堡家族中，至少有三位成员在纳粹集中营中遇害。

阿奇博尔德·维维安·希尔公开批判纳粹德国设立集中营的行为，甚至在战前，他还帮助被迫害的德国科学家、学者逃离德国。一战期间，希尔效力于英军，担任英军军官。二战时期，他凭借身为诺贝尔奖得主的威望，以大使的身份前往美国完成秘密项目，力劝美国参战。

当奥地利国内逐渐兴起反犹太之风时，卡尔·兰德斯坦纳已完成其最终获奖的血型研究，1919年，兰德斯坦纳被迫离开祖国。他最终定居于美国。然而，据说他在美国始终活在对纳粹党的恐惧之中。

一战期间，乔治·迈诺特曾在美军营地担任军医，战地经历使他对血液疾病逐渐萌生出研究兴趣。与他共获诺贝尔奖的威廉·莫菲曾在一战时期因经济拮据自医学院辍学入伍并为美军效力两年。两年后战争结束，莫菲荣获奖学金并前往哈佛大学继续进行医学研究。

圣捷尔吉·阿尔伯特曾在奥匈帝国军队（与德国结盟）

入伍成为医护兵，经过三年的煎熬，他举起手枪射向自己的手臂，从而获准因伤退伍。纳粹德国占领匈牙利后，他向反纳粹势力伸出援手，许多犹太人在他的帮助下秘密逃离。最终，盖世太保开始对圣捷尔吉进行搜捕，在二战的最后两年中，圣捷尔吉只得四处躲藏。他还将自己的诺贝尔奖牌赠予芬兰，以求获得庇护。

一战时期，青少年格哈德·多马克加入德军，负伤后，他被调至战地医护营。在德国化学企业工作期间，他研制出磺胺类抗生素并被授予诺贝尔生理学或医学奖，但纳粹德国政府却严令禁止多马克领奖。

据称，当年法国总统遭到暗杀后，曾连续流血两日，最终不治身亡；亚历克西·卡雷尔听闻此事，心中悲痛，自此奋发图强，穷其一生，不断完善血管缝合术。卡雷尔还是一位优生学家，他被控与德国纳粹政府同流合污。但到战争罪审判之时，卡雷尔已不在人世。

在经历一战后的布拉格，格蒂·科里因严重营养不良而罹患干眼症，险些失明。

一战后，马铃薯疫病在瑞士盛行，粮食产量告急，瑞士国内爆发饥荒，保罗·穆勒深受触动，决意研发一款有效的杀虫剂。DDT杀虫剂应运而生。军队是购买DDT杀虫剂的首批顾客，政府供货合约为日后的诺贝尔奖得主们提供了大量的研究资金，供他们与制药公司一道研发出DDT杀虫剂的批量生产技术。同样地，美军曾大量订购盘尼西林，从而促使盘尼西林大规模投产。

因听闻德军命飞行员服用激素以提高战时表现，美国政府开始支持爱德华·卡尔文·肯德尔研究可的松。随后，肯德尔因此获奖。

有些诺贝尔奖得主拥有超前的科研理念。尼尔斯·芬森因成功运用光疗法成为第三届诺贝尔生理学或医学奖得主，但其后数十年内，光疗法却遭到美国政府取缔；直至近日，光疗法才以复苏之势重返科学界。曾在1908年被授予生理学或医学奖的埃黎耶·梅契尼可夫提倡人类食用酸奶等含有益生菌的食物保持肠道菌群平衡，但这一观点直到75年后才被广泛接受。奥托·瓦尔堡因研究细胞的能量产生方式而荣获诺贝尔奖，但诺贝尔委员会认为，其与之相关的癌症理论过于新异，不能纳入获奖考虑之列。瓦尔堡提出假说，认为癌症的根本成因在于细胞呼吸的缺陷，该假说在当时引起了激烈的争论。而今，肿瘤科研领域研究"瓦氏效应"的风潮却再度兴起。1946年，赫尔曼·穆勒因证明X射线可造成致命的基因突变而荣获诺贝尔生理学或医学奖。他倡导医学界严格限制X射线的使用，但这番警示直到近期才引起人类的注意。一些专业学会建议：在接触医疗辐射时，患者和医生均应留意累计辐射量，保证个人所受辐射量低于公认的毕生安全量限值。

诺贝尔委员会从未自诩公正，但确实推崇正义感。历史上，诺贝尔委员会曾不顾当时或事后涌现的争议，坚持己见。前50年的诺贝尔生理学或医学奖中不乏著名的评错案例。朱利叶斯·瓦格纳-尧雷格主张使用疟疾患者的血液治疗梅毒患者的精神错乱症状，该理论被提出时，并无充足的证据。他的研究规模很小，文字记录不过寥寥，但诺贝尔委员会却未仔细审查。人们不久便发现，疟疾对梅毒毫无疗效，却能将患者置之死地。无独有偶，因提出"线虫导致胃癌"理论而被授予诺贝尔奖的约翰尼斯·菲比格也未进行充分研究。在他获奖后不久，人们便推翻了他的理论。埃加斯·莫尼兹发明的血管造影术具有重大意义，但他却凭借另一创新之举——脑白质切断术——将诺贝尔奖收入囊中，这一发明使西方医学坠入了最为黑暗的历史时期。短短数年，全球知名医生纷纷对其避犹不及，反对继续此等野蛮之术。

有些诺贝尔奖得主犯了严重的科学错误。首届诺贝尔生理学或医学奖得主埃米尔·冯·贝林的获奖成就——白喉研究被世人所认可，但他却提出了人类结核病的源头在于牛奶的错误观点，他还提倡使用甲醛处理牛奶。所幸，人们因甲醛处理过的牛奶气味刺鼻而拒绝接受这种毒液。罗伯特·科赫提出的无效结核病疗法（结核杆菌素）曾轰动一时。当时，德国为加强在科学界的话语权，未待研究成熟便将科赫的研究结果匆忙公之于世。不过，科赫在其他传染病研究领域硕果累累。瑕不掩瑜，结核杆菌素的事情也就被忽视了。

卡米洛·高尔基因发明神经系统染色法而荣获诺贝尔奖。高尔基染色法为科学家进行精确的神经系统研究提供了可能性条件，但他后来却未对神经系统进行研究。他还错误地提出所有神经都相互连接并形成一个错综复杂的网状结构。拉蒙-卡哈尔等一众学者使用高尔基染色法进行谨慎研究后推翻了高尔基的网状学说。但高尔基在发表获奖感言时仍坚持阐述这一错误理论，令与他共同领奖的拉蒙-卡哈尔啼笑皆非。

埃米尔·特奥多尔·科赫尔凭借甲状腺手术获奖，他对外科手术一丝不苟的严谨作风使手术安全大为提升。殊不知他的甲状腺完全移除术会令患者因缺乏甲状腺激素而患上呆小症。科赫尔得知后大为震惊，他随即与多位学者共同研究解决之道。其中一种方案是在进行甲状腺切除术时为患者保留小部分甲状腺组织，还有一种方案是向患者体内移植一些动物甲状腺代替被完全摘除的人体甲状腺发挥功能。

二战末期，DDT杀虫剂一经问世便有效遏制了斑疹伤寒的传染态势，保罗·穆勒随之名扬天下。实际上，穆勒的这一成果最为符合诺贝尔奖的评选标准——奖项应被授予上一年度为人类谋取最大利益之人。然而不幸的是，人类在和平时期大量使用DDT杀虫剂，令无数动物为之殒命，人类健康遭到危害，它对自然环境的破坏一直延续至今。

很多诺贝尔奖得主并不是其获奖成就的第一发现者。罗伯特·科赫因在细菌研究中采用严谨细致的实验方法而获奖，又因发现霍乱致病菌而广为人知。然而，帕西尼早在1854年就已将霍乱弧菌记录在册，彼时，科赫不过是个孩子。

因研究疟疾而获奖的夏尔·拉韦朗否认了万巴德此前曾提出过"蚊子是疟疾传播媒介"的事实。当罗纳德·罗斯反复研究鸟类与蚊子体内的疟疾寄生虫生命周期时，他浑然不知，这种寄生虫的传播路径仅适用于鸟类，它与使人类染病的寄生虫并不同属。而意大利学者格拉西的研究小组则成功甄别出致人感染的寄生虫，同时准确发现了携带此类寄生虫的蚊子种类。即便如此，格拉西也只获得21次提名，一生无缘诺贝尔奖。

亚历山大·弗莱明因在1928年发现盘尼西林而被授予诺贝尔奖。但盘尼西林的真正发现时间可追溯至1897年，巴斯德研究所的初级研究员欧内斯特·杜彻斯尼在医学报告中记录了盘尼西林的有关情况。那时，弗莱明还是个青少年。杜彻斯尼年纪轻轻便因结核病而离世，至死默默无闻。后来，哥斯达黎加科学家特维特再次发现盘尼西林，有关文字记录可见于特维特在1923年与1927年发表的论文。

1929年，克里斯蒂安·艾克曼与弗雷德里克·霍普金斯因多年前的脚气病研究而被授予诺贝尔生理学或医学奖。但两位科学家当时均未发现精米中缺乏一种重要的B族维生素。早在19世纪30年代，英国军医克里斯蒂首次将脚气病归因于精米中缺失的"未知成分"。而铃木梅太郎于1910年便准确得出结论：这种成分正是维生素B_1（硫胺素）。

格哈德·多马克因首创磺胺类抗生素而获奖，但他在1935年发现的成果只是一种前药，还须经过人体代谢方可转化为有效作用成分。事实上，奥地利药剂师在1908年已首次合成该有效成分，但发现者当时不知这种成分可以入药，只将它视为一种染料，随即束之高阁。

诺贝尔委员会的审议活动完全保密，因此在预测世界上最优秀的人方面获得了一种神秘感，这些优秀的人包括最具创造性的思想家、万人敬仰的人、具有首创发现的人以及曾为人类谋取最大利益的人。埃米尔·冯·贝林因其对白喉的研究获得诺贝尔奖，而白喉毒素的共同发现者——埃米尔·鲁（共获115次提名）和亚历山大·耶尔森（共获7次提名）惨遭淘汰。不仅如此，委员会还弃选了与冯·贝林共同发现白喉抗毒素的实验室同事北里柴三郎，即使柴三郎还曾独立发现破伤风毒素和破伤风类毒素。当时，白喉抗毒素与类毒素太强，不宜直接制成疫苗。直到20世纪20年代，微生物学家兼兽医加斯顿·拉蒙才研发出更为安全的白喉预防疫苗。拉蒙共获提名155次（诺贝尔生理学或医学奖提名次数之最），却始终未摘得奖项。

疟疾研究者万巴德与乔瓦尼·巴蒂斯塔·格拉西分别获得提名15次和21次，尽管获奖者罗纳德·罗斯与夏尔·拉韦朗的疟疾研究理论均有瑕疵，却依然赢得了诺贝尔委员会的认可。

弗里茨·绍丁因发现梅毒致病菌被四度提名1905年的诺贝尔生理学或医学奖，但他终与奖项失之交臂。砷凡纳明的真正发现者——秦佐八郎曾在保罗·埃尔利希实验室研发出世上首款针对传染病的化学疗法，他只获得了3次诺贝尔奖提名。

埃米尔·特奥多尔·科赫尔虽因甲状腺手术而获奖，但他更出名的是提倡使用谨慎的外科手法实现安全手术。与科赫尔共处同一时期的约瑟夫·李斯特是提出"无菌手术"概念的第一人。李斯特曾获15次提名，却未能有幸成为诺贝尔奖得主。

诺贝尔奖得主朱尔·博尔代在研究百日咳与免疫系统补体作用时，奥克塔夫·让古始终与他并肩共事。博尔代获奖前曾被提名115次，其中包括让古提交的1次提名，但让古本人却只收获了1次提名。

柯奈尔·吉恩·弗朗索瓦·海门斯因证明大脑可通过神经控制心脏而荣获诺贝尔奖，他充分借鉴了费尔南多·德卡斯特罗的原始理论和插图。实际上，是德卡斯特罗最早发现了心脏的具体供应神经，但他从未获得诺贝尔奖提名。

当约翰尼斯·菲比格凭借"寄生虫导致胃癌"的错误理论被授予诺贝尔生理学或医学奖时，山极胜三郎已证明：化学品可致人体其他部位患癌。山极胜三郎曾七度被提名，终未获奖。

　　诺贝尔基金会为自己塑造了极佳的公共形象，一提起诺贝尔奖，人们即刻将之与至尊荣耀、公平正义、品行高尚画上等号。确如其实，很多诺贝尔奖得主完全契合此等光辉形象，如查尔斯·谢灵顿、阿奇博尔德·维维安·希尔、拉蒙－卡哈尔等，但绝非每位获奖者都具备崇高品质。

　　与其他多数科学领域相比，医学始终是社会环境的产物。诸位诺贝尔奖得主极大地促进了20世纪上半期的医学发展。他们的故事不仅能反映出科学家的私人生活与家庭背景，还能折射出不同地区与国家间的特色，甚至连当时的国际背景压力也有所体现。如此环境之下，一些科学家还能坚守在科研阵地、提出具有革命意义的研究成果，实在令人叹服。当然，他们在科学的道路上并非永远正确；与同事同僚之间，同样存在利益分配不公的情况；他们也并非总是对人类怀有良好的意图。同样地，诺贝尔委员会在评选的过程中，也会因人性缺陷或外力影响而失之偏颇。无论读者是否从事医学专业，都无须将诺贝尔奖得主之言视为金科玉律，谨慎考究才是理智之举。追忆往事看似简单，实则极具挑战，尤其是在诺贝尔奖如今已极负盛誉的情况下，更是难上加难。

趣闻逸事

诺贝尔奖得主的小说与哲学作品

埃加斯·莫尼兹

A Vida Sexual（*The Sexual Life*），《两性生活》（Casa Ventura Abrantes出版社，1922年出版）

História das cartas de jogar（*History of playing-cards*），《扑克牌游戏史》（Lisbon出版社，1942年出版）

O Padre Faria na História do Hipnotismo（*Father Faria in the History of Hypnotism*），《催眠史上的法里亚神父》（Imp. Libânio da Silva出版社，1925年出版）

拉蒙-卡哈尔

Vacation Stories—Five Science Fiction Tales《假日逸事——科幻故事五则》（伊利诺伊大学出版社，2006年出版）

Advice for a Young Investigator《致青年研究者的建议》（麻省理工学院出版社，2004年出版）

Life in the Year 6000: A Fantasy Dream《活在公元6000年：奇幻之梦》（CreateSpace出版社，2017年出版）

The Psychology of Don Quixote: and the Quixotic Ideal《堂吉诃德心理学及堂吉诃德式理想》（CreateSpace出版社，2016年出版）

尼科勒

The Pâtissier de Bellone《贝隆的糕点师》（巴黎Calmann-Lévy出版社，1913年出版）

The Leaves of Sagittarius《射手座的叶子》（巴黎Calmann-Lévy出版社，1920年出版）

La Narquoise《嘲讽》（巴黎Calmann-Lévy出版社，1922年出版）

The Plaisirs of Trouble Menus《麻烦菜单的乐趣》（巴黎Rieder出版社，1924年出版）

Marmouse and His Guests《马尔莫斯和他的客人们》（巴黎Rieder出版社，1927年出版）

The Two Larrons《两伙强盗》（巴黎Calmann-Lévy出版社，1929年出版）

卡雷尔

Man, the Unknown《人的奥秘》（Halycon House出版社，1938年出版）

里歇特

L'homme Stupide（Idiot Man），《愚蠢的人》（CreateSpace出版社，2016年出版）

谢灵顿

Man On His Nature《人的本性》（剑桥大学出版社，1940年第一版）

圣捷尔吉

The Crazy Ape《疯狂的猿》（Philosophical Library出版社，1970年出版）

What's Next《未来在何处》（Philosophical Library出版社，1971年出版）

Science, Ethics and Politics《科学、伦理与政治》（Vantage 出版社，1963年版）

赫尔曼·约瑟夫·穆勒

Out of the Night: A Biologist's View of the Future《走出黑夜：一位生物学家眼中的未来》（Vanguard出版社，1955年出版）

优生学家名单

埃加斯·莫尼兹

赫尔曼·约瑟夫·穆勒

摩尔根

卡雷尔

里歇特

纳粹党成员

瓦格纳-尧雷格

里歇特

神秘主义者

卡雷尔

里歇特

洛克菲勒研究所成员

兰德斯坦纳

加塞

卡雷尔

巴斯德研究所成员

尼科勒

拉韦朗

梅契尼可夫

博尔代

威廉皇帝科学研究所成员

迈尔霍夫

瓦尔堡

赫尔曼·约瑟夫·穆勒

女性获奖者

格蒂·科里

来自巧克力高消费国的获奖者

据统计，诺贝尔奖获得者中多数人来自巧克力消费大国。

人均巧克力消费最高/诺贝尔生理学或医学奖得主的国家如下：

第一名：瑞士（赫斯、保罗·穆勒、科赫尔）

第二名：德国（柴恩、勒维、瓦尔堡、迈尔霍夫、科赫）

第三名：英国（戴尔、谢灵顿、阿德里安、霍普金斯、希尔）

第四名：挪威（无）

第五名：冰岛（无）

第六名：丹麦（达姆、菲比格、克罗伊）

第七名：奥地利（瓦格纳-尧雷格、巴拉尼）

第八名：芬兰（无）

第九名：瑞典（古尔斯特兰德）

第十名：法国（尼科勒、里歇特、卡雷尔、拉韦朗）

参考文献

诺贝尔奖

Nobel Prize.org. "Prize Amount And Market Value Of Invested Capital Converted Into 2014 Year's Monetary Value." Updated Dec 2014. http://www.nobelprize.org/nobel_prizes/about/amounts/prize_amounts_15.pdf

Feldman, Burton. 2001. *The Nobel Prize: A History of Genius, Controversy, and Prestige*. Arcade Publishing.

Kozelsky, Mara. "The Crimean War, 1853–56" in Kritika: Explorations in Russian and Eurasian History 13.4 (Fall 2012).

Lemmel, Birgitta. "Alfred Nobel—St. Petersburg, 1842–1863." Nobel Media AB 2014 Web. 4 Jul 2015.

Fant, Kenne. 2014. *Alfred Nobel: A Biography*. Translated by Marianne Ruuth. Arcade Publishing.

第1章　首届诺贝尔奖｜白喉的血清疗法

New York Times. 1902. "The Antitoxin Scandal in St. Louis." Feb 14, 1902.

New York Times. 1903. "The Population of the Island of Capri is Indignantly Protesting." Nov 5, 1903.

New York Times. 1907. "Behring Denies He is Insane." Feb 8, 1907.

Linton, Derek S. 2005. *Emil Von Behring: Infectious Disease, Immunology, Serum Therapy* (*Memoirs of the American Philosophical Society*). American Philosophical Society.

Behring, Emil Von, and Charles Bolduan. 2011. *Suppression of Tuberculosis*. Reproduction by Ulan Publishing.

Humphries, Suzanne, and Roman Bystrianyk. 2013. *Dissolving Illusions*: *Disease, Vaccines, and The Forgotten History. CreateSpace*.

第2章　寄生虫与害虫 │ 疟疾的传播媒介

Lerner, K Lee, and Brenda Wilmoth Lerner. 2002. *World of Anatomy and Physiology*. Gale Thomson.

Chernin, E. "Sir Ronald Ross vs. Sir Patrick Manson: A Matter of Libel." *J Hist Med Allied Sci* 1988; 43(3): 262–274.

Nye, Edwin R, and Mary E Gibson. 1997. *Ronald Ross: Malariologist and Polymath, a Biography*. Palgrave Macmillan.

Ross Sr, Ronald. 1930. *Memories of Sir Patrick Manson*. Harrison & Sons.

第3章　光明的未来 │ 皮肤结核病的光疗法

Grzybowski, A, and K Pietrzak. "From patient to discoverer—Niels Ryberg Finsen (1860–1904)—the founder of phototherapy in dermatology." *Clin Dermatol* 2012 Jul-Aug; 30(4): 451–455.

Liu, PT, S Stenger, L Wenzel, et. al. "Toll-like receptor triggering of a vitamin D-mediated human antimicrobial response." *Science* 2006 Mar 24; 311: 1770–1773.

Gøtzsche, P C. "Niels Finsen's treatment for lupus vulgaris." *JR Soc Med* 2011 Jan 1; 104(1): 41–42.

Daniel MD, Thomas M. "The impact of tuberculosis on civilization." *Infect Dis Clin N Am* 2004; 18(1): 157–165.

第4章　巴甫洛夫的狗 | 消化腺的生理机制与条件反射理论

Lionni, Paolo. 1993. *The Leipzig Connection*. Heron.

Windholz, George. "Pavlov's Religious Orientation." *Journal for the Scientific Study of Religion* Sep 1986; 25(3): 320–327.

Babkin, Prof B P. 1949. *Pavlov: A Biography*. Chicago: University of Chicago Press.

Film of child experiment. *The Brain: A Secret History*. Episode 1, "Mind Control" directed by Alicky Sussman, presented by Michael Mosley.

Pavlov, Ivan Petrovitch. "Excerpts from *Lectures on Conditioned Reflexes, Volume II: Conditioned Reflexes and Psychiatry*." Chapter XLVI, Experimental Neuroses. (Read in German at the First International Neurological Congress, Berne, September 3, 1931).

第5章　丰功伟绩 | 细菌理论与结核病的研究

Bentivoglio, Marina, and Paolo Pacini. "Filippo Pacini: A determined observer." *Brain Research Bulletin* 1995; 38(2): 161–165.

Howard-Jones, N. "Robert Koch and the cholera vibrio: a centenary." *Br Med J (Cli Res Ed)* 1984 Feb 4; 288(6414): 379–381.

Brock, Thomas D. 1999. *Robert Koch: A Life in Medicine and Bacteriology*. ASM Press.

Goetz, Thomas. 2015. *The Remedy: Robert Koch, Arthur Conan Doyle, and the Quest to Cure Tuberculosis*. Gotham.

Dingle, J. 1973. "Life and Death in Medicine." (TB statistics) *Scientific American*.

Obomsawin PhD, Raymond. "Immunization Graphs: Natural Infectious Disease Declines; Immunization Effectiveness; and Immunization Dangers." *National Aboriginal Health Organization* Dec 2009.

第6章　犯错的观察员与细菌博士 |
高尔基染色法与"神经元"学说

Zinn, Howard, Mike Konopacki, and Paul Buhle. 2008. *A People's History of American Empire*: *The American Empire Project, A Graphic Adaption*. Metropolitan Books.

Ramón y Cajal, Santiago. 2001. *Vacation Stories*: *Five Science Fiction Tales*. Translated by Laura Otis. Champaign, IL: University of Illinois Press.

Tzitsikas, Helene. 1965. *Santiago Ramón y Cajal*: *Obra literaria*. Colección Studium.

Pannese, Ennio. "The Golgi Stain: Invention, Diffusion and Impact on Neurosciences." *J Hist Neurosci* 1999 Aug; 8(2): 132–140.

Golgi, Camillo. "Annotazioni intorno all'Istologia dei reni dell'uomo e di altri mammifieri e sull'istogenesi dei canalicoli oriniferi." Rendiconti R Acad 1889; Lincei 5: 545–557.

Ciminio, Guido. "Reticular theory versus neuron theory in the work of Camillo Golgi." *Phys Riv Int Stor Sci* 1999; 36(2): 431–472.

第7章　显而易见的怀疑对象 | 寄生虫导致疟疾

Nye, Edwin R. "Alphonse Laveran (1845–1922): discoverer of the malarial parasite and Nobel laureate, 1907." Journal of Medical Biography 06/2002;10(2): 81–87.

Nobel Prize.org. "Alphonse Laveran." December 14, 2007. http://nobel-prize.org/nobel_prizes/medicine/laureates/1907/laveran-bio.html

Srinivas. "Charles Louis Alphonse Laveran (1845–1922)." Malaria Site, February 25, 2015.

CDC. "Laveran and the Discovery of the Malaria Parasite." *US Centers for Disease Control* December 14, 2007.

第8章 免疫之战 | "吞噬细胞"、抗体、补体与砷凡纳明

Metchnikoff, Elie. 2012. *The Nature of Man, Studies in Optimistic Philosophy*. GP Putnam's Sons, 1903. Reprinted by Forgotten Books.

Hirsch, James G. "Immunity to Infectious Diseases: Review of Some Concepts of Metchnikoff." *Bacteriol Rev* June 1959; 23(2): 48–60.

Kaufmann, Stefan H E. "Immunology's foundation: the 100-year anniversary of the Nobel Prize to Paul Ehrlich and Elie Metchnikoff." *Nature Immunology* 2008; 9: 705–712.

Weissmann, George. "Dr. Ehrlich and Dr. Atomic: Beauty vs. Horror in Science." *The FASEB Journal* January 2009; Vol. 23.

New York Times. 1914. "Prof. Ehrlich In Libel Suit; Denies Newspaper Man's Charge That Salvarsan Is Dangerous." June 9, 1914.

Leyden, J G, and *The Washington Post*. "From Nobel Prize to Courthouse Battle; Paul Ehrlich's 'Wonder Drug' for Syphilis Won Him Acclaim but Also Led Critics to Hound Him." July 27, 1999.

第9章 意外伤害、巧克力与诺贝尔奖 | 甲状腺的移除与移植

Gautschi, Oliver P, and Gerhard Hildebrandt. "Emil Theodor Kocher (25/8/1841–27/7/1917)—A Swiss (neuro-)surgeon and Nobel Prize winner." *Br J Neurosurg* Jul 2009; 23(3): 234–236.

Kocher, Theodore. "Ueber Kropfexstirpation und ihre Folgen [On goitre removal, and its consequences]." *Archiv für Klinische Chirurgie* 1883; 29:254–337.

Slater, Stefan. "The discovery of thyroid replacement therapy. Part 3: A complete transformation." *JR Soc Med* 2011 Mar 1; 104(3): 100–106.

Ravin MD, James G. "Gullstrand, Einstein, and the Nobel Prize." *Arch Ophthalmol* Vol 117, May 1999.

Messerli MD, Franz H. "Chocolate Consumption, Cognitive Function, and

Nobel Laureates." *N Engl J Med* 2012; 367(16): 1562–1564.

第10章　永恒的小鸡｜血管缝合术与器官移植

Reggiani, Andrés Horacio. 2007. *God's Eugenicist: Alexis Carrel and the Sociobiology of Decline*. Berghahn Books.

Carrel, Alexis. 1994. *The Voyage to Lourdes*. (Published posthumously in 1946; see 1994 edition with new preface by Stanley Jaki that corrects errors in other versions) Real View Books.

Witkowski, Jan A. "Dr. Carrel's Immortal Cells." *Medical History* 1980 Apr 24; (2): 129–142.

第11章　又一位优生学家｜过敏反应

Wolf, Stewart. 1993. Brain, Mind, and Medicine: *Charles Richet and the Origins of Physiological Psychology*. Transaction Publishers.

Richet, Charles R. 1929. *Our Sixth Sense*. London: Rider. (First published in French, 1928) Translated by Fred Rothwell. Rider & Company.

New York Times. 1924. "Clashes With Houdini: Youth Who Reads Through Metal Charges Trickery at Tests." May 9, 1924.

Krimbas, C. "Eugenics in Europe." Inter Encyc of Social & Behavioral Sciences 2001; pg 4905–4912.

"Past Society Presidents." The Society for Psychical Research.

Schneider, William H. 1990. *Quality and Quantity*: The Quest for Biological Regeneration in Twentieth-Century France. Cambridge University Press.

Epheyre, Charles. 1890. *Professor Bakermann's Microbe, A Tale of the Future*. English translation in (2011) The Supreme Progress, by Brian Stableford.

Ardaillou, Raymond A, and Pierre M Ronco. "Obituary: Gabriel Richet (1916–2014)." Kidney International 2015; 87(1): 3–4.

Richet, Charles, and Raoul Brunel. 1903. *Circé: drame en deux actes*. Paris:

Choudens.

Richet, Charles. 1898. Charles Epheyre et Octave Houdaille. *Soeur Marthe, drame lyrique en 2 parties, 3 actes et 5 tableaux*. Musique de Frédéric Le Rey. [Paris, Théâtre des Variétés] Ollendorff.

Bonds MD, Rana S, and Brent C Kelly MD. "Severe Serum Sickness After H1N1 Influenza Vaccination." *Am J Med Sci* 2013 May; 345(5): 412–413.

第12章 平衡 | 内耳前庭的生理学与病理学研究

New York Times. 1983. "Barany's Explanation for the Barany effect may have been disproved in space." Dec 7, 1983.

Kassemi, Mohammad, Dimitri Deserranno, and John Oas. "Effect of gravity on the Caloric Stimulation of the Inner Ear." *Ann NY Acad Sci* 2004 Nov; 1027(1): 360–370.

Grady, Tim. 2012. *The German-Jewish Soldiers of the First World War in History and Memory*. Liverpool University Press.

Carey MD, Michael E. "Cushing and the treatment of brain wounds during World War I, Historical vignette." Journal of Neurosurgery Jun 2011; 114(6): 1495–1501.

Mudry, A. "Neurological stamp: Robert Barany (1876–1936)." *Journal of Neurology, Neurosurgery & Psychiatry* 2000; 68: 507.

第13章 对抗感染 | 免疫性、血清治疗和百日咳疫苗

Humphries MD, Suzanne, and Roman Bystrianyk. 2013. *Dissolving Illusions*: *Disease, Vaccines, and The Forgotten History*. CreateSpace. See graph at (http://www.dissolvingillusions.com/graphs/#12.)

Silverstein, Arthur M. 2001. *Paul Ehrlich's Receptor Immunology*: *The Magnificent Obsession*. Academic Press.

"Bordet, Jules (1870–1961)." World of Microbiology and Immunology. 2003.

Encyclopedia.com. 21 Jun, 2015.

Oakley, C L. "Jules Jean Baptiste Vincent Bordet, 1870–1961." *Biogr Mems Fell R Soc* 1962; 8: 18.

Summer, William C. "The strange history of phage therapy." *Bacteriophage* 2012 April 1; 2(2): 130–133.

Ligon PhD, B Lee. "Jules Bordet: Pioneer Researcher in Immunology and Pertussis (1870–1961)." *Seminars in Pediatric Infectious Diseases* April 9, 1998; 9(2): 163–167.

Geier, Mark R, and David A Geier. "The True Story of Pertussis Vaccine: A Sordid Legacy?" *Journal of the History of Medicine and Allied Sciences* July 2002; 57(3): 249–284.

Lewis, Sinclair. 1925. *Arrowsmith*. Harcourt Brace & Co

第14章　血液、汗液和糖｜人体运动时血液循环的调节机制

Krogh, A. 1967. "A Contribution to the Physiology of the Capillaries (Nobel Lecture, December 11, 1920)." *In Nobel Lectures, Physiology or Medicine 1901–1921*. Elsevier Publishing Company.

Krogh, A. 1922. *The Anatomy and Physiology of Capillaries*. Yale University Press.

"August Krogh (1874–1949) The Physiologist's Physiologist." *JAMA: Journal of the American Medical Association* 1967; 199(7): 496–497.

第15章　外邦人与犹太人｜肌肉生理学的研究

Hill, A V. 1960. *The Ethical Dilemma of Science and Other Writings*. Rockefeller University Press.

Edited by Squire, Larry R. 1996. *The History of Neuroscience in Autobiography Vol 1*. Pg 351. Elsevier.

Hill, A V. 1965. *Trails and Trials in Physiology: a Bibliography, 1909–1964*;

with reviews of certain topics and methods and a reconnaissance for further research. Williams and Wilkins, Baltimore.

Hill, A V. "International Status and Obligations of Science. Letter to the editor (reply)." *Nature*. 1934; 133(3356): 290.

Bassett Jr, David R. "Scientific contributions of AV Hill: exercise physiology pioneer." *Journal of Applied Physiology* 1 November 2002; 93(5):1567–1582.

Pearson, Karl. "On a New Theory of Progressive Evolution." *Annals of Eugenics* 1930; Vol.IV(Nos. 1–2): 1–40.

Pearson, Karl. "On the Inheritance of Mental Disease." *Annals of Eugenics* 1931; Vol. IV(3–4): 362–380.

Pyke, D. "Contributions by German émigrés to British medical science." *QJM: An International Journal of Medicine* 1 July 2000; 93(7): 487–495.

Buderi, Robert. 1996. *The Invention that Changed the World: How a Small Group of Radar Pioneers Won the Second World War and Launched a Technological Revolution*. Simon & Schuster.

Stark, J. "International status and obligations of science (Letter to the editor)." *Nature* 1934; 133(3356): 290.

Katz, Bernard. "Archibald Vivian Hill. 26 September 1886–3 June 1977." *Biogr Mems Fell R Soc* Nov 1978; 24: 71–149.

"Otto Meyerhof." *World of Chemistry*. Gale, 2006. Biography in Context. Web. 30 June 2015.

Szöllösi-Janze, Margit. 2001. *Science in the Third Reich*. Berg.

第16章　加拿大学者的糖尿病发现 | 胰岛素

Atharva Veda 2.32. "Bhaishagykni, Charm to secure perfect health." Translated by Maurice Bloomfield. 1924. *Sacred Books of the East, Vol*. 42. Oxford University Press.

Papaspyros, N S. 1964. *The History of Diabetes Mellitus*. Georg Thieme Verlag,

Stuttgart.

"Dr. Fred Banting, Nobel laureate." Canadian Broadcasting Company Radio
   Archives, on the program *Sunday Morning*, reported by Rae Corelli,
   broadcast Nov. 15, 1981.

Saravanan, R, and L Pari. "Antidiabetic effect of diasulin, a herbal drug, on
   blood glucose, plasma insulin and hepatic enzymes of glucose metabolism
   in hyperglycaemic rats." *Diabetes Obesity and Metabolism* 07/2004;
   6(4):286–292.

第17章　解读心脏奥秘 | 心电图仪

Rivera-Ruis MS, Moises, Christian Cajavilca MS, and Joseph Varon MD,
   FCCM. "Einthoven's String Galvanometer: The First Electrocardiograph."
   Tex Heart Inst J 2008; 35(2): 174–178.

Lama, Alexis. "Einthoven: the man and his invention." [in Spanish]. *Rev Med
   Chil* 2004; 132(2): 260–264.

Foster, Ruth. 2001. Take *Five Minutes: Fascinating Facts and Stories for
   Reading and Critical Thinking* (*Take 5 Minutes*). Teacher Created
   Resources.

Silverman MD, Mark E, and J Willis Hurst MD. "Willem Einthoven—The
   Father of Electrocardiography." *Clin Cardiol* Oct 1992; 15(10): 785–787.

"America to Lead World in Scientific Research, Professor Einthoven Impressed
   With Boston Laboratories—Noted for Study of Human Electricity." (No
   writer attributed) *The Harvard Crimson*, November 1, 1924.

Myers, Morton A. 2011. *Happy Accidents: Serendipity in Major Medical
   Breakthroughs in the Twentieth Century*. Skyhorse Publishing, Inc.

第18章　大错特错 | 线虫致胃癌

Fibiger, Johannes. "On Spiroptera carcinomata and their Relation to True

Malignant Tumors; with Some Remarks on Cancer Age." *The Journal of Cancer Research* Oct 1919; 4(4): 367–387.

Stolley MD, MPH, Paul D, and Tamar Lasky PhD. "Johannes Fibiger And His Noble Prize for the Hypothesis That a Worm Causes Stomach Cancer." *Ann Intern Med* May 1992; 116(9): 765–769.

Rous, Peyton. "Sarcoma of the Fowl Transmissible By An Agent Separable From the Tumor Cells." *J Exp Med* 1911 Apr 1; 13(4): 397–411.

"Katsusaburo Yamagiwa (1863–1930)." *CA: A Cancer Journal for Clinicians* May–Jun 1977; 27(3): 172–173.

Yamagiwa, Katsusaburo, and Koichi Ichikawa. "Experimental study of the pathogenesis of carcinoma." *CA: A Cancer Journal for Clinicians* May–Jun 1977; 27(3): 174–181.

第19章　发热疗法与战争罪 | 梅毒新疗法

Wagner-Jauregg, Julius. 1965. "The Treatment of Dementia Paralytica by Malaria Inoculation (Nobel Lecture, December 13, 1927)." *In Nobel Lectures in Physiology or Medicine 1922–1941.* Elsevier Publishing Company.

Allerberger, F. "Julius Wagner-Jauregg (1857–1940)." *J Neurol Neurosurg Psychiatry* March 1997; 62(3): 221.

Chapman, Clare. "Austrians stunned by Nobel prize-winner's Nazi ideology." *Scotland on Sunday*, 25 Jan 2004.

Hoffman, Edward. 1994. *The Drive for Self: Alfred Adler and the Founding of Individual Psychology.* New York: Addison-Wesley Publishing.

Brabin, Bernard J. "Malaria's contribution to World War One—the unexpected adversary." Malaria Journal 2014; 13:497.

Rudolf, G De M. "Recent Advances in Therapeutic (Induced) Malaria." *J Neurol Psychopathol* 1936 Jan; 16(63): 239–255.

Varney et al. "Neuropsychiatric Sequelae of Cerebral Malaria in Vietnam

Veterans." *The Journal of Nervous & Mental Disease* Nov 1997; 185(11): 695–703.

Idro et al. "Cerebral malaria is associated with long-term mental health Disorders: a cross sectional survey of a long-term cohort." *Malaria Journal* Mar 2016; 15: 184.

Cormier, Loretta A. 2011. *The Ten-Thousand Year Fever: Rethinking Human and Wild-Primate Malarias*. Left Coast Press.

Tsay, Cynthia J. "Julius Wagner-Jauregg and the Legacy of Malarial Therapy for the Treatment of General Paresis of the Insane." *Yale J Biol Med.*2013 Jun; 86(2): 245–254.

第20章　虱子与人│斑疹伤寒的传播媒介

Conseil, E. "The typhus exanthematics in Tunisia during the year 1909." *Archives of the Pasteur Institute of Tunis*, 1909–1911; pg 19–42.

Schultz, Myron G, and David M Morens. "Charles-Jules-Henri Nicolle" *Emerging Infectious Diseases* Sep 2009; 15(9): 1520–1522.

Gross, L. "How Charles Nicolle of the Pasteur Institute discovered that epidemic typhus is transmitted by lice: Reminiscences from my years at the Pasteur Institute in Paris." *Proc Natl Acad Sci USA* Oct 1, 1996; 93(20): 10539–10540.

Pelis, Kim. 2006. *Charles Nicolle, Pasteur's Imperial Missionary*: *Typhus and Tunisia*. University of Rochester Press.

第21章　隐藏的活力│维生素的发现

Hopkins, Sir Frederick. 1965. "The Earlier History of Vitamin Research (Nobel Lecture, December 11, 1929)." In *Nobel Lectures, Physiology or Medicine 1922–1941*. Elsevier Publishing Company.

Price, Catherine. 2015. *Vitamania*: *Our Obsessive Quest for Nutritional*

Perfection. NY Penguin Press.

Sugiyama Y, Seita A. "Kanehiro Takaki and the control of beriberi in the Japanese Navy." *JLL Bulletin*: *Commentaries on the history of treatment evaluation*, 2013.

第22章　拯救众生的血型 | 血型与安全输血

Jewish Telegraphic Agency. 1937. "Dr. Landsteiner Sues To Escape Being Labelled [*sic*] Jew." *Archives of the Jewish Telegraphic Agency* April 6, 1937.

Simmons, John Galbraith. 2000. *Scientific 100: A Ranking of the Most Influential Scientists, Past and Present*. Citadel Press.

Kantha, S S. "Is Karl Landsteiner the Einstein of the biomedical sciences?" *Med Hypotheses* 1995 Apr; 44(4): 254–256.

Kantha, S S. "The blood revolution initiated by the famous footnote of Karl Landsteiner's 1900 paper." *Ceylon Med J* 1995 Sep; 40(3): 123–125.

Tan MD, Siang Yong, and Connor Graham MD. "Karl Landsteiner (1868–1943): Originator of ABO blood classification." *Singapore Med J* 2013; 54(5): 243–244

Owen, Ray. "Karl Landsteiner and the First Human Marker Locus." *Genetics* Jul 1, 2000; 155(3): 995–998.

第23章　一位低调人士的卓越影响力 | 细胞呼吸及瓦氏效应

Warburg, Otto H. "On the Origin of Cancer Cells." Science Feb 24, 1956; 123(3191): 309–314.

Warburg, Otto H. "The Prime Cause and Prevention of Cancer." Revised lecture at the meeting of the Nobel-Laureates on June 30, 1966.

Warburg, Otto H, Franz Wind, and Erwin Negelein. "The Metabolism of Tumors in the Body." (translated 1931) J Gen Physiol Mar 7, 1927; 8(6): 519–530.

Warburg, Otto H. "New Methods of Cell Physiology." *Perspectives in Biology and Medicine* Spring 1963: 6(3); 385–388.

Otto, Angela M. "Warburg effect(s)—a biographical sketch of Otto Warburg and his impacts on tumor metabolism." *Cancer & Metabolism* 2016; 4: 5.

Weisz MD, George M. "Dr. Otto Heinrich Warburg—Survivor of Ethical Storms." *Rambam Maimonides Med J* 2015 Jan; 6(1): e0008.

Krebs, H, and R Schmid. "Otto Warburg Zellphysiologe-Biochemiker-Mediziner 1983–1970." *Grosse Naturforscher* 1927; 15(1): 1–4.

Warburg, Otto. "On the origin of cancer cells." *Science* Feb 24, 1956; 123(3191): 309–314.

Medawar, Jean, and David Pyke. 2012. *Hitler's Gift: The True Story of Scientists Expelled by the Nazi Regime*. New York, NY: Arcade Publishing.

第24章　大脑非思想｜神经功能

Eccles, John C. 1994. *How the Self Controls Its Brain*. Berlin, NY: Springer-Verlag.

Eccles, John C, and William C Gibson. 1979. *Sherrington, His Life and Thought*. NY: Springer International.

Sherrington, Sir Charles. 1965. "Inhibition as a Coordinative Factor (Nobel Lecture, December 12, 1932)." In *Nobel Lectures, Physiology or Medicine 1922–1941*. Elsevier Publishing Company.

Stuart et al. 2001. "Chapter Eleven—Sir Charles S Sherrington: Humanist, Mentor, and Movement Neuroscientist." (pg 317–374). In *Classics in Movement Science*. Editors Mark L Latash and Vladimir M Zatsiorsky. Champaign, IL: Human Kinetics.

第25章　美国人的起源论｜遗传定律

"Breast Cancer and the Environment: A Life Course Approach." *Institute of*

Medicine of the National Academies 7 Dec 2011.

Berrington de González et al. "Projected Cancer Risks From Computed Tomographic Scans Performed in the United States in 2007." *Arch Intern Med* 2009; 169(22): 2071-2077.

第26章 食用肝脏 | 特殊型贫血的治疗

Miller, Leon L. 1995. "Chapter: George Hoyt Whipple." In *Biographical Memoirs*: *V.66 National Academy of Sciences*. Pg 370–393. The National Academies Press.

Castle, W B. 1974. "Chapter: George Richards Minot." In *Biographical Memoirs*: *V.45 National Academy of Sciences*. Pg 353–401. The National Academies Press.

Whipple, GH, and FS Robscheit-Robbins. "Blood regeneration in severe anemia: II. Favorable influence of liver, heart and skeletal muscle in diet." *Am J Physiol* 1925; 72: 408–418.

第27章 克隆的阴影 | 胚胎发育过程

Hamburger, Viktor. 1988. *The Heritage of Experimental Embryology: Hans Spemann and the Organizer*. Oxford University Press.

Spemann, Hans. 1967. *Embryonic Development and Induction*. Hafner Publishing Company.

Harrington, Anne. 1999 reprint. *Reenchanted Science: Holism in German Culture from Wilhelm II to Hitler*. Princeton Univ Press.

Wellner, K. "Hans Spemann (1869–1941)." *Embryo Project Encyclopedia* 2010-06-15.

Ribatti, D. "The chemical nature of the factor responsible for embryonic induction: an historical overview." *Organogenesis* 2014 Jan 1; 10(1):38–43.

第28章 脑化学101 | 神经递质

Sabbatini PhD, and Renato M E. "Neurons and synapses: The history of its discovery. Chapter V—Chemical Transmission." *Brain & Mind* 2004.

Campbell, G. "Cotransmission." *Annu Rev Pharmacol Toxicol* 1987; 27:51–70.

York III MD, and George K. "Otto Loewi: Dream Inspires a Nobel-Winning Experiment on Neurotransmission." *Neurology Today* December 2004; 4(12): 54–55.

Loewi, Otto. 1965. "The Chemical Transmission of Nerve Action (Nobel Lecture, December 12, 1936)." *In Nobel Lectures, Physiology or Medicine 1922–1941*. Elsevier Publishing Company.

Hurst MD, J Willis, W Bruce Fye MD, MA, and Heinz-Gerd Zimmer MD. "Otto Loewi and the Chemical Transmission of Vagus Stimulation in the Heart." *Clin Cardiol* Mar 2006; 29(3); 135–136.

Tansey, E M. "The early education of a Nobel laureate: Henry Dale's school-days." *Notes Rec R Soc Lond* 2011 Dec 20; 65(4): 379–391.

McCoy MD, PhD, Alli N, and Yong SiangTan MD, JD. "Otto Loewi (1873–1961): Dreamer and Nobel laureate." *Singapore Med J* 2014 Jan; 55(1):3–4.

Valenstein, Elliot S. 2006. *The War of the Soups and the Sparks: The Discovery of Neurotransmitters and the Dispute Over How Nerves Communicate*. Columbia University Press.

Feldberg, W S. "Henry Hallett Dale, 1875–1968." *Biogr Mems Fell R Soc* Nov 1970; 16: 77–174.

第29章 开头欠佳 | 维生素C

Swarup, A, S Stuchly, and A Surowiec. "Dielectric properties of mouse MCA1 fibrosarcoma at different stages of development." *Bioelectromagn* 1991; 12(1): 1–8.

Szent-Gyorgyi, Albert. 1971. *What Next?* Philosophical Library.

Szent-Gyorgyi, Albert. 1963. *Science, Ethics and Politics*. Vantage Press.

Szent-Gyorgyi, Albert. "Lost in the Twentieth Century." *Annu Rev Biochem* 1963; 32: 1–15.

Szent-Gyorgyi, Albert. 2006. *Some Misplaced Ideas on Democracy*. Audio CD. Jeffrey Norton Pub. Available at https://www.amazon.in/Misplaced-Ideas-Democracy-Albert-Szent-Gyorgyi/dp/1579703682/

Hargittai, Balazs, and Istvan Hargittai (editors). "The Wit and Wisdom of Albert Szent-Gyorgyi: A Recollection." 1988. *Culture of Chemistry: The Best Articles on the Human Side of 20th-Century Chemistry*. Springer.

"The Albert Szent-Gyorgyi Papers." *US National Library of Medicine* Online

第30章 心脏之事 | 神经对心率、血压和呼吸的控制作用

Heymans, JF, Heymans, C. "Recherches physiologiques et pharmacodynamiques sur la tete isolée du chien." *Arch. Int. Pharmacodyn* 1926; 32:1–33

De Castro, Fernando. "Towards the Sensory Nature of the Carotid Body: Hering, De Castro and Heymans." *Front Neuroanat* 2009; 3: 23.

De Castro, Fernando. "The discovery of sensory nature of the carotid bodies." *Adv Exp Med Biol* 2009; 648: 1–18.

第31章 硫 | 抗菌药"百浪多息"

New York Times. 1937. "Death Drug Hunt Covered 15 States; Wallace Reveals How Federal Agents Traced Elixir to Halt Fatalities." Nov 26, 1937.

Hager, Thomas. 2006. *The Demon Under the Microscope: From Battlefield Hospitals to Nazi Labs, One Doctor's Heroic Search for the World's First Miracle Drug*. Harmony Books.

Kiefer, David M. "Gerhard Domagk, sulfa drug pioneer." *Today's Chemist at Work* June 2001.

Lesch, John E. 2006. *The First Miracle Drugs: How the Sulfa Drugs Transformed Medicine*. Oxford University Press.

Richards, Ira Steven, and Marie Bourgeois. 2013. *Principles and Practice of Toxicology in Public Health*. Jones & Bartlett.

Colebrook, L. "Gerhard Domagk, 1895–1964." *Biogr Mems Fell R Soc* 1964; 10: 38–50.

第32章　流血的小鸡 ｜ 维生素K

Eissenberg PhD, Joel C, and Enrico Di Cera. "Edward Adelbert Doisy, In vitro veritas: 90 years of Biochemistry at Saint Louis University." *Missouri Medicine* July/August 2013; 110(4): 297–301.

Zetterström, Rolf. "HCP Dam (1895–1976) and EA Doisy (1893–1986): The discovery of antihaemorrhagic vitamin and its impact on neonatal health." *Acta Paediatrica* July 2006; 95(6): 642–644.

Okamoto, Hiroshi. "Vitamin K and rheumatoid arthritis." *IUBMB Life* 2008 Jun; 60(6): 355–361.

第33章　触碰神经 ｜ 单一神经纤维的功能

Chase, Merrill W, and Carlton C Hunt. "Herbert Spencer Gasser (1888–1963): A Biographical Memoir." National Academies Press 1995.

Davis, Hallowell. "Joseph Erlanger (1874–1965): A Biographical Memoir." National Academies Press 1970.

McComas, Alan J. 2011. *Galvani's Spark: The Story of the Nerve Impulse*. Oxford University Press.

"Aldini, Giovanni." 1911. *Encyclopedia Britannica (11th ed.)*. Cambridge University Press.

Parent, André. "Giovanni Aldini: From Animal Electricity to Human Brain Stimulation." *Can J Neurol Sci* Nov 2004; 31(4): 576–84.

第34章　重新发现盘尼西林 | 抗菌素盘尼西林

Palmer, Steven and Ivan Molina (editors). *The Costa Rica Reader: History, Culture, Politics*. Duke University Press, 2004.

Chain, E B. "Contributions from Chemical Microbiology to Therapeutic Medicine." *Proc R Soc Med* February 1965; 58(2): 85–96.

Roberts, Andy. 2008. *Albion Dreaming: A popular history of LSD in Britain*. Marshall Cavendish International (Asia) Pte Ltd.

Lobanovska, M, and G Pilla. "Penicillin's Discovery and Antibiotic Resistance: Lessons for the Future?" *Yale J Biol Med* 2017 Mar; 90(1): 135–145.

Bud, Robert. 2007. *Penicillin: Triumph and Tragedy*. Oxford University Press.

第35章　哥斯拉正在形成 | X射线辐射与基因突变

Carlson, Elof A. "Speaking Out About the Social Implications of Science: The Uneven Legacy of HJ Muller." *Genetics* 2011 Jan; 187(1): 1–7.

Birstein, Vadim J. 2013. *The Perversion of Knowledge: The True Story of Soviet Science*. Perseus Books Group.

Russell, Bertrand. 2003. *The Collected Papers of Bertrand Russell* (*Volume 28*): *Man's Peril, 1954–55*. Routledge.

Foster, John Bellamy. 2009. *The Ecological Revolution: Making Peace with the Planet*. (pg 71–72) Monthly Review Press.

Pearce et al. "Radiation exposure from CT scans in childhood and subsequent risk of leukaemia and brain tumours: a retrospective cohort study." *Lancet* 2012 Aug 4; 380(9840): 499–505.

Carlson, Elof A. 1981. *Genes, Radiation, and Society: The Life and Work of HJ Muller*. Cornell University Press.

第36章 糖代谢 | 垂体在糖代谢中的作用与 "可立氏循环"

Larner, Joseph. "Gerty Theresa Cori (1896–1957): A Biographical Memoir."
National Academy of Sciences 1992.

Cori, Carl F. "The Call of Science." *Annual Review of Biochemistry* July 1969;
38: 1–21.

Smeltzer, Robert K. 2013. *Extraordinary Women in Science & Medicine: Four
Centuries of Achievement.* The Grolier Club.

Gardner, A L. 1997. "Gerty Cori, Biochemist, 1896–1957." *In Women Life
Scientists: Past, Present, and Future—Connecting Role Models to the
Classroom Curriculum.* Marsha L Matyas and Haley-Ann E Oliphant
(editors). The American Physiological Society.

第37章 《寂静的春天》之由来 | DDT杀虫剂

Cohn et al. "DDT Exposure in Utero and Breast Cancer." *J Clin Endocrinol
Metab* 2015; 100(8): 2865–2872.

Soto, Ana M, and Carlos Sonnenschein. "Environmental causes of cancer:
endocrine disruptors as carcinogens." *Nat Rev Endocrinol* July 2010; 6(7):
363–370.

Lovett, Richard A. "Oceans release DDT from decades ago: Emissions of
controversial pesticide are heading northwards." *Nature* Online 7 January
2010.

McGrayne, Sharon B. 2001. *Prometheans in the Lab: Chemistry and the Making
of the Modern World.* McGraw-Hill.

Davis, Kenneth S. "The Deadly Dust: The Unhappy History Of DDT." *American
Heritage* 1971; 22(2).

Läuger, P, and H Martin. "Über Zusammenhänge zwischen Konstitution
und insektizider Wirkung." [On connections between constitution and
insecticidal activity.] *Helv Chim Acta* 1944; 27: 892–928.

Sledge PhD, Daniel, and George Mohler PhD. "Eliminating Malaria in the American South: An Analysis of the Decline of Malaria in 1930s Alabama." *Am J Public Health* 2013 August; 103(8): 1381–1392.

Seidensticker, John C, and Harry V Reynolds III. "The Nesting, Reproductive Performance, and Chlorinated Hydrocarbon Residues in the Red-Tailed Hawk and Great Horned Owl in South-Central Montana." *The Wilson Bulletin* December 1971; 83(4): 408–418.

第38章 被搅乱的大脑 | 间脑对内脏的调节功能与脑白质切断术

Laurance, Jeremy, and The Independent (London). 2001. "Ten Things That Drive Psychiatrists To Distraction." March 19, 2001.

Jansson, Bengt. "Controversial Psychosurgery Resulted in a Nobel Prize." Nobelprize.org. Nobel Media AB 2014.

Hess, C W. "Walter R. Hess (17.3.1881–12.8.1973)." *Schweizer Archiv für Neurologie und Psychiatrie* April 2008; 159(4): 255–261.

Vogt, Lucile, Thomas S Reichlin, Christina Nathues, and Hanno Würbel. "Authorization of Animal Experiments Is Based on Confidence Rather than Evidence of Scientific Rigor." *PLoS Biol* December 2, 2016; 14(12): e2000598.

National Anti-Vivisection Society (Great Britain). *The Animal's Defender and Zoophilist, Volumes 16–17.* Un-named contributor. Published 1897. Original from the University of Michigan. Digitized Dec 2, 2008.

Doby, T. "Cerebral angiography and Egas Moniz." *Am J Roentgenology* August 1992; 159: 364.

Freeman, Walter, James W Watts, and Waco VA Medical Center. 1950. *Psychosurgery: in the Treatment of Mental Disorders and Intractable Pain.* Charles C Thomas.

Rowland MD, Lewis P. "Walter Freeman's Psychosurgery and Biological Psychiatry: A Cautionary Tale." *Neurology Today* April 2005; 5(4): 70–72.

Larson, Kate C. 2015. Rosemary: *The Hidden Kennedy Daughter*. Houghton
Mifflin Harcourt.

Nijensohn, D E. "Prefrontal lobotomy on Evita was done for behavior/
personality modification, not just for pain control." *Neurosurg Focus* 2015;
39(1): E12.

第39章　更多激素 | 肾上腺激素

Ingle, Dwight. "Chapter: Edward C. Kendall." 1975. *Biographical Memoirs:V.
47 National Academy of Sciences*. The National Academies Press.

Lloyd, M. "Philip Showalter Hench, 1896–1965." *Rheumatology* May 2002;
41(5): 582–584.

Le Fanu MD, James. 2000. *The Rise and Fall of Modern Medicine*. Carroll &
Graff Publishers.